신음어

東洋學叢書
동양학총서
7

신음어

呻吟語

공직자들의 지침서

여곤呂坤 지음
이준영 해역

자유문고

『신음어』는 어떤 책인가

『신음어呻吟語』는 중국 명明나라의 관리인 여곤呂坤이 지은 것이다. 출간 이후 줄곧 중국 관리들의 지침서로 일컬어진 명저이다.

여곤(1536~1618)은 명나라 가정(嘉靖: 世宗의 연호) 때의 학자이다. 자는 숙간叔簡이고 호는 신오新吾이며, 하남 영릉(河南寧陵) 사람이다.

그는 이른바 준재俊才라고는 할 수 없었다. 어린 시절에는 독서력도 별로 신통치 않았다. 15세 때에 성리학性理學의 여러 책을 읽고 크게 마음이 움직이는 바가 있었다. 그로부터 오경五經과 사서史書를 가까이 하고 자신이 수양한 것을 거울로 삼음과 동시에 과거시科擧試의 준비에도 힘을 기울였다.

그는 융경(隆慶: 명나라 목종) 5년 36세 때에 예부시禮部試에 합격했다. 39세에 처음으로 임관任官되어 산서성山西省 양원현襄垣縣의 영(令: 지금의 군수)이 되었다. 다음해에 같은 성省 대동현大同縣의 영으로 전근되었다. 그는 고루 지방행정의 말단에서 민생의 고통과 관계官界의 타락상을 직접 목격하였다.

그것은 그가 경서나 사서 등을 통해 머릿속에 그려 온 중국의 이상적인 사회와는 너무도 큰 거리감이 있었다. 그러나 고지식하게 관료로서의 책무를 다하고자 한 그는 그것을 가로막는 관계의 무책임한 풍조에 반발함과 동시에 인심을 바로잡아야겠다고 생각하기에 이르렀다.

그러기 위해서는 먼저 스스로의 품성을 연마하는 것이 선결 문제라 생각했다. 이에 스스로의 체질을 개선하기 위해 구체적인 수양의 수단으로 생각해 낸 것이 『성심기省心紀』의 저술이었다. 만력(萬曆: 명나라 신종) 8년이며 그의 나이 44세 때 일이다.

『성심기』란 자신의 하루하루 과오過誤를 기록하여 반성의 자료로 삼는 것이다. 그러기 위해서는 마음을 언제나 각성覺醒시킬 필요가 있는 것이었으므로 그렇게 이름 붙인 것이다. 거기에는 심과류心過類 37조와 신과류身過類 53조와 구과류口過類 50조가 보인다.

그는 만력 6년인 43세 때에 중앙으로 돌아와 이부주사吏部主事에 취임했다. 그 후 상서랑尚書郞에까지 승진했다. 52세 때에 산동제남도참정山東濟南道參政이라는 관직을 맡고 다시 지방에서 근무하게 되었다. 2년 뒤에는 산서안찰사山西按察使가 되었고 다시 2년 뒤에는 섬서포정사陝西布政使에 임명되었다. 만력 20년인 57세 때에는 순무산서첨도어사巡撫山西僉都御使가 되었다.

이와 같이 다년간 정치 실무에 종사한 경험을 바탕으로 하여 관료의 마음 자세를 정리한 것이 그의 나이 57세 때에 완성된 『여공실정록呂公實政綠』이다. 이것은 명나라 시대에 있어서 관리를 경계하는 대표적인 저서였으며 후세에 큰 영향을 끼쳤다.

그가 이 책을 집필한 동기는 관료의 횡포에 시달리는 일반 백성들이 도탄塗炭에 빠진 괴로움에 대한 동정이었다. 당시의 관료는 격렬한 경쟁시험을 거쳐 선발된 자들로 서민보다 상위에 있는 특권 계급이다. 그러나 관료 본래의 임무는 천자天子의 의탁을 받아 민생의 안정과 국가 이익의 증진을 꾀하는 데 있었다.

그럼에도 불구하고 그들은 영달을 위해 뇌물을 아끼지 않고 동료를 중상모략하며 매명賣名과 이득을 얻는 데 광분하고 있었다. 또 가렴주구苛斂誅求의 학정을 행하여 백성은 극도의 빈곤을 강요당했다.

정직하게 말한다면 그것은 백성을 인간으로 다루지 않았다는 것이다. 백성들에게서 인간으로서의 권리를 박탈하여 동물과 같은 생활수준으로 몰아넣은 것이다. 이러한 관료의 타락을 개탄한 여곤은 다음과 같이 말했다.

"아, 바른 학문은 쇠퇴하고 인도人道는 끊어졌다. 영달榮達만을 동경하는 풍습이 유행하고 남의 괴로움을 동정하는 진심이 실추되었다. 살아 갈 방도가 없어진 백성들은 누구에게 의지해야 할 것인가. 관료들은 누구나 부귀를 탐내고, 사람으로서의 도리는 퇴폐하였고, 백성들은 탄식한다. 앞날은 장차 어찌 될 것인가. 생각할수록 통곡하지 않고는 견딜 수가 없다. 하늘이 관료를 낸 것은 결코 술과 고기를 담는 부대나 비단을 거는 옷걸이로 만든 것은 아니다. 하늘이 백성을 낸 것은 결코 관료를 위한 어육魚肉이나 정부의 창고로 만든 것은 아니다. 반성할수록 부끄러워 견딜 수가 없다.(『실정록實政錄』 卷一)"

그리고 그는 관료들에게 되풀이하여 마음의 순화와 백성들을 사랑하고 아낄 것을 호소했다.

관료가 이러한 상태라면 인간의 대우를 받지 못하는 일반 백성이야 도의심이 희박할 것은 말할 나위도 없다.

교양이 없는 서민에게 선악의 분별을 가르치는 데에는 독서인讀書人 계층과는 다른 방법을 고려하지 않으면 안 된다. 어리석은 백성이나 가난한 백성에게는 갑자기 성현聖賢의 도를 권장할 것이 아니다. 그들의 삐뚤어진 마음을 바로잡아 주려면 자로 재듯이 하는 법령으로서는 안 될 것이니, 법령 이외의 배려가 있지 않으면 안 된다고 여곤은 말했다. 그 방법으로서 그가 고안한 것은 각 향촌鄕村에 '기선부紀善簿'와 '기악부紀惡簿'를 비치하여 선을 권장하고 악을 징계하는 방법이었다.

여곤이 활약하던 시기에 있어서 정치적으로나 사회적으로 문제가 되어 있었던 것은, 향촌 사회의 윤리 의식을 높이고 그 풍속을 바로잡아 관청과 백성들이 융화함을 보이려면 어떻게 해야 할 것인가 하는 것이었다.

관리의 억압에 견디지 못하여 각지에서 농민들의 폭동이 계속해서 일어나게 되었다. 이는 백성들의 생활이 곤란해지고 농민에게는 인간적 자각이 높아지기 시작했다고 보지 않으면 안 된다. 그러한 형편에서 향촌을 교화하는 데 치안을 유지하는 것이 가장 시급한 과제가 되었다. 그 기본 요령으로 생긴 것이 '향약鄕約'이다. 여곤은 예의 '성심기'와 같은 감각을 지니고 백성 한 사람 한 사람에게 선악의식을 명확하게 하기 위해서는 '향약' 속에 '기선부'와 '기악부'의 규정을 덧붙여야 한다고 했다. 그렇게 함으로써 백성들의 동향을 관청에서 확실히 장악하게 되어 악한 짓을 되도록이면 억제할 수 있다고 생각했기 때문이었다.

여곤은 만력 20년 57세 되던 해에 다시 중앙으로 돌아와 도찰원좌첨도어사협리원사都察院左僉都御史協理院事에서 승진해 형부좌시랑刑部左侍郎이 되었다. 이때는 전과 비교하여 관계의 풍조가 한층 더 그의 마음을 아프게 했다. 이때에 뜻하지 않게 그 자신이 정쟁政爭에 휘말려 들어가는 큰 사건이 터졌다.

이보다 앞서 만력 18년에 여곤이 산서관찰사로 있을 때 『열녀전烈女傳』을 읽고, 그중에서 표본이 될 만한 여성 117명을 뽑아 한 책으로 엮어 『규범閨範』이라 이름 붙여 간행했다. 그것이 호평을 받아 각 지방에서도 출판되어 규문閨門의 지보至寶라고까지 일컬어졌다.

이 책이 태감太監인 진구陳矩의 눈에 떠어 신종神宗황제에게까지 알려졌고, 황제는 그것을 총애하는 정귀비鄭貴妃에게 주었다. 정귀비는 그 책에 서문을 붙여 다시 출판하게 했다.

때마침 궁중에서는 황태자 옹립 문제를 둘러싸고 치열한 암투가 벌어져 공비 왕씨(恭妃王氏)가 낳은 장자인 상락常洛과 정귀비를 생모로 하는 상순常洵 중 누구에게로 돌아가느냐 하는 것이 정계의 큰 관심거리로 집중되고 있었다.

그런데 『규범』 중 부인지도婦人之道 첫머리에 후한後漢 명제明帝의 황후로서 재덕才德이 뛰어난 마황후馬皇后가 실려 있었다. 정귀비가 이 책 출판에 힘쓴 것이 마치 자기가 마황후에 비길 만한 인물임을 내세우기 위한 것이라는 의심을 받기에 이르렀다. 여곤에 대해서도 정귀비에게 영합하여 은밀히 상순을 황태자로 옹립하고자 한다는 비난이 일었다.

비난에 앞장을 선 것은 일찍이 여곤 일파를 좋지 않게 여겨 오던 사람들이었다. 그들은 여곤이 이 책을 만든 것을 황태자 문제에 대한 야심은 없었다 하더라도 불행하게도 그 흔적이 보인다고 했다.

이에 사건의 중대성을 근심한 여곤은 황제에게 변명하는 상소를 올려 처분을 모면했으나, 관계의 악폐惡弊를 절실하게 느낀 사건이었음에는 틀림이 없다.

이러한 문제가 뒤얽힌 가운데 62세 때인 만력 25년에 여곤은 국가의 앞날을 근심한 나머지 장문의 상소를 올렸다. 그것이 '우위소憂危疏'다. 상소문의 내용은 이렇다.

"하늘에도 땅에도 변란變亂의 조짐이 있고, 가지가지 형태의 난민亂民이 봉기할 기색이 있다. 그것은 모두 백성의 빈곤으로 말미암은 것인데도 불구하고 만력 10년 이래로 매년 흉년이 계속되건만 조세를 거두어들임은 도리어 가혹해지고 있다. 나 자신의 오랜 세월에 걸쳐 얻은 지방관의 체험으로 볼 때, 백성은 뼈에 사무치는 추위 속에서도 입을 것과 먹을 것이 없어서 도망치는 자가 날로 많아지고 묵은 땅이 늘어만 간다. 남아 있는 자는 도망간 자의 몫까지 조세를 바치지 않으면 안 되고, 생존자는 죽은 자의 몫까지 노역에 종사하지 않으면 안 된다. 그렇건만 천자는 멀리 있으므로 호소할 길이 없다. 현재 국가의 재정은 파탄에 가까운 상태다.

궁전의 영조비營造費나 영하사변寧夏事變의 군사비나 황하 결괴(黃河決潰)의 대책비나 큰 공사를 위한 벌채비伐採費 등 몇 백 냥兩을 필요로 하건만 국토는 확대될 리 없고 백성이 증가할 리 없으므로 이러한 경비를 염출할 방법은 전혀 없다.

다음으로 국가의 방위태세는 참으로 형편이 없다. 세 개의 큰 영문이 도읍을 지키고는 있으나 말은 거의 지쳐 있고, 병사는 거의 다 노약자老弱者다. 국경에 있는 군대는 외적의 침입을 막는 것을 사명으로 하고 있음에도 불구하고 외적을 두려워한다. 병사는 민간에서 징발되는데, 장정의 적격자는 점차 줄어들고 피골皮骨이 상접相接한 자들만이 남아 있을 뿐이어서 일단 사건이 터졌을 때는 아무 쓸모도 없는 존재들이다.

이런 형편이니 전투 의욕이 있을 리 없다."

이와 같이 여러 면의 문제를 언급하면서 가렴주구苛斂誅求의 실태를 세세히 설명하고는 황제의 반성을 촉구하고, 그 의심과 노심怒心을 지적했다.

여곤으로서는 목숨을 건 상소문이었으나 받아들여지기는커녕 그것을 트집 잡아 공격하는 자까지 나타났다. 이에 절망한 여곤은 드디어 관직을 내놓고 그의 고향으로 돌아갔다.

고향으로 돌아온 여곤은 오로지 후진의 지도와 저술에 여생을 바치다가 만력 46년에 83세를 일기로 세상을 떠났다. 유족으로는 2남 2녀가 있었다. 지외知畏와 지사知思 두 아들은 『신음어』의 교정과 출판에 진력했다. 지외는 그 발문跋文을 썼다.

『신음어呻吟語』는 여곤呂坤이 정치적인 그리고 경제적인 여러 문제로부터 일상으로 흔히 있는 모든 문제에 이르기까지 자신이 걱정한 것과 분하여 가슴이 답답한 것과 자신의 마음을 반성한 것과 정치의 불안한 것들의 대비책이나 자신의 신념信念 등을 솔직하게 피력한 것이다. 여기에는 단편적인 이야기가 집적된 것이면서도 저자의 인품이 여실히 배어 나온다고 하겠다.

※ ⊙ 표시 아래 문장은 원문의 해설이다.

제1장

인간의 마음(上)

세상을 속이고
명성을 훔치는 것은
어쩔 수 없는 큰 잘못이다.
그러나 마음을 속이고
자신을 숨긴다는 것은
돌이킬 수 없는 크나큰 잘못이다.

26

1. 마음을 조절할 줄 알아야 한다

마음이 자신을 벗어났는가 벗어나지 아니한 것인가는 중요한 것이
자신의 마음이 사특한 곳으로 가 있느냐 바른 곳으로 가 있느냐의
위에서 설명함에 있고, 마음이 외물外物에 따라 들어왔다 나갔다 하는
상태의 위에서 설명함에는 있지 않은 것이다. 〔그러므로 마음을 가지는
방법이 바른가 아닌가를 기준으로 삼아야 하며, 마음이 외계로 나가
있는가 아닌가를 기준으로 삼아서는 안 된다는 것임.〕

또 세상을 떠나 깊은 산중에 은둔隱遁해 살면서도 국가의 정치에
관심을 갖는 것이라든가, 도의가 땅에 떨어진 세상에 살면서도 요순堯舜
시대와 같은 성군의 도道를 그리워하는 것이라든가, 나그네로 떠도는
신세이면서도 고향의 부모를 생각하는 것이라든가, 절개 있는 부인이
멀리 떨어져 있는 남편을 생각하는 것 따위의 이러한 것들은 참으로
정상적인 마음의 자세이지 방심放心이라 할 수 없는 것이다.

만약에 마음을 가지는 것이 사특한 것인가 바른 것인가를 논하지
않고, 다만 그것이 외계로 벗어나 있는가 아닌가 하는 것만을 비교하게
된다면 도리어 이러한 것은 좌선입정坐禪入定하는 학문일 뿐이다.

◉『대학』에는 "마음이 없으면 보아도 보이지 않고 들어도 들리지 않고
먹어도 그 맛을 알 수가 없다."고 했다. 방심放心이란 자신의 마음을
자신이 통솔하지 못하고 자신의 마음이면서도 물욕物欲에 휩싸여 공평무
사의 마음으로 이끌지 못하는 것을 뜻한 것이다.

心放¹不放 要在邪正上說 不在出入上說 且如高臥山林 遊心廊廟² 身處
衰世 夢想唐虞³ 遊子⁴思親 貞婦懷夫 這是箇放心否 若不論邪正 只較出
入 却是禪定⁵之學

※

1 心放(심방): 마음이 벗어남. 마음을 놓음.『맹자孟子』고자편告子篇에 다음과
　같은 구절이 있다. "학문의 길은 다른 것이 아니라, 그 방심放心을 구할
　뿐이다."

2 廊廟(낭묘): 조정朝廷. 국가의 정치를 행하는 곳.

3 唐虞(당우): 고대 중국의 도당씨陶唐氏와 유우씨有虞氏. 당唐은 요堯임금,
　우虞는 순舜임금을 이르는 말이다.

4 游子(유자): 나그네.

5 禪定(선정): 좌선입정坐禪入定. 마음을 무념무상無念無想의 경지로 통일하기
　위해, 불교에서 행하는 참선의 방법. 거기서는 사물의 시비와 판단도 분별식
　分別識이라 하여 거부됨.

2. 마음은 외물에 미혹되지 않아야…

항상 정신을 마음의 안목眼目의 사이에 앉혀 두면 주체성이 확립되어
외물外物과의 상대하여 접대함에 있어 미혹되는 일이 없게 된다.

　다만 한번 눈이 현혹되어 어두워지게 되면 이것들을 적당히 대강대강
처리하게 된다. 때로는 대가에 응한다고 하여 어찌 우연히 도리에
맞는 경우가 없겠는가.

　결국 마음속으로 체험하는 것이 아니면 장족長足의 발전은 있을
수 없다.

예컨대 꿈속에서 무엇을 먹는 것과 같은 것이니 꿈속에서 무엇을 먹는다고 하여 그것이 어찌 능히 배가 불러지겠는가!

◉ 정신일도精神一到 하사불성何事不成이라는 말이 있다. 호랑이에게 물려가도 정신을 똑바로 차리면 살 수가 있다는 것이다. 자신의 마음을 꽉 잡아 자신이 주체하여 운용할 줄을 알면 도道의 경지에 다다를 수 있는 것을 말한다.

常使精神在心目間 便有主而不眩於客感之交[1]只一昏昏 便是胡亂[2]應酬 豈無偶合[3] 終非心上經歷過 竟無長進 譬之夢食[4] 豈能飽哉

※

1 客感之交(객감지교) : 외물外物을 감응感應하는 경우.

2 胡亂(호란) : 적당히 해치움. 분명하지 않은 모양.

3 偶合(우합) : 우연히 도리에 합치함.

4 夢食(몽식) : 꿈속에서 먹는 음식.

3. 마음을 비워두는 것을 귀히 여긴다

사람의 눈 안에서 환상의 꽃이 어른거릴 때는 세상의 모든 사물을 보아도 모두 망령되이 보인다.

사람의 귓속에 귀울림이 있을 때는 세상의 모든 사물에 대한 것을 들어도 듣는 것들이 모두 망령되이 들리게 된다.

마음속에 외물을 생각하게 되면 그 세상의 모든 사물을 처리함에 있어서도 망령된 마음이 있게 된다.

이런 까닭으로 이 마음이라는 것은 비워 두는 것을 귀하게 여기는 것이다.

◉ 마음을 항상 비워 허령한 상태에 있어야 사물을 접촉함에 있어서 공정한 판단을 할 수 있는 것이다. 그렇지 않으면 사사로운 마음이 발로하여 개입되게 되고 사사로운 마음이 개입되게 되면 자신의 판단이 흐려지기 일쑤이다. 이러한 것을 경계한 것이다.

目中有花[1] 則視萬物皆妄見也 耳中有聲 則聽萬物皆妄聞也 心中有物 則處萬物皆妄意也 是故此心貴虛

※

1 花(화): 눈병을 앓을 때 눈 속에 어른거리는 여러 가지 모양. 환화幻花 또는 환상.

4. 움직이는 것을 얻어 지배할 수 있는 것이란

정靜이라는 한 글자는 하루 종일 자신을 떠나서는 안 된다. 잠시라도 떠나면 곧 마음이 뿔뿔이 흩어져 혼란스러워진다.

예컨대 문을 종일 열었다 닫았다 하여도 문의 지도리는 항상 고정되어 고요하다.

잘생긴 사람이나 못생긴 사람이 온 종일 거울 앞을 왔다 갔다 하더라도 그것을 비추어 주는 거울 자체는 언제나 고요하다.

마찬가지로 사람은 종일토록 사물을 응대하지만 마음은 언제나 고요하다. 오직 고요함뿐이다. 그러므로 움직이는 것을 얻어서 지배할

수 있는 것이다. 만약 움직이는 것을 쫓아서 가게 된다면 확실하게
사물에 대응하여 깨닫지 못하게 된다. 곧 잠들어 있을 때라도 이는
상념想念이 고요하지 않으면 거칠고 혼란스러운 꿈을 꾸게 되는 것이다.

靜之一字 十二時離不了 一刻纔離便亂了 門盡日開闔[1]樞常靜 妍媸[2]盡
日往來鏡常靜 人盡日應酬心常靜 惟靜也 故能張主[3]得動 若逐動而去
應事定不分曉[4] 便是[5]睡時此念不靜 作箇夢兒[6]也胡亂

※

1 開闔(개합) : 열고 닫음. 개폐開閉.

2 妍媸(연치) : 아름답고 못생김. 미추美醜.

3 張主(장주) : 지배함.

4 分曉(분효) : 훤히 알다.

5 便是(변시) : 다른 것이 없이 곧 이것이다의 뜻.

6 夢兒(몽아) : 꿈. 아兒는 어조사.

5. 무엇인들 만들지 못하겠는가?

마음의 생각을 가지고 침전시켜서 아래로 지그시 가라앉히면 어떠한
이치라도 가히 체득하지 못할 것인가! 그리고 의지와 기개를 가지고
분발하고 일어난다면 어떠한 일이라도 가히 만들지 못하겠는가!

오늘날의 배우는 자들은 들뜬 마음으로 나아가서 이치를 관찰하고
맥빠진 마음으로 나아가 사업에 임하여, 다만 애매모호하게 한평생을
보낼 뿐이다.

把¹意念²沈潛得下 何理不可得 把志氣³奮發得起 何事不可做 今之學者
將箇浮躁⁴心觀理 將箇委靡⁵心臨事 只模糊⁶過了一生

❋

1 把(파): 잡다. 가지다.

2 意念(의념): 마음의 움직임. 생각.

3 志氣(지기): 의지와 기개.

4 浮躁(부조): 들떠 있는 모양.

5 委靡(위미): 시들고 느슨함. 맥빠짐.

6 模糊(모호): 애매모호함. 정체가 분명하지 못한 모양.

6. 이러한 것이 곧 허위虛僞이다

30년이라는 세월에 걸쳐 심력心力을 기울여 왔건만 하나의 위僞라는
글자 하나를 없애지 못했다.

어떤 사람이 말했다.

"그대는 진실로 진실적인 것만 높인다."

나는 말했다.

"이른바 허위라는 것이 어찌 반드시 말과 행동의 경우에만 있다고
하겠는가.

성실한 마음으로 백성들을 위해 전력하더라도 거기에 자신의 덕(德)
을 생각하는 마음이 조금이라도 섞인다면 그것은 곧 허위다. 성실한
마음으로 선善을 행하더라도 거기에 남에게 알리고자 하는 마음이
조금이라도 섞인다면 그것은 곧 허위다.

　　도리상 꼭 하지 않으면 안 될 일인데도 대수롭지 않은 일로 만족해하
지 않는다면 그것은 곧 허위다. 정의를 실천하기 위해 열심히 하더라도
약간의 주저하는 기분을 갖는다면 그것은 곧 허위다. 대낮에는 착한
일만을 하면서도 밤에 잠잘 때 꿈속에서 부정한 일 자체에 조금이라도
손을 대는 일이 있으면 그것은 곧 허위다. 마음속에서는 9분만 하고
싶으면서 외면상으로는 10분을 다 하는 것처럼 보인다면 그것은 곧
허위다.

　　이런 일들은 남은 모르고 자기만이 아는 허위다. 나는 그 어느 것도
극복하지 못하고 있다. 이렇게 마음속으로 허위를 계속하는 동안 말과
행동의 사이에 있어서까지 악惡의 뿌리가 퍼져나갈 것을 두려워할
따름이다."

用三十年心力 除一箇僞字不得 或曰 君儘尙實矣 余曰 所謂僞者 豈必
在言行間哉 實心爲民 雜一念德我之心 便是僞 實心爲善 雜一念求知
之心 便是僞 道理上該做十分 只爭一毫未滿足 便是僞 汲汲於向義
纔有二三心 便是僞 白晝所爲皆善 而夢寐有非僻[1]之干 便是僞 心中有
九分 外面做得恰象十分 便是僞 此獨覺之僞也 余皆不能去 恐漸潰防
閑[2]延惡於言行間耳

※

1 非僻(비벽): 바르지 못한 일. 부정한 일.
2 防閑(방한): 막아서 지킴.

7. 명성名聲을 훔치는 것

도둑은 단지 사람을 속이는 것이다.

이 마음에 털끝만큼이라도 사람을 속이는 것이 있고, 한 가지 일로라도 사람을 속이고, 한 마디 말로라도 사람을 속이는 것이 있다면 사람이 비록 그것을 알지 못한다고 하더라도 그 죄상이 발각되지만 않았을 뿐이지 그것은 도둑인 것이다.

말로는 그럴듯하더라도 행동이 그것을 속인다면 이들 행동하는 자가 말의 도둑이 되는 것이다. 마음은 그럴듯하더라도 입이 그것을 속인다면 이는 입이 마음의 도둑이 되는 것이다.

겨우 한 가지 진실한 마음을 발동시켰다가 갑자기 바꾸어 거짓되고 망령된 마음을 일으킨다면 이는 마음이란 것이 마음의 도둑이 되는 것이다. "마음을 속이고 자기를 어둡게 한다."라는 속담이 있거니와 진실로 음미해 볼 만한 일이다.

세상을 속이고 명성名聲을 훔치는 것은 지극히 허물이 크고 마음을 속이고 자신을 어둡게 하는 것은 그 허물이 깊고 깊은 것이다.

盜只是欺人 此心有一毫欺人 一事欺人 一語欺人 人雖不知 卽未發覺
之盜也 言如是而行欺之[1] 是行者言之盜也 心如是而口欺之 是口者心
之盜也 纔發一箇眞實心 驟發一箇僞妄心 是心者心之盜也 諺云 瞞心
昧己 有味哉其言之矣 欺世盜名 其過大 瞞心昧己 其過深

※

1 言如是而行欺之(언여시이행기지): 입으로만 그럴 듯하게 말하면서 실제로

는 속과 겉이 다른 것.

8. 자신의 마음을 버려라

온 세상 사람들은 모두 자신의 마음이 있다. 이 자신의 마음을 버려야 한다. 이 자신의 마음을 버리면 이것이 곧 사방팔방으로 통달하고 온 천지의 안에서 조금의 한계도 느끼지 않는다.

여기에 나의 마음을 버린다면 모름지기 때때로 자신은 성찰을 구하고, 이러한 생각을 시작하면 이것이 하늘과 땅과 모든 사물이 곧 자신이 되는 것이다.

◉ 곧 자신의 마음을 버리라는 것은 사사로운 마음을 버리라는 것이다. 태어나면서 받은 허령虛靈한 상태의 빈 마음을 가짐으로써 사물과 접촉했을 때 공정한 마음으로 응대하여 판단이 정확하다는 것을 의미한 것이다.

舉世[1]都是我心 去了這我心[2] 便是四通八達[3] 六合內無一些界限 要去我心 須要時時省察這念頭是爲天地萬物是爲我

※

1 舉世(거세): 온 세상을 들어. 세상사람 누구나.
2 我心(아심): 자신의 마음. 이기적인 마음.
3 四通八達(사통팔달): 사방팔방으로 길이 트여 자유로이 왕래함.

9. 학문에 뜻을 가진 자가 생각할 일이란

마음을 보존해서 잡아두지 않게 되면 자신에게서 옳지 않다는 것이
나오는 것도 알지 못한다. 다만 움직이고 정지하고 말하고 침묵하고
모든 사물과 접촉하고 일을 하는 데에 있어서 그 한 가지 한 가지의
일을 곰곰이 반성한다면 자기의 온몸이 과실過失투성이라는 것을 깨닫
게 될 것이다.

　모름지기 천연의 법칙에 합치하도록 행동한 연후에야 옳다는 것이
되는 것이다. 그러므로 일상적인 생활에 있어 어찌 잠시라도 소홀하겠
는가! 학문에 뜻을 둔 자들이라면 생각해 볼 일이다.

不存心 看不出自家不是 只於動靜語默¹接物應事時 件件²想一想³ 便見
渾身⁴都是過失 須動合天則 然後爲是 日用間 如何疎忽⁵得一時 學者
思之

※

1 語默(어묵) : 어語는 말함. 묵默은 말하지 아니함.
2 件件(건건) : 한 가지 한 가지의 일.
3 想一想(상일상) : 반성을 거듭함.
4 渾身(혼신) : 전신全身. 온몸.
5 疎忽(소홀) : 대수롭지 않음. 경솔함.

10. 마음의 아홉 가지 생각이란

한결같은 생각으로 부지런히 선善만을 계획하는 것을 정사正思라 한다.

부지런히 욕망을 충족시키는 일만을 원하는 것을 사사(邪思: 私思)라 한다.

분수에 닿지 않는 행복을 구하고자 지나치게 높아지려는 기대를 거는 것을 월사越思라 한다.

지나간 일에 배회하면서 뒷일에까지 후회만 하는 것을 영사縈思라 한다.

마음은 천리 밖에 놀면서 생각은 천 갈래 만 갈래로 뒤얽히는 것을 부사浮思라 한다.

일에 전혀 의심할 여지가 없이 마땅히 판단해야 할 것을 판단하지 않고 우물쭈물하는 것을 혹사惑思라 한다.

일이 자기에게는 아무 관계가 없는데도 남을 위해 걱정하는 것을 광사狂思라 한다.

도저히 어찌할 도리가 없어서 당연히 그만두어야 할 터인데도 그만두지 못하는 것을 도사徒思라 한다.

일상의 직업이나 응당 해야 할 일에 대하여 아침에 생각하고 날이 저물어도 생각하며 헛되이 버리지 않는다고 기약하는 것을 본사本思라 한다.

이상의 아홉 가지 생각이란 인간의 일상생활의 사이에 이쪽에 있지 아니하면 저쪽에 관련되어 있는 것이다. 그 중에서 마음을 잘 다스리는 것이란 오직 본사本思일 것이다.

　누구나 일정한 직업이 있고, 누구나 그날그날 정해진 일과가 있다. 밤에는 그날 행한 일들을 반성하고, 아침에는 그날 행할 일들을 계획한다. 열심히 그것들을 생각하여 한 가지 일이라도 군색하게 여기지 않고 잠시라도 지나친 데에 이르지 않는다면, 다분히 모든 마음이 안정되고 다른 곳으로 가는 것을 얻지 못하여 덕행德行과 사업이 날로 빠른 속도로 진보할 것이다.

一念孳孳[1] 惟善是圖 曰正思 一念孳孳 惟欲是願 曰邪思 非分之福[2] 期望太高 曰越思 先事徘徊 後事懊恨[3] 曰縈思 游心千里 岐慮百端[4] 曰浮思 事無可疑 當斷不斷 曰惑思 事不涉己 爲他人憂 曰狂思 無可奈何 當罷不罷 曰徒思 日用職業 本分工夫 朝惟暮圖 期無曠廢[5] 曰本思 此九思者 日用之間 不在此則在彼[6] 善攝心者 其惟本思乎 身有定業 日有定務 暮則省自晝之所行 朝則計今日之所事 念玆在玆[7] 不肯一事 苟且[8] 不肯一時放過 庶心有着落 不得他適 而德業日有長進矣

※

1　一念孳孳(일념자자): 일념은 한결같은 생각. 자자孳孳는 부지런히 힘쓰다.

2　非分之福(비분지복): 분에 닿지 않는 행복.

3　懊恨(오한): 몹시 한탄함. 마음 아프게 뉘우침.

4　岐慮百端(기려백단): 의식이 산란하게 분열하는 일.

5　曠廢(광폐): 바라고 돌보지 않다. 곧 소홀疏忽히 함.

6　不在此則在彼(부재차즉재피): 여기에 있지 않으면 저기에 있음. 반드시 어딘가에 끼어 있다는 말.

7　念玆在玆(염자재자):『서경書經』 대우모大禹謨에 있는 말로서, 여기서는 열심히 사념思念한다는 뜻으로 쓰였음.

38

8 苟且(구차): 군색하고 구구함.

11. 이러한 것을 공평公平이라고 한다

사람의 정情에는 당연한 것을 바라는 것도 있고 분수에 지나친 것을
하고자 하는 욕망도 있다.

옛날의 성왕聖王들은 그 당연한 바람을 만족시키고, 그 분수에 지나
친 욕망을 적당히 억제했다. 그것은 결코 서로를 괴롭게 하는 것이
아니었다.

천지간의 욕망에는 일정한 한도가 있다. 이쪽에 여분이 있으면 저쪽
에 부족함이 생기게 된다. 성왕은 그것을 알맞은 정도로 처리하고
균분均分하여 그 과도한 욕망을 적당히 억제하여 당연한 바람을 늘리는
것이다. 그것이 더없는 공평公平이라고 하는 것이다. 이렇게 하는
것이야말로 과도한 욕망을 없애고 불만도 없어지게 하는 것이다.

◉ 인간이 생활을 영위하기 위해서는 물론 의식주衣食住의 충족이 요구된
다. 그러나 『대학』에서도 "덕德은 근본이요, 재財는 말末이다."라고 한
것과 같이, 물질적인 욕망의 추구에는 당연히 윤리적인 절차가 요구된다.

윤리적 절차의 요구는 생산력의 증대와 함께 욕망을 만족시키는 요소도
증가하게 된다. 그러나 한 시대에 있어서 욕망을 충족시키는 질과 양에는
스스로 한계가 있다. 그것을 서로 빼앗으려고 다툰다면 부富가 편재되는
현상이 발생하여 심한 쟁탈爭奪과 경쟁이 일어나게 된다. 참으로 경제를
공정하게 운용하는 정치란 이러한 불균형을 되도록 시정하고 욕망의
끝없는 진행을 적당히 조절하는 것이다.

人情有當然之願 有過分之欲 聖王[1]者 足其當然之願 而裁[2]其過分之欲
非以相苦也 天地間欲願 止有此數[3] 此有餘則彼不足 聖王調劑[4]而均
釐[5]之 裁其過分者 以益其當然 夫是之謂至平 而人無淫情無覬望[6]

❀

1 聖王(성왕) : 중국 고대에 인정仁政을 베풀었던 요堯임금, 순舜임금, 우왕禹王,
　탕왕湯王, 문왕文王, 무왕武王 등의 거룩한 임금들. 성군聖君.

2 裁(재) : 제재制裁함. 억제함.

3 此數(차수) : 일정한 수량. 무한하게 존재하지 않음을 말함.

4 調劑(조제) : 조화 있게 배분함. 인정人情에 알맞도록 조절함.

5 均釐(균리) : 평균하여 처리함.

6 覬望(결망) : 더 많이 바라다. 곧 희망하다.

12. 마음에 무엇을 간직해야 하는가?

콩을 심으면 그 싹에서는 반드시 콩이 나오고 오이를 심으면 그 싹에서
는 반드시 오이가 나온다. 본래 속에 존재하는 것이 이와 같으면 밖으로
발동하는 것도 이와 같지 않는 일이 있지 않았다.

이 때문에 마음은 근본적으로 욕심으로 응고凝固되어 있으면서 행동
은 천리天理에 합치되도록 바란다거나, 마음은 근본적으로 비틀려
있으면서 말씨는 정직하기를 바라는 것이 가능하겠는가. 이 때문에
군자는 마음속에 보존하고 있는 것을 신중하게 여기는 것이다.

그 간직하고 있는 것이 올바르면 가지가지가 모두 올바르다. 그
간직한 것이 바르지 않으면 가지가지가 다 바르지 않은 것이다. 여기에
는 추호라도 어그러지는 것이 있지 않는 것이다.

◉ 곧 콩을 심으면 콩이 나오고 팥을 심으면 팥이 나오는 것은 자연의
이치이다. 진실이란 뒤덮이지 않고 언젠가는 다시 햇빛을 본다는 뜻이기
도 하다.

種豆其苗必豆 種瓜其苗必瓜 未有所存¹如是而所發不如是者 心本人
欲 而事欲天理 心本邪曲 而言欲正直 其將能乎 是以君子愼其所存
所存是 種種²皆是 所存非 種種皆非 未有分毫爽³者

※

1 所存(소존): 속에 간직하고 있는 것.
2 種種(종종): 가지가지의 뜻.
3 爽(상): 어긋남. 일정한 원칙에서 벗어남.

13. 우리가 저 세상으로 가지고 가는 것

사람이 임종臨終할 때에는 하나하나의 것들을 몸에 지니고 갈 수 없다.
　오직 이 마음만을 몸에 지니고 갈 수 있거늘 사람들은 도리어 그
마음을 무너뜨려 버린다. 이렇게 되면 전혀 아무것도 지닌 것이 없는
무일물無一物로 돌아가게 된다. 그것은 영영 돌이킬 수 없는 만고萬古의
한恨이라 여길 것이다.

屬纊¹之時 般般²都帶不得 惟是帶得此心 却敎壞了 是空身³歸去矣 可爲
萬古一恨

※

1 屬纊(속광): 임종臨終. 광纊은 솜의 털로서 이것을 코에다 대서 환자의
  숨이 끊어졌는가 아닌가를 확인했다. 거기서 유래하여 속광이 임종의 뜻으로
  쓰이게 되었다.
2 般般(반반): 하나하나 개별적인 것.
3 空身(공신): 몸에 지니는 것이 아무것도 없음.

14. 본심을 함양해야 한다

우리들에게는 모자라는 것이 있다. 그것은 함양涵養이 순수하지 못했고
안정되지 못한 것이다. 그러므로 말을 하는 데는 입을 바르게 해야
한다. 입에서 발동하는 것이 사업에 적당하지 않으면 사물이 따르지
않고 남들도 마땅찮게 여긴다. 사업을 제멋대로 해서 행동하는 것은
혹은 너무 지나치거나 모자라거나 혹은 도리를 거역하게 된다.

　만약 본심을 함양하는 것을 안정시켰다면, 궁수弓手가 과녁을 자세히
눈여겨보고 나서 활을 쏘아 화살 하나하나가 과녁에 적중하는 것과
같다.

　또한 의원이 세밀하게 헤아리고 침을 놓을 곳을 찾은 뒤에 침을
놓는데 침을 놓는 곳곳마다 혈穴에 적중하는 것과 같은 것이다. 이것이
참으로 올바른 체험이요, 실효實效가 따르는 공부이다.

　이러하기 위해서는 언제나 침착하고 냉정해야 한다. 침착하고 냉정
하게 행동하면 출발하여 오는 사사건건마다 모두 천연의 법칙이 될
것이다.

吾輩所欠 只是涵養¹不純不定 故言則矢口² 所發不當事 不循物 不宜人
事則恣意 所行或太過 或不及 或悖理 若涵養得定 如熟視正鵠³而後開
弓 矢矢中的 細量分寸而後投針⁴ 處處中穴⁵ 此是眞正體驗 實用工夫⁶
總來只是箇沈靜 沈靜了發出來 件件都是天則

※

1 涵養(함양): 학문과 식견을 넓혀 심성을 닦음. 본성을 천연 그대로 신중하게
　보양保養함.
2 矢口(시구): 입을 바르게 하다.
3 正鵠(정곡): 활의 과녁.
4 投針(투침): 환부患部에 침을 꽂는 것.
5 穴(혈): 침자리.
6 工夫(공부): 도道를 체득하기 위한 실천과 수련.

15. 모든 이치는 정靜에서 나와 정으로 들어간다

천지 만물의 이치는 다 정靜에서 나와 정으로 들어간다. 사람 마음의
이치도 정에서 발동하여 정으로 돌아간다. 결국 정靜이란 만 가지
이치를 출현시키는 풀무이며, 만 가지 변화를 성립시키는 근원이다.
만약 사물이 움직이는 가운데서 발생한다고 하면 하늘의 법칙에 상응하
지 못한다.

　무엇이나 제멋대로 하는 사람이라도 새벽녘에는 모두 양심을 갖게
되는 것은 정靜한테서 발동하기 때문이다. 과실을 저지른 뒤에는 누구
라도 후회하는 마음을 갖게 되는 것은 다시 정靜으로 돌아갔기 때문
이다.

天地萬物之理 出於靜 入於靜 人心之理 發於靜 歸於靜 靜者萬理之橐
籥[1] 萬化之樞紐[2]也 動中發出來 與天則使不相似 故雖暴肆[3]之人 平旦皆
有良心 發於靜也 過後皆有悔心 歸於靜也

※

1 橐籥(탁약): 풀무.

2 樞紐(추뉴): 일의 가장 중요한 곳. 문장의 중요한 곳을 뜻한다.

3 暴肆(폭사): 제멋대로 함.

16. 득실훼예得失毁譽의 생각이란

종일토록 우리들 머릿속의 생각은 네 가지의 글자를 깨닫지 못하고
얽매어 있다. 곧 득실훼예得失毁譽라고 하는 이익과 손해와 비난과
칭찬이다.

그 착한 일을 할 때에는 먼저 저것을 얻으면 명예와 함께 하려는
생각이 발동하게 되어서 감히 악을 행하지 않는다. 저것을 잃으면
비난을 받는다는 생각이 먼저 발동한다. 모두 이러한 것들은 욕심이고
거짓된 마음이다. 성인聖人들의 마음과는 하늘과 땅과 같이 현격한
차이가 있다.

성인들의 선한 생각을 피어 나오게 하는 것은 배고픈 자는 반드시
먹게 하고 목이 마른 자는 반드시 물을 마시게 하는 것과 같다. 성인이
불선한 일을 하지 않는 것은 맹렬하게 타는 불에는 들어가지 않고
깊은 연못에 몸을 던지지 않는 것과 같다. 곧 그 자연에 맡길 따름이다.

현인賢人의 생각의 시작은 다만 저것들의 옳고 그른 것만을 인식한다.

이치에 마땅히 해야 할 것들이면 스스로 힘써서 휴식하지 않는다. 가히 해서는 안 될 것이면 굳게 인내하여 행동하지 않는다.

그렇다면 이익과 손해와 비난과 칭찬의 생각을 그들은 모두 버린 것인가?

하늘과 땅 사이에는 오직 중간 계층의 사람이 가장 많다.

이익과 손해와 비난과 칭찬의 이 네 가지 글자는, 성인과 현인들은 이것에 의지하여 세상을 가르치고 군자君子는 이것에 의지하여 자신을 점검했다.

『서경』의 이훈伊訓편에 이르기를 "선善을 행하면 온갖 복록을 내리지만 불선不善을 행하면 온갖 재앙을 내린다."라고 했는데, 이것은 이익과 손해인 득실得失로써 세상을 훈계한 것이다.

『논어』의 위공령편에 "세상을 떠난 뒤에도 이름이 일컬어지지 않는 것을 근심한다."라고 하고, 또 양화陽貨편에 "나이 40세가 되어서도 미움을 받는다."라고 했는데, 이것은 비난과 칭찬인 훼예毁譽로써 세상을 훈계한 것이다. 이러한 것들은 성인이 쇠약한 세상에서 기다리는 마음가짐이다.

저 중인(中人: 보통사람)들이란 이상의 네 가지 글자로써 몸을 점검하기를 두려워하지 않는다. 그들이 장차 어디엔들 이르지 않겠는가!

그러므로 요임금이나 순임금은 능히 이상의 득실훼예得失毁譽의 네 글자를 버리고 목적의식이 없이 선을 하고 이익과 손해와 비난이나 칭찬의 마음을 잊는 것이다.

걸桀임금이나 주왕紂王도 능히 이 네 글자를 버리고 구태여 악을 하여 득실훼예得失毁譽를 근심하지 않은 것이다.

吾輩終日念頭離不了四箇字 曰得失毀譽[1] 其爲善也 先動箇得與譽底
念頭 其不敢爲惡也 先動箇失與毀底念頭 總是欲心僞心 與聖人天地懸
隔 聖人發出善念 如饑者之必食 渴者之必飮 其必不爲不善 如烈火之
不入 深淵之不投 任其自然而已 賢人念頭 只認箇可否 理所當爲則自
强不息[2] 所不可爲則堅忍不行 然則得失毀譽之念 可盡去乎 曰胡可去
也 天地間 惟中人最多 此四字者 聖賢藉以訓世 君子藉以檢身 曰作善
降之百祥 作不善降之百殃[3] 以得失訓世也 曰疾沒世而名不稱[4] 曰年四
十而見惡[5] 以毀譽訓世也 此聖人待衰世之心也 彼中人者 不畏此以檢
身 將何所不至[6]哉 故堯舜能去此四字 無爲而善[7] 忘得失毀譽之心也
桀紂能去此四字 敢於爲惡 不得失毀譽之恤也

※

1 得失毀譽(득실훼예): 득실은 이득利得과 손실損失. 훼예는 비방과 칭찬
　등을 말함.

2 自强不息(자강불식): 스스로 힘써 마지않음.

3 作善降之百祥作不善降之百殃(작선강지백상작불선강지백앙): 선을 지으
　면 온갖 상서로운 일을 내리고, 불선을 지으면 온갖 재앙을 내림. 『서경書經』
　이훈伊訓에 나오는 말.

4 疾沒世而名不稱(질몰세이명불칭): 세상을 떠난 뒤 이름이 일컬어지지 않음
　을 미워함. 『논어論語』 위령공편衛靈公篇에 나오는 말.

5 年四十而見惡(연사십이견오): 나이 40에 미움을 받음. 『논어』 양화편陽貨篇
　에 나오는 말.

6 何所不至(하소부지): 어느 곳엔들 이르지 않으리오. 이르지 않는 곳이
　없음. 곧 어떠한 나쁜 짓이라도 한다는 뜻.

7 無爲而善(무위이선): 선을 행한다는 특별한 의식없이 스스로 선을 실천함.

17. 끝없는 자연의 경치란

나는 온갖 음향音響이 없는 조용한 방 안의 정취를 무척 좋아한다.
어떤 사람은 말했다.

"차라리 크게 적멸寂滅한 것이 어떻습니까?"

나는 말했다.

"끝없는 자연의 경치가 스스로 그 속에 존재한다네."

◉ 이 책의 저자인 여곤呂坤이 즐기는 정취이며 각자의 취미에 따라서
느끼는 것이 서로 다른 것을 말한 것이리라!

余甚愛萬籟¹無聲 蕭然一室之趣 或曰 無乃大寂滅²乎 曰 無邊風月自在

※

1 萬籟(만뢰): 세상의 모든 음향音響. 온갖 물건에서 나오는 여러 가지 소리.
2 寂滅(적멸): 생멸生滅이 함께 없어져서 더없이 고요한 상태. 불교佛敎에서
　나오는 말.

18. 마음은 사역 당하지 않아야 한다

성인은 마음을 비우고 맑게 하여 천하의 사물을 받아들이고자 하며,
그 어떤 선입견先入見을 가지고 천하의 사물을 받아들이지는 않는다.

　그 사물을 받아들일 때에는 마음속의 도리에 따라 순응順應해 가고,
아무것도 받아들이지 않을 때는 그 마음을 텅 비워 그 어느 것에도
사로잡히는 일이 없는 적연寂然하고 광연曠然한 것이다.

비유컨대 거울에는 빛이 있어 사물을 대하면 그것을 비추고, 그 사물이 없어지면 빛은 본래대로 있는 것과 같다. 외부에 대한 사물이 아직 없는데도 억지로 비추고자 하는 것은 거울 쪽에서 외부의 사물을 구하는 것과 같다.

언제나 이야기되는 일이지만, 거울은 온갖 사물 중에서도 성인에 비길 만한 것이다. 거울은 날마다 만물을 비추면서 언제나 밝다. 무심無心으로 있으면 수고롭게 하지 않기 때문이다.

성인은 매일 만사에 대응하면서 그것을 번거롭게 여기지 않는다. 마음이 있으면 사물에 의해 사역 당하지 않기 때문이다.

대저 사물에게 사역 당한 연후에는 마음이 번거로워지고 그러한 뒤에 사물을 대함이 있게 되면 한쪽으로 치우치게 되는 것이다.

聖人懸虛明[1]以待天下之感 不先意[2]以感天下之事 其感也 以我胸中道理順應之 其無感也 此心空空洞洞[3] 寂然曠然 譬之鑑 光明在此 物來則照之 物去則光明自在 彼事未來 而意必[4]是持 鑑覓物也 嘗謂 鏡是物之聖人 鏡日照萬物而常明 無心而不勞故也 聖人日應萬事而不累 有心而不役[5]故也 夫惟爲物役 而後累心 而後應有偏着[6]

※

1 虛明(허명): 공허空虛하고 징명澄明함. 허허한 상태에서 맑고 깨끗한, 곧 밝은 상태를 이름.

2 先意(선의): 선입견先入見을 가짐.

3 空空洞洞(공공동동): 공동空洞. 텅 비어 아무것도 없음.

4 意必(의필): 의意는 사의私意, 필必은 기필期必. 곧 꼭 그렇게 되지 않으면

안 된다고 기대하는 일.

5 不役(불역): 외물外物에 의해 사역使役되지 않음. 곧 휘둘리지 않음.

6 偏着(편착): 편향偏向됨. 한쪽으로 치우침.

19. 있는 것과 없는 것의 사이에서 취하다

물건을 아무렇게나 보관했다가 잃어버리는 일도 있고 또한 너무 소중하게 보관했다가 잃어버리는 일도 있다.

마찬가지로 예禮란 소홀히 해서 실패하는 일도 있고 또한 공경함을 정중하게 해서 실패하는 일도 있다.

그러므로 마음을 쓰는 일은 너무 느슨해서도 안 되고, 너무 지나쳐서도 안 되며, 그 있는 것과 없는 것의 사이에서 취해야 한다.

物有以慢藏¹而失 亦有以謹藏²而失者 禮有以疎忽而誤 亦有以敬畏而誤者 故用心在有無之間

❋

1 慢藏(만장): 물건을 되는 대로 다룸.

2 謹藏(근장): 물건을 소중하게 다룸.

20. 요사이에 이러한 것을 깨닫다

온화한 기색과 고요한 마음이 발동하여 오는 것은 마치 봄바람이 휘늘어진 버드나무 가지를 나부끼게 하고, 가랑비가 막 돋아나려는 새싹을

적셔주는 듯이 하는 것이다. 무엇인들 편안할 것이며 무엇인들 느끼어
통할 것이다.

또 질풍疾風이나 맹렬한 우레나 사나운 비나 혹독한 서리 따위는
식물들을 손상시키는 것이 많다.

어떤 사람은 말했다.

"화평은 기골氣骨이 없는 것 같지 않습니까?"

나는 이렇게 말했다.

"예를 들어 옥玉의 굳세고 단단한 것은 일찍이 굳세고 단단하지
않음이 없었고, 온화한 것은 일찍이 온화하지 아니함이 없었다. 나는
엄격하고 굳센 것이 많았고 화평한 적이 적었다. 요사이에 이러한
것을 깨달았을 뿐이다."

和氣平心發出來 如春風拂弱柳 細雨潤新苗 何等舒泰[1] 何等感通[2] 疾風
迅雷[3] 暴雨酷霜[4] 傷損必多 或曰 不似無骨力乎 余曰 辟之玉 堅剛未嘗不
堅剛 溫潤未嘗不溫潤 余嚴毅[5]多和平少 近悟得此

✳

1 舒泰(서태): 여유가 있고 편안함.

2 感通(감통): 자신의 마음이 남의 마음에 통하다. 곧 감응.

3 迅雷(신뢰): 맹렬한 우레.

4 酷霜(혹상): 된서리. 엄상嚴霜.

5 嚴毅(엄의): 엄격하고 굳셈.

21. 세상을 근심하는 자와 세상을 잊은 자

세상을 근심하는 자가 세상을 잊은 자와 함께하여 이야기하면 세상을 잊은 자는 비웃을 것이다. 반대로 세상을 잊은 자가 세상을 근심하는 자와 함께하여 이야기하면 세상을 근심하는 자는 슬퍼할 것이다.

아아! 천하의 사람들을 골육骨肉의 동기와 같이 사랑하여 그 기구한 운명에 눈물을 흘리는 사람일지라도, 한 방안에서 서로 대하고 앉아 있는 것이 호胡나 월越의 사람들을 대하듯이 하면서도 곡을 하겠는가!

만약에 곡을 한다면 저들이 또 나에게 미친병이 들었다고 이를 것이니 또 어찌 능히 스스로 그 마음을 잃은 것을 알겠는가?

◉ 정반대의 생각을 가진 사람과는 대화가 통하지 않는다. 또 이야기를 하면 서로가 미친 사람으로 취급될 뿐이다.

憂世者 與忘世者談 忘世者笑 忘世者 與憂世者談 憂世者悲 嗟夫 六合 骨肉之淚[1] 肯向一室胡越之人[2]哭哉 彼且謂我爲病狂 而又安能自知其 喪心哉

※

1 六合骨肉之淚(육합골육지루): 온 천하의 사람을 자기의 골육과 같이 여기고, 그 기구한 운명에 대하여 흘리는 눈물. 육합六合은 동서남북 사방과 상하. 곧 온 우주. 온 세상. 골육骨肉은 골육지친骨肉之親, 곧 부자父子나 형제兄弟와 같이 가까운 친족.

2 一室胡越之人(일실호월지인): 한 방안에 함께 앉아 있어도 서로 다른 나라 사람인 듯이 무관심한 사람. 호胡나 월越은 다 중국 변방의 미개한 나라.

22. 진정한 침정沈靜이라는 것은…

침정沈靜이라는 것은 단순히 입을 다물고 침묵한다는 뜻을 이른 것이
아니다. 마음이 침착하여 안정되고, 태도가 냉정하고 공정한 것, 이러
한 것을 진정한 침정이라 이른다.

온종일 말을 해대거나 혹은 천군만마千軍萬馬 속을 달리며 적군을
공격하거나 혹은 많은 대중 속에서 바쁘게 설치며 그들을 상대한다
하더라도 그런 것들이 침정을 손상시키지는 않는다. 그것은 그 사람의
정신이 안정되어 있기 때문이다.

일단 마음이 들떠 어지러워지면 온종일 단정히 앉아서 한 마디 말을
하지 않더라도 얼굴의 모습은 저절로 들뜨게 되고, 혹은 마음이 비록
들떠 어지럽지 않더라도 조는 듯이 눈이 게슴츠레해지는 것 따위는
모두 침정이라고 이르는 것을 얻지 못한다.

진정한 침정의 밑바탕은 깨달음이 분명하고, 일단은 충실한 정신을
도와 안에 있게 감싸는 것이다.

沈靜非緘默之謂也 意淵涵[1]而態閒正[2] 此謂眞沈靜 雖終日言語 或千軍
萬馬中相攻擊 或稠人[3]廣衆中應繁劇 不害其爲沈靜 神定故也 一有飛
揚動擾[4]之意 雖端坐終日 寂無一語 而色貌自浮 或意雖不飛揚動擾 而
昏昏欲睡 皆不得謂沈靜 眞沈靜底 自是惺惚[5] 包一段全副精神在裏

※

1 淵涵(연함): 침착하고 포용력이 있는 모양.

2 閒正(한정): 한아단정閒雅端正의 준말. 찬찬하고 품위가 있는 모양을 말함.

52

3 稠人(주인): 많은 사람. 중인衆人.
4 飛揚動擾(비양동요): 침착하지 않고 어지러움.
5 惺惚(성총): 깨달음이 분명함.

23. 학술은 천리天理에 기반해야 한다

마음에 부끄럽지 않은 것으로써 뜻에도 싫어함이 없는 것을 제일로
삼는 것이다. 중요한 것은 그 마음과 뜻이라는 것을 천리天理에 기반을
두었는가, 사람의 욕망에 기반을 두었는가를 낱낱이 점검해 보아야
한다. 요체는 천리에 기반을 두었다고 하더라도 그것이 치우친 견해에
의한 것인가, 천연의 법칙에 의한 것인가를 낱낱이 점검해야 하는
것이다.

◉ 학술學術이란 마음의 術術을 갈고 닦는 것이다. 그런데 학술이라고
하면 사람들은 곧 풍부한 지식을 긁어모아 그것을 사람들에게 뽐내는
것이라고 잘못 생각하는 수가 있다.

만약 그 목적이 영달榮達을 도모하고 술책術策을 농롱弄弄하는 데 있다고
하면 일껏 쌓아 올린 지식도 사회에 해독을 끼칠 뿐이다. 그러므로 학술에
관계되는 것은 처음부터 하늘을 우러러보고 땅을 굽어보아 부끄러울
것이 없는 마음의 자세를 가져야 하며 거기에는 추호라도 사람의 욕망이
섞여 들어가서는 안 된다.

그러나 세상에는 "인욕人欲을 버리고 천리天理로 나아간다."라고 공언
公言하면서도 의외로 그 지향하는 천리가 입에 발린 말일 뿐, 편견偏見으로
기울어 진정한 천리에 뿌리를 내리지 못하는 것이 많이 눈에 띈다.

여기서 천리라고 하는 맹목 아래에 있는 진실과 거짓과 사특한 것과
바른 것의 판별判別을 할 필요가 있는 것이다.

學術以不媿於心 無惡於志爲第一 也要點檢這心志 是天理 是人欲 便
是天理 也要點檢是邊見[1]是天則

＊

1 邊見(변견): 치우친 견해. 편견偏見.

제2장

인간의 도리 道理

이 넓은 세상에서
지역의 남북南北을 논하지 않고
신분의 상하를 묻지 않으며
한 사람의 좋은 벗을 얻어
도道를 같이 하고
뜻을 함께 하는 일은
우리 인생의 일대쾌사一大快事이다.

1. 벗을 얻는 것은 유쾌한 일이다

친구와 교제를 하는 도道는 인간을 형성하는 데에 있어 중요한 관계를 갖는다. 그러므로 그것을 군주와 신하의 관계와 아버지와 아들의 관계와 같이 나란히 열거하여 오륜五倫으로 삼은 것이다.

인간이 이 세상에서 덕행德行을 성취하는 데 있어 벗들을 하찮게 여겨서는 성취할 수가 없다.

군주는 법을 시행하여 나를 다스리는 자이다.

아버지는 은혜를 행하여 착한 일을 행하는데 질책하는 관계는 아니다.

형제들이 즐거워하고 우애하는 것은 선을 권하는 것이지, 사랑을 손상시키고자 하는 것은 아니다.

아내는 집안일을 주관하지만 언제나 곁에 있으면서 잘못을 바로잡아 주지는 못한다.

내 아들은 비록 과감하게 간언을 하지만 마침내는 가히 피해야 할 혐의가 있는 것이다.

은사恩師 앞에 마주 대하는 데 이르면 긍지를 가지고 자신을 추스르고 긴장을 하게 되어 처음부터 이렇다 할 잘못을 저지를 까닭이 없다.

가정에 있어서는 서로가 친압하고 친밀해서 바른 말이 들어가지 않는다.

오직 무릇 벗만이 아침저녁으로 서로 함께 한다. 이미 스승을 나아가

뵙는 것이 때가 있는 것과는 같지 않다. 친구는 정리와 예의에서 혐의가 없다. 또 아버지나 아들과 형제 사이에 언어의 금기가 있는 것과는 같지 않다.

한 번이라도 덕행이 어그러지면 벗은 충고해 주고, 한 번이라도 학업을 무너뜨리게 되면 벗은 충고해 준다.

아름다운 것들을 서로 장려하고 그른 것들이면 서로 더불어 바로잡아 구제해 준다.

날마다 고치고 달마다 변화시켜서 서로 느끼고 서로 연마하여 사물이 순조롭게 진행되니 그 수고하고 또 어려운 것을 깨닫지 못하고 군자君子의 영역으로 들어간다.

이렇게 벗이란 네 가지의 윤리에 의지하는 바이다. 아아! 이러한 도가 없어진 지 오래되었다.

서로간의 언어가 친밀하고 연회의 좌석에서 상대의 뜻을 거스르지 않으려고만 하고 선이나 악의 일을 논함이 없다. 그저 나의 뜻에 따르는 자와는 두텁게 교제하고 사람됨이 간사하고 어진 것을 논하지 않는다.

자신을 공경하는 자는 군자로 삼고 몸을 가까이 접하고 귀에 이야기를 하며 스스로 마음을 안다고 이른다. 무릎을 맞대고 어깨를 두드려 주며 생사生死를 함께 하는 벗이라고 허락한다.

다 같이 모두들 소인小人으로 빠져도 알지 못한다. 가히 슬퍼할 일이다.

이런 까닭으로 사물이란 서로 반대되는 것들이 서로 이루어지는 것이고 견문은 서로 증명되는 것들이 서로 보탬이 되는 것이다.

공자孔子께서 벗을 취하는데 '정직하고 진실하며 많이 들어야 한다.'

고 이르는 이 세 가지 조건의 벗이란 모두 나와 더불어 억지로 붙이지 않는 것이다. 그러므로 공자는 '유익有益한 것'이라 한 것이다. 그런 까닭에서 이 세 종류의 벗을 얻기는 어려운 것이다. 남을 위하여 이 세 종류의 벗이 되는 일은 더욱 어렵다.

　이 넓은 세상에서 지역의 남북을 논하지 않고 신분의 상하를 묻지 않으며, 한 사람의 좋은 벗을 얻어 도道를 같이 하고 뜻을 함께 하는 일은 인생의 일대쾌사一大快事이다.

友道極關係 故與君父並列而爲五[1] 人生德業成就 少朋友不得 君以法行治我者也 父以恩行不責善者也 兄弟怡怡[2] 不欲以切偲傷愛 婦人主內事 不得相追隨規過 子雖敢爭 終有可避之嫌[3] 至於對嚴師 則矜持[4]收斂[5] 而過無可見 在家庭 則狎昵[6]親習 而正言不入 惟夫朋友者 朝夕相與 旣不若師之進見[7]有時 情禮無嫌 又不若父 子兄弟之言語有忌 一德虧則友責之 一業廢則友責之 美則相與獎勸 非則相與匡救 日更月變 互感交摩 駸駸然[8]不覺其勞且難 而入於君子之域矣 是朋友者 四倫之所賴也 嗟夫 斯道之亡久矣 言語嬉媟 樽俎嫗煦[9] 無論事之善惡 以順我者爲厚交 無論人之姦賢 以敬我者爲君子 躡足附耳[10] 自謂知心 接膝拍肩 濫許刎頸[11] 大家[12]同陷於小人而不知 可哀也已 是故 物相反者相成 見相左者相益 孔子取友 曰直諒多聞[13] 此三友者 皆與我不相附會者也 故曰益是故 得三友難 能爲人三友更難 天地間 不論天南地北 縉紳草莽[14] 得一好友 道同志合 亦人生一大快也

※

1 並列而爲五(병렬이위오): 부자유친父子有親, 군신유의君臣有義, 부부유별夫

婦有別, 장유유서長幼有序, 붕우유신朋友有信의 오륜五倫을 말함.

2 兄弟怡怡(형제이이): 형제간에는 화합하고 화목하게 지냄. 우애 있게 지냄.
『논어』 자로편子路篇에 나오는 말.

3 可避之嫌(가피지혐): 가히 피해야 할 혐의. 곧 아버지에게는 함부로 할
수가 없다는 뜻.

4 矜持(긍지): 태도를 장중莊重하게 가짐. 여기서는 긴장한다는 뜻.

5 收斂(수렴): 마음을 긴장시킴.

6 狎昵(압닐): 너무 지나치게 친함. 버릇없이 친함.

7 進見(진현): 나아가 뵘. 가르침을 받기 위해 가서 뵘.

8 駸駸然(침침연): 사물이 순조롭게 진전하는 모양.

9 嫗煦(구후): 상대의 뜻을 거스르지 않도록 응대함.

10 躡足附耳(섭족부이): 몸을 바짝 대고 남모르게 말함.

11 刎頸(문경): 문경刎頸의 벗. 곧 목이 날아가는 한이 있더라도 마음 변치
않기로 맹세한 벗. 생사를 함께 할 벗.

12 大家(대가): 저도 그도 곧 모두. 또는 지체 높은 집안을 일컬음.

13 直諒多聞(직량다문): 직直은 정직, 량諒은 진실, 다문多聞은 들은 것이
많아 많이 앎.『논어』계씨편季氏篇에 나오는 '익자삼우益者三友'를 말함.

14 縉紳草莽(진신초망): 진신縉紳은 높은 벼슬자리에 있는 사람. 초망草莽은
민간의 야인野人.

2. 이것이 신하의 도리이다

관작官爵이나 봉록俸祿, 그리고 은총恩寵 같은 것을 성인聖人은 일찍이
영예로이 여기지 않은 적이 없다. 그렇다고 성인의 품격을 그것에
의해 좌우하는 것으로 여기지 않았다.

조정朝廷에서 그것을 존중함으로써 권고하고 장려하는 뜻을 보이는

데 내 쪽에서 그것을 가벼이 여기고 고자세高姿勢를 취한다면 군주君主
의 뜻을 거역하는 것이 된다. 이는 천하의 모든 백성을 고무鼓舞할
군주의 권한을 궁지로 모는 일이 된다.

그러므로 성인은 비록 관작이나 봉록과 은총 따위를 자신의 품격을
높이는 영예라고는 여기지 않는다. 그러나 일찍부터 이것으로 제왕의
권세를 귀중하게 여겼고 천하 제왕의 권세가 가히 귀중하다는 것을
보이는 것을 영화롭게 여기지 않음도 없었다. 이것이 신하의 도리인
것이다.

爵祿恩寵 聖人未嘗不以爲榮 聖人非以此爲加損[1]也 朝廷重之以示勸
而我輕之以示高 是與君忤也 是窮[2]君鼓舞天下之權也 故聖人雖不以
爵祿恩寵爲榮 而未嘗不榮之以重帝王之權 以示天下帝王之權之可重
此臣道也

※

1 加損(가손): 그것의 가치를 좌우左右함.
2 窮(궁): 궁지에 몰아넣음.

3. 시기심猜忌心을 극복하는 것

어떤 사람이 물었다.

"두 사람이 한 사람을 섬기는 데 있어서 일을 하게 되면 시기하지
않는 적이 있지 않는 것은 어찌된 것입니까?"

그에 대해 대답했다.

"인간의 재주와 능력과 성품과 행동과 얼굴의 모양이나 말과 얼굴빛 등은 사람마다 각양각색이므로 다 같을 수는 없다.

남을 섬긴다는 것이란 반드시 자신을 잘 받드는 자를 기뻐하고 자신을 잘 받들지 않는 자를 미워하게 된다. 능히 잘 받드는 자가 기뻐하는 것을 맞이하게 되면 섬기는데 능하지 못한 자는 반드시 소원함을 받게 된다. 이것은 내가 소원함을 당하게 되면 저 사람은 잘 받드는 것을 성취한 것이다. 어찌 서로 시기하지 않는 것을 얻겠는가? 이미 시기를 하게 되면 어찌 서로 다투지 않겠는가? 서로 다투게 되면 어찌 재앙을 받지 않겠는가?

그러므로 소원함을 당한 자는 시기하게 되는데 그 자신에게 형성된 것을 시기하는 것이다. 기쁨을 맞이하게 된 자도 또한 시기하는데 그 자신이 시기를 당한 것에 시기를 하는 것이다."

"그렇다면 어떻게 해야 할 것입니까?"

대답해 말했다.

"총애를 받게 되면 미루어서 평등하게 모든 이에게 나누기를 생각해야 한다. 높은 지위에 있다면 아래하여 자신의 지위를 잊고 화평함을 생각한다면 사람이 무엇 때문에 시기함이 있겠는가?

분수에 따라서 마음을 편안하게 하고 우연한 인연으로써 하늘의 명에 편안하게 하며 자신을 반성하고 남을 탓하지 않는다면 어찌 남을 시기함이 있겠는가?

이러한 것들은 궁 안으로 들어간 자나 조정에서 벼슬하는 자들이 마땅히 알아 두어야 할 일이다."

62

◉ 봉사를 받는 측에서는 반드시 봉사를 잘하는 자를 좋아하고, 그렇지 못한 자를 싫어하게 된다. 봉사를 잘하는 자를 좋아하게 되면, 그렇지 못한 자가 따돌림을 받을 것은 확실하다.

곧 한쪽이 따돌림을 받는 것은 다른 쪽이 봉사를 잘하기 때문에 그렇게 되는 것이다. 그렇게 되면 따돌림 받는 자는 당연히 상대를 시기하게 된다. 일단 시기심이 일게 되면 상대를 나쁘게 몰아가지 않을 수 없다. 상대를 나쁘게 몰아가면 재화災禍가 따르게 마련이다. 따돌림을 받는 자가 상대를 시기하는 것은 상대의 재능과 깨달음을 시기하는 것이다. 그러면 시기를 당하는 측에서도 상대를 시기하게 되는데, 그것은 상대가 자기를 시기하는 것을 시기하는 것이다.

이와 같이 서로가 시기하게 되면 어떻게 하는 것이 그 해결 방법이 될까? 자기가 남에게 귀여움을 받는다면 그것을 남에게로 나누려는 생각으로 모든 사람에게 그것이 평등하게 미치도록 해야 한다. 또 높은 지위에 있는 자라면 누구와도 화합和合하겠다는 생각에서 겸손하여 그 지위를 잊는다면 남에게서 시기를 받을 까닭이 없다.

신분에 걸맞게 야심을 버리고 분수에 따라 마음을 편안하게 가지면서 자기를 반성하고 남을 탓하지 않는다면 남을 시기하지 않게 될 것이다. 위에서 말한 것들은 궁중宮中이나 관직에 봉사하는 자가 꼭 마음에 새겨두어야 할 일이다.

或問 共事一人 未有不妬者 何也 曰人之才能性行 容貌辭色 種種不同 所事者 必悅其能事我者 惡其不能事我者 能事者見悅 則不能事者必疎 是我之見疎 彼之能事成之也 焉得不妬 旣妬 安得不相傾 相傾 安得不

受禍 故見疏者妬 妬其形己也 見悅者亦妬 妬其妬己也 然則奈何 曰居
寵則思分而推之以均衆 居尊則思和而下之以相忘 人何妬之有 緣分¹
以安心 緣遇²以安命 友己而不尤人 何妬人之有 此入宮入朝者之所當
知也

※

1 緣分(연분): 분수. 인연.
2 緣遇(연우): 우연히 만난 경우에 따름.

4. 어버이의 유품은 보관하는 것이 좋다

어버이가 세상을 떠나고 그의 유품遺品이 눈앞에 있을 경우에는 그것을
차마 볼 수 없다고 하여 없애버린다.

이러한 것보다는 어버이의 추억을 차마 잊지 못하면서 그것을 보존하
는 것만 같지 못하다.

◉ 요사이 사람들은 부모께서 남긴 물건 중에서 골동품이면 간직하고
그 외의 것은 모두 버린다. 부모의 남기신 물건들은 없애는 것보다는
잘 보관하는 것이 낫다는 이 말을 되새겨 볼 일이다.

親沒而遺物在眼 與其不忍見而毀之也 不若不忍忘而存之

5. 사람을 잘 양성하는 사람이란

남의 잘못을 꾸짖을 때 상대가 아무 말도 못하고 얼굴을 붉히면서 등에 땀을 흘릴 정도에 이르렀는데도 오히려 더욱 소리 높여 바락바락 악을 쓰는 것이 어찌 자신에게는 마음이 통쾌하지 않은 일이랴!

그러나 그것은 지극히 도량이 좁은 몰인정한 방법이다.

그러므로 군자가 남의 잘못을 꾸짖을 때는 막다른 데까지 몰아붙이지 않는다. 적당한 정도로 해서 상대가 양심적으로 부끄러움을 느낄 여유를 주어 기다리고 스스로 마음을 고치도록 하는 것이야말로 인간미人間味가 있는 것이다.

이러한 것을 '맹자'가 말하기를 "선으로써 사람을 양성하는 것"이라고 했다.

責人 到閉口捲舌 面赤背汗時 猶刺刺¹不已 豈不快心 然淺隘刻薄²甚矣
故君子攻人 不盡其過 須含蓄以餘人之愧懼³ 令其自新 方有趣味⁴ 是謂
以善養人⁵

※

1 刺刺(랄랄): 물어뜯는 것처럼 몰아치며 바락바락 악을 쓰는 모양.
2 淺隘刻薄(천애각박): 지극히 도량이 좁고 몰인정한 것.
3 愧懼(괴구): 깊이 부끄러움을 느낌.
4 趣味(취미): 인정미人情味. 인간미人間味.
5 以善養人(이선양인): 선善으로써 남을 기름. 『맹자孟子』이루장離婁章에
   나오는 말.

6. 은혜는 인정에서 나온다

은혜恩惠와 예절禮節은 인정人情에서 자연히 발로發露되어 행동이 나오는 것이며 억지로 이루는 것이 아니다.

그러나 예절은 인간으로서의 체면에 관계 되는 것이기 때문에 오히려 남을 꾸짖어 행동하기도 하는 것이다. 은혜는 사람의 근본적인 마음에서 나오는 것으로 도리어 꾸짖게 되면 잃어버리게 된다.

그러므로 은혜가 엷다면 가히 맺어서 두텁게 하고 은혜가 떠나면 가히 맺어서 확고하게 해야 한다. 한결같이 서로 책망하게 되면 원망만이 더욱 깊어진다.

옛날의 아버지나 아들과 형과 아우와 지아비와 지어미의 사이에서도 골육骨肉들이 원수가 된 것은 모두가 '꾸짖다'의 한 글자에 연좌되었을 뿐이다.

◉ 예절이란 인간의 체면과 관계가 있다. 그러므로 예절을 시행하지 않는 사람이 있을 때에는 그 사람을 꾸짖어서라도 고치도록 해야 한다는 것을 의미한 것이다.

恩禮出於人情之自然 不可强致 然禮係體面 猶可責人 恩出於根心[1] 反以責而失之矣 故恩薄可結之使厚 恩離可結之使固 一相責望 爲怨滋深 古父子兄弟夫婦之間 使骨肉爲寇讐 皆坐責之一字耳

※

1 根心(근심): 깊은 속마음. 『맹자』진심장盡心章에 "군자의 본성은 인의예지仁義禮智가 마음에 뿌리 내리다."라는 말이 있다.

제 3 장

도道를 논論하는 방법

높은 벼슬아치들이 국정을 논할 때
"통치자의 의견이 이러이러하다."라고 하면
이의를 제기하지 못한다.
또 유학자儒學者들이 모여 학문을 논의할 때
"공자께서 이렇게 말씀하셨다."라고 하면
모두가 입을 다물고
자기의 의견을 제시 못한다.

1. 도道로 가는 데는 일정한 단계가 있다

대도(道)에는 한 줄기의 바른 길이 있고 도道로 나아가는 데에는 한 번 정해진 단계가 있다.

성인聖人이 사람을 가르치는 데는 한번 정하여 만들어진 법을 보이는 것이다.

사람들은 스스로 깨달아 아는 데 있는 것이다. 깨달아 알아 한 걸음 한 걸음 얻으면 다시 한 걸음을 설명한다. 그 제일 처음의 한 걸음에서 완전히 깨달아 앎에 이르지 못하면 제이보第二步를 설명하지 않는다.

이러한 것은 사람을 고통스럽게 하는 것이 아니라 도道로 나아가는 등급이라는 것이 본래 이와 같은 것이다.

제일보第一步에서 한 치의 차이가 있으면 제이보第二步에서는 얻어 이룰 수가 없다.

공자孔子께서 제자인 사(賜: 子貢)에게 겨우 함께 설명하기를 저것들은 "하나로써 꿰뚫는다."라고 했고, 또 먼저는 그가 많이 배워서 하나를 안다고 한 것으로 인仁의 일에 이른다는 것을 어렵게 여겼다. 또 『논어』의 공야장편에 "사賜야, 너의 미칠 바가 아니다."라고 설명했다.

지금의 사람들은 입만 열면 학문의 맥을 편리하게 강의하고 도의 본체를 편리하게 설명한다.

이것은 후배의 학자들을 가까이 이끌어 마치 바보천치의 앞에서 꿈을 이야기하는 것과 같은 것이다.

공자의 문하에서는 이러한 가르침의 법은 없는 것이다.

◉ 사람이 나아갈 대도大道에는 한 가닥의 바른 통로通路가 있고, 그 길을 나아감에는 일정한 등급이 있는 것이다.

성인이 사람을 인도하는 경우에만 다만 일정한 규범을 제시할 뿐이다. 그 요긴한 것은 한 사람 한 사람에게 가르쳐 보여주는 것을 깨달아 알아내는 일이다. 사람이 한 걸음을 깨달아 알면 성인은 다시 다음의 한 걸음을 설명해 보인다. 최초의 한 걸음을 충분히 깨달아 알지 않으면 제이보第二步를 설명해 보이지 않는다. 그것은 성인이 사람을 괴롭히자는 뜻에서가 아니라 길을 나아가는 등급이라는 것이 본래 그러한 것이기 때문이다.

제일보第一步에서 한 치의 어긋남이라도 있으면 제이보에는 이를 수가 없는 것이다.

예를 들어 공자가 제자인 자공子貢에게 "나는 하나로써 그것을 꿰뚫느니라."고 말한 것은 "많이 배워서 그것을 안다."라고 하는 말에 구애되는 자공의 태도를 우선 경계한 것이다. 또 인자仁者의 성격을 말함에 있어서는 "자공이여, 너의 미칠 바가 아니니라."라고 했다.

옛날 성인은 이런 정도로 진보進步의 과정을 중시했거늘, 오늘날의 사람들은 입만 열면 학문의 이치를 강석講釋하고 본체本體가 이러쿵저러쿵 설說함으로써 후학을 지도하고 있다.

大道有一條正路 進道有一定等級 聖人教人 只示以一定之成法 在人自理會 理會得一步 再說與一步 其第一步 不理會到十分也 不說與第二步 非是苦人 等級原是如此 第一步差一寸也 到第二步不得 孔子於賜[1] 纔說與他一貫 又先難他多學而識一語 至於仁者之事 又說賜也非爾所

及² 今人開口 便講學脈 便說本體 以此接引後學 何似癡人前說夢³ 孔門
無此教法

※

1 賜(사): 공자孔子의 제자인 자공子貢의 이름.

2 賜也非爾所及(사야비이소급): "사야, 너는 미칠 바가 아니다."『논어』공야
  장편公治長篇에 나오는 말로 사賜는 자공을 이름.

3 癡人前說夢(치인전설몽): 바보 앞에서 꿈 이야기를 하다. 바보에게는 무슨
  이야기를 하더라도 소용없는 일이지만, 꿈 이야기는 더더욱 무의미하다
  는 뜻.

2. 도는 스스로 구하는 것이다

도道를 이야기하는 자는 비록 자세하고 적절한 것을 다하더라도 고심하
는 사람이 설명을 바라는 것을 기다려야 한다. 그렇게 해야 도의 이야기
를 들으면 손이 춤을 추고 발로 뛰듯이 하며 크게 부르짖고 눈물까지
흘릴 것이다.

왜냐하면 얻지 못한 마음을 통하여 구하고 분명히 사리가 밝은 말을
듣고는, 굶주린 자가 진수성찬을 얻은 것과 같으며 가뭄에 장맛비를
얻은 것과 같이 여겨서, 서로 기뻐하여 깨달아 묘연한 것을 말로 표현할
수가 없기 때문이다.

그렇지 않은 자는 근육이 마비된 피부와 같아서 의사가 침을 종일토록
놓아도 오히려 능히 깨닫지 못하는데 손톱으로 긁는다고 어찌 아픔과
가려운 것을 알겠는가! 내가 간절히 말을 한다고 해도 애처로울 뿐이다.

그러므로 대도大道는 홀로 깨닫는 것이고 지극한 이치는 말할 수가

없는 것이다.

성인이나 현인들이 차마 사람을 버리는 것은 아니요, 맹목적으로 두렵게 해 보아야 보탬이 되지 않기 때문이다.

이 때문에 성인聖人들이 질문하는 것을 기다린 뒤에 말하는 것은 사람에 따라서 일에 나아가게 하는 것과 같은 것이다.

◉ 대도大道란 각각 자신의 힘으로 깨달아 아는 길밖에 없다. 지극한 이치는 무엇이라고 말로 깨닫게 해줄 수 없는 것이다.

그렇다고 해서 성현聖賢이 냉정하게 일반 사람들을 모른 체 버려두는 것은 아니다. 뜻이 서 있지 않은 자에게는 아무리 번거롭게 설명해 보아야 아무런 효과가 없는 것일 뿐이다. 여기서 성인은 질문을 받고서야 비로소 입을 열게 되는 것이다. 그것은 상대의 정도에 따라 일에 나아가게 하는 것과 같은 이치이다.

談道者 雖極精切¹ 須向苦心人說 可使手舞足蹈 可使大叫垂泣 何者 以求通未得之心 聞了然透徹之語 如饑得珍羞² 如旱得霖雨³ 相悅以解 妙不容言 其不然者 如麻木⁴之肌 鍼灸終日 尙不能覺 而以爪搔之 安知 痛痒哉 吾竊爲言者惜也 故大道獨契 至理不言 非聖賢之忍於棄人 徒 嘵嘵⁵無益耳 是以聖人待問而後言 猶因人而就事

※

1 精切(정절): 정밀精密하고 절실切實함.
2 珍羞(진수): 진수성찬珍羞盛饌. 맛있게 잘 차린 음식.
3 霖雨(임우): 장마. 큰 비.
4 麻木(마목): 근육이 마비되다. 저리다.

72

5 曉曉(효효) : 두려워하는 모양.

3. 성인의 도는 평범하다

요堯임금이나 순舜임금이나 주공周公이나 공자孔子로 이어지는 도道는
인정人情에 의거하고, 사물의 도리에 의지하며, 천연天然에 스스로
갖추어져 있는 중中을 손으로 잡아 실행해 갈 뿐이다. 그것은 사람을
놀라게 하는 것도 아니고 사람을 고통스럽게 하는 것도 아니지만 일반인
이 미치기에는 어려운 것이다.

후세 사람들은 다른 것으로 이기고자 하여 얻지 못하면 도리어 매우
고상하고 행하기 어려운 일들과 신비스럽고 궁벽한 말을 찾아 나가
상식에 벗어나는 기발한 것이나 편벽되고 허망한 것 등으로써 이기려고
한다. 성인의 절묘한 곳이 다만 평범하고도 일상적인 것이라는 것도
깨닫지 못한다.

육경六經이나 사서四書의 말을 보더라도 얼마나 평이平易한 것인가.
그렇지만 성인의 훌륭한 문장이 되는 데 방해가 되지 않았다. 또한
명확하지 않고 완전하지 않은 도는 있지 않았다.

아아! 어진 이와 지혜 있는 자들은 너무 그것을 지나쳤다. 불교佛敎와
노자老子와 양주楊朱와 묵적墨翟과 장자莊子와 열자列子와 신불해申不
害와 한비자韓非子 등이 이들일 뿐이다. 그들의 의견은 겨우 성인의
가르침의 만분의 일 정도이다. 이리저리 제멋대로 되어서 방만放漫하고
편향되어 도를 해치는 데 이르게 되었다.

후세의 학도學徒는 견식見識이 없으므로, 드디어 날마다 먹는 쌀이나

보리를 버리고 신기한 구슬 부스러기를 먹는다. 또한 일상으로 입는 비단이나 베옷을 싫어하고 특수한 방화직防火織만을 사모한다. 그리하여 배고픔과 추위를 견딜 방법도 없이 도리어 이상한 병에 걸려 있으니 슬픈 일이다.

◉ 인정人情이라는 말은 일반적으로 인간이 태어나면서부터 타고나는 누구나 갖추고 있는 일상적인 정의 뜻으로 쓰인다.

한편 도道라는 것은 천지 우주에 두루 차 있는 것으로 공공성의 뜻을 갖지 않으면 안 된다. 그러므로 일반인의 감정이나 지향하는 바를 초월한 고답적高踏的인 이념의 뜻으로 해석되기 쉽다.

실제로 도를 체득體得하여 전수傳授했다고 일컬어지는 요임금과 순임금과 주공이나 공자 같은 이들은 성인으로 받들어지고 인류의 사표師表로서 존중된다. 이들 성인이 설파한 도는 범인으로서는 도저히 실행 불가능한 어렵거나 복잡한 것이 수반되어 있지 않을까 하는 억측하기 쉽다. 그러나 그것은 전혀 성인의 도를 알지 못하여 오해하고 있는 것이다.

인정을 떠난 성인의 도는 없고, 성인의 도를 떠난 인정은 없다. 그것은 쉽고 분명하면서 무한한 취향을 함축하고 평범하여 어느 사회에서나 적용되는 것이다. 이 점을 간과看過하고 작은 지식을 휘두른다면 성인의 도에서 이탈하여 편견인 사도邪道로 빠져들 뿐이다. 공空을 설하는 불교나 무無를 표방하는 노자나 위아주의爲我主義를 설하는 양주나 겸애주의兼愛主義를 부르짖는 묵적이나 노자의 계통을 이은 장자나 열자나 법술만능法術萬能을 설하는 신불해나 한비자 등이 다 그러하다.

그러므로 일상 있는 그대로인 상태에 당연한 도리가 감추어져 있다는 사실을 알아 둘 필요가 있다.

堯舜周孔之道 只是傍人情 依物理 拈出箇天然自有之中行將去 不驚人
不苦人 所以難及 後來人勝他不得 却尋出甚高難行之事 玄冥[1]隱僻[2]之
言 怪異新奇 偏曲幻妄[3] 以求勝 不知聖人妙處 只是箇庸常 看六經[4]四
書[5]語言 何等平易 不害其爲聖人之筆 亦未嘗有不明不備之道 嗟夫 賢
智者過之 佛老楊墨莊列申韓[6]是已 彼其意見 纔是聖人中萬分之一 而
漫衍閎肆[7] 以至偏重而賊道 後學無識 遂至棄菽粟[8]而餐玉屑 厭布帛而
慕火浣[9] 無補饑寒 反生奇病 悲夫

※

1 玄冥(현명): 신비적인 것으로, 상식적인 힘으로는 헤아릴 수 없는 경지를
　말한다.
2 隱僻(은벽): 궁벽하여 사람의 왕래가 적음. 눈에 띄기 어렵게 한편으로
　치우쳐 있음.
3 偏曲幻妄(편곡환망): 치우쳐 현실에서 떠나 있음.
4 六經(육경): 유학의 여섯 가지 경서經書인『역경易經』, 『서경書經』, 『시경詩
　經』, 『춘추春秋』, 『예기禮記』, 『악기樂記』.
5 四書(사서): 유학의 네 가지 경서인『논어』, 『맹자』, 『중용』, 『대학』.
6 佛老楊墨莊列申韓(불노양묵장열신한): 불교佛敎와 노자老子와 양주楊朱와
　묵적墨翟과 장자莊子와 열자列子와 신불해申不害와 한비자韓非子.
7 漫衍閎肆(만연굉사): 만연은 이리저리 산만한 것. 굉사는 제멋대로의 뜻.
8 菽粟(숙속): 콩과 곡물. 곧 일상으로 먹는 곡식.
9 火浣(화완): 화완포火浣布. 곧 방화용防火用의 직물.

4. 늘 현명하고 지혜 있는 자가 해친다

어리석고 못난 자는 도道를 떠맡지도 못하거니와 또한 그렇다고 도를

해칠 만한 능력도 없다. 도를 해치는 자는 모두가 현명하거나 지혜가 있는 자들이다.

후세의 지식이 없는 사람들은 도의 본연의 면목으로 천하에 크게 알맞은 지극히 바른 법규를 보이는 것을 살피지 못하고 다만 현명하고 지혜 있는 자만의 말과 행동을 목표로 삼고 있다.

세상에서는 현명하고 지혜 있는 자만이 깨우침이 있다고 여겼다. 중도中道의 일상적인 것을 찾아서는 남을 앞지를 수도 없고 명예를 얻지도 못하는 것이라고 했다. 중도를 가벼이 보고 실행하지 않아 도가 무너졌다.

이러한 것은 유독 현명하고 지혜 있는 자만의 죄는 아니다. 그들을 존경하는 자에게도 그 죄가 작지 않은 것이다.

『중용中庸』이라고 하는 책은 현명하고 지혜로운 자를 위해서 만들어진 것이다. 중中이라는 한 글자만으로도 족한데 다시 용庸자를 덧붙이고 있다. 그래서 그 뜻은 심장深長하다. 이것은 지식이 치우쳐 있는 선비와 도를 함께 하기가 어렵다는 것이다.

愚不肖者 不能任道 亦不能賊道 賊道全是賢智 後世無識之人 不察道之本然面目¹ 示天下以大中至正之矩 而但以賢智者爲標的 世間有了賢智 便看的中道尋常 無以過人 不起名譽 遂薄中道而不爲 道之壞也 不獨賢智者之罪 而推崇賢智 其罪亦不小矣 中庸²爲賢智而作也 中足矣 又下箇庸字 旨深哉 此難與曲局之士³道

※

1 本然面目(본연면목): 본래의 면목. 본래의 모습.

2 中庸(중용): 사서四書의 하나로서, 일반적으로 공자의 손자인 자사子思가
  지었다고 전함. 인간이 행해야 할 중도용상中道庸常의 도를 설한 것임.
3 曲局之士(곡국지사): 지식이 한쪽으로 치우친 선비. 전 국면을 다 바라볼
  수 없는 사람.

5. 성인聖人의 도가 아니다

도란 천하 고금을 통한 공공적인 이치이며, 사람 사람마다 모두 알맞게
나눠 갖는 것이다.

  도는 스스로 사사로운 것이 되지도 않고 성인聖人이라도 도를 사사로
이 할 수는 없다. 그러나 유학자들이 매양 사사로이 하여 성인의 도라고
이른다.

  말은 반드시 경經을 따르고 일은 반드시 옛날을 참고하는 것을 위도衛
道라고 한다.

  아아! 이것은 천고千古에 큰 방어벽이다. 누가 감히 무너뜨리겠는가!
그러나 도는 일정한 나루터가 없어서 성인의 말씀이라도 그 한계를
다하지 못한다.

  일에는 시대의 형세가 있어서 성인의 제도로도 능히 다하지 못한다.

  후세에 진실로 명철한 자가 출현함이 있어서 성인이 발설하지 못한
것들을 발설하고 성인이 말하고자 하는 마음을 묵묵히 깨달아 성인이
하지 못한 것들을 만들고 성인이 반드시 해야 하는 일을 딱 맞게 한다면
이것은 진실로 성인들의 깊은 다행이며 융통성이 없는 유학자들이
크게 놀랄 일이다.

  오호라! 이러한 것들은 통하는 자만이 말할 수 있는 것이다. 한漢나라

와 당唐나라 이래로부터 이를 이야기할 수 있는 사람은 드물었다.

道者天下古今共公之理 人人都有分的 道不自私 聖人不私道 而儒者每
私之 曰聖人之道 言必循經 事必稽古 曰衛道 嗟夫 此千古之大防[1]也
誰敢決之 然道無津涯[2] 非聖人之言所能限 事有時勢 非聖人之制所能
盡 後世苟有明者出 發聖人所未發 而默契[3]聖人欲言之心 爲聖人所未
爲 而脗合[4]聖人必爲之事 此固聖人之深幸 而拘儒[5]之所大駭也 嗚呼
此可與通者[6]道 漢唐以來鮮若人矣

※

1 大防(대방): 큰 제방. 여기서는 쉽게 깨뜨릴 수 없는 원칙을 말함.

2 津涯(진애): 나루터. 곧 일정한 장소. 한계의 뜻.

3 默契(묵계): 말 없는 가운데 우연히 뜻이 맞음.

4 脗合(문합): 딱 들어맞음.

5 拘儒(구유): 융통성 없는 유학자.

6 通者(통자): 선입견에 사로잡히지 않고 융통성 있게 막힘없이 사물을 이해하
  는 사람.

6. 하나와 만은 떨어질 수 없는 일체이다

만萬이라는 수가 없다면 하나(一)라는 수가 어느 곳에 자리를 잡고
있겠는가? 하나라는 수가 없다면 만萬이라는 수가 무엇을 위해 중심이
되겠는가? 이상의 만萬과 하나라는 두 글자는 잠시도 떨어짐을 얻지
못한다. 하나는 다만 만의 속으로 달려갈 뿐이다.

  하나가 다스려짐이 있으면 만은 어지러워지지 않는다. 하나가 알맞

음이 있으면 만은 치우쳐지지 않는다.

하나가 살아 있으면 만萬은 죽지 않는다.

◉ 세상의 모든 사건이나 현상은 천차만별千差萬別이다. 단 한 가지라도 같은 것이 없다. 그러나 그것들은 다만 되는 대로 지리멸렬하게 존재하는 것은 아니다. 하나의 도리에 의해 꿰뚫려 있는 것이다. 그렇지 않다면 우리들은 하나하나의 사상事象을 다음에서 다음으로 이어 받아 처리해 나갈 수 없다.

동시에 그 하나의 원칙은 만 가지 사건, 만 가지 현상에서 떠올라 억지로 자기가 생각하는 방향으로 끌고 가는 것이 아니다. 다양한 사건과 현상에 적응하여 그 원칙을 발휘해 가는 것이다.

이와 같이 하나와 만은 밀접하여 떨어질 수 없는 관계를 가지고 있다. 떨어질 수 없는 관계를 가지고 있는 것과 동시에 하나가 만에 앞서는 것도 아니고 만이 하나에 앞서는 것도 아니다.

그것은 하나가 있으므로 만이 있고 또 만이 있으므로 하나가 있는 것과 같다. 또 하나가 올바르게 기능機能을 다하면 만도 올바르게 운동하고, 하나가 중정中正을 잡으면 만도 치우치지 않게 활동한다. 이것이 하나와 만의 유기적인 관계이다.

無萬則一何處着落 無一則萬誰爲張主[1] 此二字一時離不得 一只在萬中走 故有正一無邪萬 有治一無亂萬 有中一無偏萬 有活一無死萬

※

1 張主(장주): 중심이 되어 정리하는 것.

7. 이단異端의 공격은 급소를 찔러야 한다

유학자儒學者의 하류(下流: 낮은 지위)는 이단異端의 하류下流와 무엇이 다르겠는가? 하류들끼리는 서로 꾸짖지 못할 것이다. 그러므로 의학에 밝으면 병든 사람의 근본적인 원인을 찾아서 치료하고, 유학에 정통하면 이단사설의 심장부를 적중시켜야 한다.

사특한 것을 공격하여 그의 정에 알맞은 것을 얻지 못하면 사특한 이단은 더욱 방자해진다.

병을 치료하는 데에도 그의 증상에 정확히 대처하지 않으면 병은 더욱 심하게 된다.

무엇 때문인가? 이것은 이야기 거리를 주어서 도리어 공격할 기회를 주는 것이며 스스로 구제하라는 빌미를 주는 것이기도 하다.

◉ 유학자儒學者라고 하는 것은 정학正學을 제창提唱해야 한다. 그런데 그 낮은 계층에 이르러서는 이단사설異端邪說의 낮은 계층과 별로 다를 것이 없다. 이렇게 되면 상대를 비난할 형편이 되지 못한다.

의학에 밝으면 환자의 증상의 본말本末을 치료하지 않으면 안 되는 것과 같이, 유학에 달통達通하면 사설邪說의 급소急所를 추구하지 않으면 안 된다. 사설을 공격하는데 그 실정에 적응하지 않으면 사설은 더욱더 멋대로 놀아난다.

병을 치료하는데 그 증상에 합치하지 않으면 병은 더욱 깊어간다. 왜냐하면 공격을 하다 말다 하는 동안에 상대에게 석명釋明할 재료를 주어 반대로 상대방에게 형편 좋은 방책을 제공하는 결과가 되기 때문이다.

儒者之末流 與異端之末流何異 似不可以相誚也 故明於醫 可以攻病人
之標本¹ 精於儒 可以中邪說之膏肓² 闢邪不得其情 則邪愈肆 攻疾不對
其症 則病愈劇 何者 授之以話柄 而借之以反攻 自救之策也

※

1 標本(표본): 사물의 본말本末.
2 膏肓(고황): 심장과 복부의 중간 부분. 여기에 병이 들면 치료할 수 없다고
한다. 곧 급소急所.

8. 유가儒家 내부의 이단이란

사람들은 모두 이단異端이 도道를 해친다는 것은 알고 있으면서도,
유자儒者의 말에서도 도를 해치는 일이 있다는 사실은 알지 못한다.

그것은 이치를 보고도 깨닫지 못하고 옳은 것 같으면서 잘못된 것들이
다. 혹은 근거도 없는 말을 함으로써 진실을 어지럽힌다. 혹은 치우친
견해에 집착하여 정의를 그르치는 것이다. 혹은 눈앞의 일에 사로잡혀
영구불변의 도를 어둡게 한다. 혹은 곁길로 빠져들어 천하의 큰 줄기를
깨뜨린다. 그리고 그 평판과 인망人望은 학술을 넓힐 만한 힘이 있으면
서도 천하 후세의 인심을 해롭게 하는 일들이 진실로 또한 적지 않았다.

이런 까닭으로 이단 중의 이단도 있고, 우리 유가 내부의 이단도
있다.

이단의 이단은 정말로 잘못된 것이라 그 폐해는 작다. 그러나 우리
유가 내부에 섞여 있는 이단은 그 폐해가 크다. 올바른 도리를 지켜
나가고자 하는 마음이 있는 사람이라면 어찌하여 바로잡지 않으랴!

◉ 이단이란 정도正道를 어지럽히는 사도邪道이다. 그러나 처음부터 정도와 대결하여 정도를 깔고 뭉개려는 형태의 이단이라면 선뜻 그 그릇된 것을 판정할 수 있다.

그러나 세상에는 유학儒學의 가면을 쓰고 유학의 고전을 근거로 유학의 말을 입에 올리면서, 실제로는 유학을 전혀 잘못 이해하여 사람들을 모르는 사이에 사특한 도로 가도록 하는 이단이 있다. 이는 정말 두려운 것이다. 이런 종류의 이단은 정말 구분하기 어려운 것이며 이러한 종류의 이단이야말로 많은 해독을 끼친다.

특히 왕양명王陽明이 출현한 이래 여러 갈래로 분열한 명대明代 말기 사상계에는 각인각색各人各色의 논설이 전개되었다. 그 속에는 유학을 표방하면서도 이단인 타교와 혼동되는 사상을 전파하는 자가 상당수 나타났다. 이러한 시대 상황으로 인하여 유학 내부에 숨겨져 있는 이단을 구분하는 일의 필요성이 역설된 것이다.

人皆知異端之害道 而不知儒者之言亦害道也 見理不明 似是而非或騁浮詞[1]以亂眞 或執偏見以奪正 或狃目前而昧萬世之常經 或徇小道而潰天下之大防[2] 而其聞望[3]又足以行其學術 爲天下後世人心害 良亦不細 是故有異端之異端 有吾儒之異端 異端之異端 眞非也 其害小 吾儒之異端 似是也 其害大 有衛道之心者 如之何而不辯哉

※

1 浮詞(부사): 확실하지 않은 말. 근거 없는 말.
2 大防(대방): 세상의 치안을 유지하는 데 필요한 큰 줄기.
3 聞望(문망): 성문인망聲聞人望. 평판과 인망.

9. 도리道理는 권세보다 앞선다

높은 벼슬아치들이 조정에서 논쟁을 벌일 때 "천자의 어의御意가 이렇다."라고 하면, 모두가 황공하여 삼가 한마디의 이의를 제기하지 못한다. 마찬가지로 유학자들이 모여서 학문을 논의할 때 "공자께서는 이렇게 말씀하셨다."라고 하면 모두가 입을 다물고 이견을 제시하지 못한다.

그러므로 하늘과 땅 사이에서 오직 도리와 권세가 가장 존귀한 것이 된다.

비록 그렇지만 도리란 존귀한 것 중에서도 더욱 존귀한 것이다. 조정에서 도리에 합당한 말을 하면 천자라도 권세로써 그것을 빼앗을 수 없다. 가령 그것을 무시하여 한때 빼앗는다 하더라도 도리는 천하 만세에 길이 전하는 것이다. 그러므로 권세는 제왕의 권한이요, 도리는 성인의 권한이다. 제왕은 성인의 도리가 없다면 그 권한이란 일시적인 것일 뿐이며 곧 꺾이게 된다. 그렇다면 도리라는 것은 또 권세가 의지하는 것이며 국가의 존망이 걸린 것이기도 하다.

이러한 막대한 권세는 분수에 넘치는 높은 지위에 올라도 제재하는 자가 없다. 이것이 유학자들이 사양하지 않는 것이며 감히 이 도(道: 유학)를 맡겨서 남면南面하게 하는 것이다.

◉ 당시의 간하는 신하가 없고, 제대로 학문을 터득한 학자가 없다는 것을 비탄한 말이다.

公卿爭議于朝 曰天子有命 則屛然¹不敢屈直²矣 師儒相辯于學 曰孔子
有言 則寂然不敢異同矣 故天地間 惟理與勢爲最尊 雖然 理又尊之尊
也 廟堂之上言理 則天子不得以勢相奪 卽相奪焉 而理則常伸于天下萬
世 故勢者帝王之權也 理者聖人之權也 帝王無聖人之理 則其權有時而
屈 然則理也者 又勢之所恃以爲存亡者也 以莫大之權 無僭竊³之禁 此
儒者之所不辭 而敢于任斯道之南面⁴也

※

1 屛然(병연): 황공하여 삼가는 모양.
2 屈直(굴직): 이의를 제기함. 곧 곧은 것이라고 굽히다.
3 僭竊(참절): 분에 넘치는 높은 지위에 있다.
4 南面(남면): 천자는 남쪽을 향해 좌석을 정하는 것이므로 천자의 위치를
　말함. 여기서는 도리를 갖춘 지도자로 자임하는 일.

10. 어려운 일을 먼저 한다

공자는 『논어』의 옹야雍也편에서 "어려운 것을 먼저 처리하고 얻는
것을 뒤에 한다."라고 했다. 이것은 덕을 세우고 공로를 세우는 데
있어서 첫 번째의 주장主張인 것이다.

　만약 어려운 일을 먼저 처리하는 것이 옳다고 인식하고 오로지 그
태도를 잊지 않고 지속해가면, 수많은 사람의 헐뜯음을 당하고 수많은
사람의 비난을 받더라도 마음에는 변동이 없다.

　해가 지나도 이와 같고 달이 또 가도 이와 같으며 또 끝까지 효과가
없다 하더라도 한결같이 이와 같다. 그렇게 얼마 동안 신념을 지켜

나간다면, 스스로 도리를 얻지 못함이 없을 것이다.

그러므로 공부는 차례대로 진행해 나가면서 그 효과는 서두르지 않고 침착하게 기다려야 한다. 만약 빠른 효과를 얻고자 서두른다면, 저 싹을 빨리 성장시키고자 싹을 뽑아 올려 다 시들어 버리게 한 어리석은 자와 같이 되는 것이다. 이러한 것으로 볼 때 사물은 빠른 효과를 구하고자 한다고 해서 오는 것은 아니다.

先難後獲[1] 此是立德立功第一箇張主 若認得先難是了 只一向[2]持循[3]去 任千毁萬謗 也莫動心 年如是 月如是 竟無效驗 也只如是久則自無不獲之理 故工夫循序以進之 效驗從容以俟之 若欲速 便是揠苗[4]者 自是欲速不來

※

1 先難後獲(선난후획): 어려운 것을 먼저 하고 이득은 뒤로 돌림.
2 一向(일향): 오로지.
3 持循(지순): 잊지 않고 따라서 행함.
4 揠苗(알묘): 싹을 뽑음.『맹자』공손추편에 "어느 어리석은 자가 싹의 성장이 늦은 것을 걱정하여 싹을 뽑아 올렸기 때문에 그 싹이 다 시들어 말라버렸다."는 이야기가 있다. 지나치게 성장을 돕는 일은 도리어 심한 폐해를 낳는다는 것을 비유하는 말이다. 여기서 조장助長이라는 고사성어가 생겼다.

11. 조화의 정묘한 것을 체관諦觀하는 사람이란

창조하고 변화시켜 기르는 것의 정묘한 것이나 본성本性이나 천도天道의 미묘한 것은 오직 마음을 조용히 가라앉히고 사물을 관망하는 자만이 알 수 있고, 오직 심신을 조용히 하여 삶을 기르는 자만이 알 수 있는 것이다. 마음이 어지럽고 침착하지 못한 사람은 함께 해서 이르기가 어렵다.

그러므로 담겨져 있는 물에는 별이나 달이 나타나지만 그 물이 요동하면 그 빛이 뒤범벅이 되는 것이다.

슬프다! 마음이 어지럽게 흩어져 침착하지 못한 자는 어둡고 어둡게 평생을 마친다. 한결같이 조화의 정묘한 것이나 천성과 본성을 보지 못하는 것이다.

◉ 천지의 조화造化와 본성本性이나 천도天道와 같은 정묘靜妙한 것은 고요히 체관諦觀하는 사람만이 알 수 있고 고요히 본성을 기르는 사람만이 공감할 수 있는 것이다. 마음이 조급한 사람에게는 그러한 이야기를 해 주어도 들리지 않는다.

예를 들어 고요히 머물러 있는 물에는 하늘의 별이나 달이 분명하게 비치지만 물에 파도가 일면 그 빛은 뒤범벅이 되는 것과 같다. 슬픈 일은, 마음이 조급한 사람은 아무것도 모르는 채로 어리석게 평생을 보낼 뿐 전혀 천지의 정묘한 것을 보지 못한다는 것이다.

造化之精 性天[1]之妙 惟靜觀者知之 惟靜養者契之 難與紛擾者[2]道 故止水見星月 纔動便光芒錯雜矣 悲夫 紛擾者昏昏[3]以終身 而一無所見也

※

1 性天(성천) : 본성本性과 천도天道.

2 紛擾者(분요자) : 마음이 어지럽게 흩어져서 침착하지 못한 사람.

3 昏昏(혼혼) : 어둡고 어리석은 모양.

12. 사물의 본체와 그 작용

사물의 근본적인 실체를 온전히 밝혀 실체에 따라 적당하게 사용해야
한다. 그 본체를 구명究明하는 것은 그 작용을 적정하게 하기 위해서다.

실체를 밝힌다는 것은 그 사물의 적당한 방법을 찾아 적절하게 활용하
는 것이다. 활용을 적정하게 하지 못한다면 어떻게 사물의 근본적인
실체를 밝히는 것을 귀하게 여기겠는가.

그러므로 사물의 근본적인 실체를 온전히 밝혀 유효적절하게 사용하
지 못한 자들은 있지 않았다. 활용을 하지 못한다는 것은 있을 수
없는 일이다.

이것은 나무에 뿌리가 있으면 자연히 많은 가지와 잎이 무성하고,
흐르는 물에 원천源泉이 있으면 자연히 천 갈래 만 갈래의 분류分流가
생기는 것과 같은 이치이다.

◉ 유효적절하게 활용할 수 있는 근본적인 방법을 구명하여 사물을 활용하
는 것을 명체적용明體適用이라 한다. 본체本體에만 갇혀 있으면 세상에
활용할 수 있는 방법을 간과하게 되고, 활용에만 사로잡히다 보면 실재實在
로서의 유효적절하게 쓰일 수 있는 방법을 없애는 것이 된다. 이 두
가지 폐단을 피하기 위한 것이 명체적용의 입장이다.

明體全爲適用 明也者明其所適也 不能適用 何貴明體 然未有明體 而
不適用者 樹有根 自然千枝萬葉 水有泉 自然千流萬派

13. 도리는 푸른 하늘의 태양과 같다

하늘과 땅 사이에 있는 도리道理는 푸른 하늘에 태양이 떠 있는 것과 같다. 성인이나 현인의 생각하는 마음은 맑게 갠 달밤에 불어오는 시원한 바람과 같다.

만약 이야기를 덧붙여 말을 낸다면 갖가지의 해석이 많아 설명하는 자는 다시는 통쾌하지 못하고, 듣는 자도 다시는 분명하게 깨닫지 못하게 된다.

어찌 온 세상 사람들이 모두 어리석으랴!

이러한 것들이 말을 세우는 데 커다란 병통인 것이다.

◉ 천지간에 고루 미쳐 있는 도리道理는 푸른 하늘에 걸려 있는 백일白日과 같이 밝고, 그것을 깨달아 안 성현聖賢의 마음은 청명한 달빛 아래 불어오는 상쾌한 바람과 같이 청랑晴朗하다. 따라서 그것은 직관적直觀的으로 짐작하면 되는 것으로서 공연한 설명을 붙여 이러쿵저러쿵 억지로 이유를 달게 된다면, 설명하는 사람은 전혀 즐겁지 않고 듣는 사람은 전혀 깨닫지 못한다.

세상 사람들의 감각이 모두 둔하지만은 않은 것이다. 그런 복잡한 설명을 붙일 필요는 없을 것이다. 요는 쓸데없는 이유를 다는 자의 큰 결점이 이러한 것이라는 뜻이다.

天地間道理 如白日靑天 聖賢心事 如光風霽月[1] 若說出一段話說 千解 萬解 說者再不痛快 聽者再不惺憁[2] 豈擧世人皆愚哉 此立言者之大病

※

88

1 光風霽月(광풍제월): 광풍光風은 비 끝에 해가 반짝 나서 초목草木이 반짝이
  는데 그 위에 부는 바람. 제월霽月은 하늘 가득히 끼여 있던 구름이 걷힌
  뒤의 선명한 달.
2 惺惚(성총): 분명하게 깨달은 앎.

14. 이러한 것을 천언天言이라고 한다

말이란 정당하고 밝고 밝으며 사리가 뛰어나고 간단하면서도 쉬워야
한다.

  마치 하늘과 땅이 형상을 한 것과 같고, 해와 달이 하늘에 매달려
있는 것과 같다. 곧 사람이 아직 알지 못하는 도리를 깨닫게 하여
이것을 실제로 시행하여 성공하게 하고, 어지러운 세상을 구제하고,
백성들을 편안하게 하는 것으로 천하 만세에 통달시켜도 피해가 없는
것이다. 이러한 것을 천언天言이라고 한다.

  평이하면서도 명명백백하고 아주 가까우면서도 정묘하며 진실하여
내 입에서 나왔으면서도 천하의 마음에 적당하다.

  그것을 전적典籍에 게재하고 옛사람들의 도道에 보탠다. 이러한
것을 인언人言이라고 이른다.

  글의 뜻이 깊고 궁벽하여 매우 괴이하고 기특한 것을 찾아서 스스로
구독句讀하지 아니하면 그 글의 뜻을 통하지 못한다. 또 통달하더라도
털끝만큼의 마음에 두는 이치나 정취가 없다. 또 음과 운韻을 참고하지
않으면 그의 글자도 알지 못한다. 또 알더라도 모두 일상적으로 날마다
쓰는 형체와 소리이다. 이러한 것을 귀언鬼言이라고 이른다.

귀언鬼言이란 도道를 해치는 것이며, 나무의 등걸이이며, 경전을 공부하는 선비들의 재앙인 것이다.

그러나 세상 사람들이 이것을 숭상하는 것은 무엇 때문인가! 그것은 괴이한 것으로 도망쳐 보편적이고 천루한 필법으로 꾸며서 그 기괴한 것을 보이면 쉽게 천박한 사람들의 안목을 놀라게 할 수 있기 때문이다.

이것은 광명하고 평이하더라도 크게 바른 군자君子는 이러한 것을 보면 얼굴이 부끄러워지고 얼굴에 땀이 흐르는 수치감으로 삼는다. 그러나 저들은 뜻을 얻은 것으로 여기고 있다. 슬픈 일이다.

正大光明 透徹簡易 如天地之爲形 如日月之垂象 足以開物成務[1] 足以濟世安民 達之天下萬世而無弊 此謂天言 平易明白 切近精實 出於吾口 而當於天下之心 載之典籍 而裨於古人之道 是謂人言 艱深幽僻 吊詭探奇 不自句讀 不能通其文 通則無分毫會心之理趣 不考音韻 不能識其字 識則皆常行日用之刑聲 是謂鬼言 鬼言者道之賊也 木之孽[2]也 經生學士之殃也 然而世人崇尙之者何 逃之怪異 足以文凡陋之筆 見其怪異 易以駭膚淺[3]之目 此光明平易 大雅君子 爲之汗顔沘顙[4] 而彼方以爲得意者也 哀哉

※

1 開物成務(개물성무) : 사람이 아직 알지 못하는 도리를 깨닫게 하고 이것을 실제로 시행하여 성공하게 하는 일. 『역경易經』 계사전繫辭傳의 문장.

2 孽(얼) : 나무의 등걸. 쓸모없는 것. 재앙의 일종.

3 膚淺(부천) : 천박한 사람들.

4 汗顔沘顙(한안비상) : 부끄러워 얼굴에 흠뻑 땀을 흘리는 모양.

15. 자기 만족하는 마음을 갖지 말라

겨우 1푼만큼이라도 스스로 만족하는 마음을 두게 되면 자신의 얼굴에 곧바로 스스로 만족하는 빛이 나타난다. 또 입속으로도 곧바로 스스로 만족하는 소리가 나오게 된다. 이러한 것들은 도를 가진 군자들이 부끄러워하는 것이다.

스스로 만족을 얻어 거창한 시대를 만나게 되면 세상 사이에서 가히 만족한 일들이 없게 된다. 자신의 분수에도 다시는 만족할 때가 없는 것이다.

무엇으로 가히 만족함이 있으랴! 그러므로 『노자도덕경』에서 말하기를 "성대한 덕을 갖춘 사람의 용모는 어리석은 자와 같다."라고 했다.

◉ 조금이라도 스스로 만족하는 마음이 있으면 얼굴에 자기만족 하는 표정이 나타나고, 입속에서는 자기만족의 소리가 나온다. 이것은 도道를 체득體得한 사람들이 부끄러워하는 바이다.

도가 무한히 광대하다는 것을 인식할 때 세상에는 만족할 만한 일이라는 것이 없다. 내 정도로서 만족할 만한 때라는 것은 없는 것이다.

인간에게는 '이만하면 된다'라고 만족할 만한 일이 없는 것이다. 그러므로 "풍부한 덕德을 갖춘 사람의 용모容貌는 어리석은 자와 같다."라고 일컬어지는 것이다.

纔有一分自滿¹之心 面上便帶自滿之色 口中便出自滿之聲 此有道之所恥也 見得大時 世間再無可滿之事 吾分²再無能滿之時 何可滿之有 故盛德容貌若愚³

※

1 自滿(자만) : 자기만족. 곧 이미 이 이상 더 배울 것도 닦을 것도 없다고
  자기만족을 하는 일.

2 分(분) : 본분本分.

3 盛德容貌若愚(성덕용모약우) : 성대한 덕을 갖춘 사람의 용모는 어리석은
  자와 같음. 『노자도덕경』에 나오는 말.

16. 재능은 참된 것에서 나온다

참된 것과 재능이 합해지면 마침내는 이것이 두 개인 것이다. 본래는
이러한 이치가 없다.

  대개 재능은 참된 것으로부터 나오는 것이다. 재능이 참된 것에서
나오지 않는다면 계산해서 하나의 재능도 얻지 못할 것이다. 진실한
것은 깨달으면 자연히 재능이 있게 된다. 지금의 사람들은 재능이
없는 것을 근심하지 말지어다. 다만 얻지 못한 이 하나의 '성(誠: 진실)'자
를 찾아야 한다.

◉ 성실이 재능과 합치된다고 하는데 결국은 성실과 재능을 별개로 생각하
는 것이다. 그러나 그것은 본래부터 이치에 맞지 않는다. 생각건대 재능은
성실에서 나오는 것이다.

  재능이 성실에서 나오지 않으면 재능이라고 볼 수 없다. 성실하면
재능은 자연히 나온다. 오늘날의 사람들은 재능이 없는 것을 깨닫지
못한다. 그것은 성실이라는 것을 찾지 못했기 때문이다.

誠與才合 畢竟是兩個 原無此理 蓋才自誠出 才不出於誠 算不得個才
誠了自然有才 今人不患無才 只是討一誠字不得

17. 천리天理가 천리를 어지럽힌다

사람의 욕심이 하늘의 이치를 어지럽히고 해치는 것을 보통 사람들도
모두 깨달아 알고 있다.

하늘의 이치가 하늘의 이치를 어지럽히고 해친다는 것은 비록 군자君
子라고 하더라도 또한 미혹되고 있는데 하물며 보통 사람에 있어서랴!

지금은 다만 자비慈悲를 인仁이라고 하고, 겸손하고 공손한 것을
예禮라고 하고, 물건을 취하지 않는 것을 염廉이라고 하고, 강개한
것을 의義라고 하고, 과감한 것을 용勇이라고 하고, 승낙한 것을 신信이
라고 말한다.

이러한 것을 염두에 두고 진실한 것이 발동해 나오면 이것을 하늘의
이치가 아니라고 말하기 어려운 것이다.

도리어 이러한 가장 바르고 지극히 공정한 하늘의 이치는 저것들의
어지럽게 해침을 입는다. 바로 이것이 하나에 집착하면 도를 해치게
된다는 것이다.

온 세상의 이른바 군자라는 것은 모두가 이러한 속에 있어서 깨부수지
못하는 것을 보는 것이다. 그러므로『중용』에 이르기를 "도道가 밝지
않다."라고 한 것이다.

◉ 일반적으로 천리天理라고 하는 말은 인욕人欲에 대한 반대의 개념으로
쓰였다. 학자들은 인욕을 버리고 천리天理를 따르도록 요구하고 있다.

예를 들면 절도竊盜나 폭력이나 간음姦淫 따위는 인욕이라고 하고, 인仁이나 예禮나 염렴이나 의義나 용勇이나 신信 등은 천리라고 했다. 이러한 구분에 사람들은 예민한 반응을 보인다.

그런데 다만 인과 의와 예 등 개개의 덕목德目을 성실하게 실천하면 그것으로 말미암아 참된 군자가 될 수 있을까? 과연 그러한 미덕美德을 열심히 실천하면 사람은 어느 정도 만족함을 느낄 것이고, 악惡의 유혹을 물리쳤다는 자랑스러운 마음을 품을 것인가? 이러한 것들은 한번쯤 생각해 볼 일이다. 또 개개인 덕목의 실천이란 그때그때 처리하는 것은 정당하다고 하겠지만 그것이 바로 완전한 인간이 되는 인격의 도야陶冶를 약속해 주는 것은 아니다.

개개인 체험體驗에 있어서의 천리의 확인은 보다 본원적本源的인 인격에 뿌리깊이 박혀 있다. 그것이 영구불멸永久不滅하는 데까지 이르지 않으면 안 된다. 만약 그것을 게을리 한다면 개개의 천리의 실천은 그것을 실천할 때에 한해서 끝나는 것으로 천리로서의 기초를 보유保有할 수 없게 된다. 거기에 '천리가 천리를 어지럽힌다.'라고 하는 모순된 현상이 발생하는 것이다. 그렇기 때문에 한 가지 천리의 실천에 만족할 것이 아니라 근본적인 천리로 돌아갈 것을 마음에 두지 않으면 안 된다는 것을 말한 것이다.

人欲擾害天理 衆人都曉得 天理擾害天理[1] 雖君子亦迷 況在衆人 而今只說慈悲是仁 謙恭是禮 不取是廉 慷慨是義 果敢是勇 然諾[2]是信 這箇念頭 眞實發出 難說不是天理 却是大中至正天理[3] 被他擾害 正是執一賊道[4] 擧世所謂君子者 都在這裏看不破 故曰 道之不明[5]也

94

※

1 天理擾害天理(천리요해천리): 천리가 천리로서 융통성이 없으면 천리로서
 의 기능을 발휘하지 못하고 다른 천리의 발전을 저해하게 됨.
2 然諾(연낙): 승낙함. 일단 인수한 것은 반드시 실천함.
3 大中至正天理(대중지정천리): 지극히 바른 것으로 개개의 천리를 초월한
 근원적인 천리를 말함.
4 執一賊道(집일적도): 하나에 집착하여 도를 해침.『맹자』진심장盡心章에
 나오는 말.
5 道之不明(도지불명): 도가 밝아지지 않음.『중용』제4장에 나오는 말.

18. 도를 얻는 데 이르는 단계

선비가 도道로 가는데 처음에는 얻기를 구한다. 이미 마음먹은 대로
잘 되어 만족함을 얻는다. 이미 얻어서 도를 기른다. 이미 얻은 도를
마음에서 잊는다. 얻은 것을 기르지도 않고 얻은 것도 단단하게 고집하
지 않는다. 얻은 것을 잊어버리지 않게 되면 얻은 것이 융화되지 않는다.
　배워서 도를 얻은 것을 잊어버린 상태에 이르면 이러한 것을 '얻은
것이 없다(無得).'라고 이른다.
　얻은 것이란 밖으로부터 온 이름이다. 이미 잃었다는 이름이 나에게
돌아온다. 그러므로 사물은 만약에 일찍부터 잃어버리지 않았다면
무엇을 얻은 것이 있겠는가? 마음을 놓으면 잃어버리게 된다. 그러므로
마음을 얻었다고 말한다.
　옛날부터 귀나 눈이나 입과 코나 팔과 다리를 얻었다고 말하지 않는
것은 본래부터 잃어버리는 일이 없기 때문이다.

● 학문에 뜻을 둔 자가 도道를 체득體得하는 순서는, 처음에는 의식적으로 도를 얻고자 공부하는 동안에 뜻대로 도를 얻을 수 있게 된다. 그 다음으로 얻은 도를 잘 키우며, 그 다음으로는 얻은 도를 잊어버려 얻는다거나 얻지 못한다거나 하는 대립 차원次元을 초월해 버리는 일이다.

얻은 도를 키우지 않으면 단단하게 몸에 붙지 않는다. 그렇다고 해서 얻은 도를 잊어버리지 않으면 얻은 것이 자기의 체험에 딱 맞게 융합하지 않는다. 그러므로 도를 배워 그것을 얻었다는 사실을 잊어버리는 데까지 가면 아무것도 얻은 것이 없는 것이 된다.

도를 얻는다는 말은 외부에서 얻어질 때 부르는 말이다. 일단 잃었던 것이 본래의 소유자인 나에게로 돌아온다는 말이다. 그런 까닭에 만약 처음부터 사물을 잃지 않았다면 아무것도 얻을 것이 없는 것이다.

사람은 때에 따라서는 마음을 놓아 버리기도 한다. 그러므로 마음을 얻는다고 하는 것이다. 예로부터 이목구비耳目口鼻나 사지四肢를 얻는다고 하지 않는 것은, 그런 것들을 잃는 일이 없기 때문이다. 이 내용은 도가道家의 설說을 말한 것이다.

士之於道也[1] 始也求得 旣也得得 旣也養得 旣也忘得 不養得則得也不固 不忘得則 得也未融 學而至於忘得 是謂無得 得者自外之名 旣失之名還我 故物如未嘗失 何得之有 心放失 故言得心 從古未言得耳目口鼻四肢者 無失故也

※

1 士之於道也(사지어도야): 이 이하의 문장은 선비가 도道를 체득함에 대하여, 도와 자기와의 대립감이 점차 없어져서, 마지막에는 전혀 의식이 없는 상태가 되는 것을 말한 것이다.

19. 진실로 알면 반드시 행한다

천하의 사물은 진실로 안다면 그것을 또다시 해도 실행하지 않는 일이
없다. 진실로 실행한다면 또다시 해도 성실하지 않은 일이 없다. 참된
정성스런 행동은 또다시 해도 자연스럽지 않은 것이 없다. 자연의
행동은 그의 지극한 곳에 머무르지 않으면 이르지 못한 것이고, 죽음에
이르지 않으면 머무르지 않는 것이다. 그러므로 『중용中庸』에 이르기
를 "밝아지면 곧 진실해진다."라고 한 것이다.

天下之事 眞知¹ 再沒箇不行 眞行再沒箇不誠 眞誠之行 再沒箇不自然
底 自然之行 不至其極不止 不死不止 故曰 明則誠矣²

※

1 眞知(진지) : 지행일체知行一體를 말한 것으로, 성실하면 자연히 멈추는
  일 없이 진행된다고 함.
2 明則誠矣(명즉성의) : 밝아지면 곧 진실해진다는 뜻으로 『중용』 제21장에
  나오는 말.

20. 눈과 귀에는 사색의 기능이 없다

귀와 눈과 입과 코와 팔과 다리가 무슨 죄가 있겠는가? 요堯임금과
순舜임금과 주공周公과 공자孔子의 몸에도 모두 갖추어져 있었다.
   명성이나 여색女色이나 재물이나 이득 따위를 좋아하고 갖고자 하는
데 무슨 죄가 있겠는가? 요임금이나 순임금이나 주공이나 공자의

세상에서도 모두 갖추어져 있었다.

천만 가지의 죄악은 모두 이 마음을 더럽힌 것이다.

『맹자』의 고자告子편에 "귀와 눈의 기능은 생각하지 못하는 것으로 사물에 가려진다."라고 했는데, 너무나 귀와 눈에 연대 책임을 지운 것이다.

다만 맹자는 "먼저 그 큰 것인 마음을 확립시켜야 주관하는 것을 깨달아 작은 것들이 모두 좋은 노비가 되는데 어찌 작은 것에 감히 빼앗기겠는가."라고 했다.

곧 도둑질한 물건을 숨긴 곳이 없다면 왜 저 도둑을 두려워하겠는가? 누가 "큰 것을 세우겠는가?"라고 묻는다면 "큰 것으로 큰 것을 세우는 것이다."라고 할 것이다.

◉ 사람의 귀와 눈과 입과 코와 두 팔과 두 다리는 자칫 나쁜 일의 앞잡이로 생각되기 쉬우나 그들에게 무슨 죄가 있는 것은 아니다. 앞서간 여러 성인들의 신체에도 다 그런 것들이 갖추어져 있었다.

명성名聲이나 여색女色, 그리고 재화財貨나 이득利得 따위를 사랑하고 우러러보아도 좋은 것이다. 그러한 것들에도 아무런 죄가 없다. 앞서간 여러 성인들의 시대에도 모두 그런 것은 갖추어져 있었던 것이다.

그렇다면 인간이 저지르는 죄는 어디서 오는가. 모두 마음에서 생기는 것이다. '이목의 기능은 특별히 사색思索하는 것이 아니므로 외물外物에 가려진다.'고 한 『맹자』고자告子편의 말은 너무도 이목에게 연대 책임을 지운 것으로서 지나친 말이라고 지적했다.

다만 먼저 그 큰 것인 마음을 확립시켜 주인공이 꿋꿋하면, 작은 것인 이목의 욕망은 모두 충실한 심부름꾼이 된다는 것이다. 이목의 관능이 큰 것인 마음을 빼앗을 까닭이 없다.

도둑질한 물건을 은닉한 곳이 없다면 도둑을 두려워할 필요는 없다는 것과 같다. "그렇다면 대체 누가 그 큰 것(곧 마음)을 확립하는가?"라고 묻는다면 "큰 것이 자기의 그 큰 것을 확립할 것이다."라고 대답할 것이라고 했다.

耳目口鼻四肢 有何罪過 堯舜周孔之身 都是有底 聲色貨利 可愛可欲 有何罪過 堯舜周孔之世 都是有底 千萬罪惡 都是這點心 孟子 耳目之官[1]不思 而蔽於物 太株連[2]了 只是先立乎其大[3] 有了張主 小者都是好奴婢 何小之敢奪 沒了窩主[4] 那怕盜賊 問誰立大 曰大立大

※

1 耳目之官(이목지관): 『맹자』 고자장告子章에 나오는 말.
2 株連(주연): 번져나가는 덩굴식으로 연좌連坐시키다.
3 先立乎其大(선립호기대): 먼저 그 큰 것을 세움. 대大는 마음. 『맹자』 고자장告子章에 나오는 말.
4 窩主(와주): 도둑이나 그 도둑이 훔친 물건을 감추어 주는 집.

21. 냉담한 속에 무한한 것이 있다

냉담冷淡한 속에는 무한無限하게 받아 쓰는 곳이 있다.

그런데 모든 이들은 뜨겁고 뜨거운 것만을 사모하여 잊지 못하고 죽음에 이르러도 깨닫지 못한다. 또 이미 깨달았을 때에는 머리를 뒤로 돌릴 줄을 알지 못한다. 또 머리를 뒤로 돌릴 줄을 알아도 뜨겁고 혹독한 것에 연연해한다.

　이러한 것은 일종의 짐승들의 노린내에 의지하고 있다가 다시 생선의 비린내를 더 보태는 사람들이다. 이런 사람은 함께 문지방에서 참맛을 이야기해 보아야 쓸모가 없을 것이다.

◉ 일체의 세속적인 야심을 버리는 데에는 무한한 즐거움이 있는 것이다. 그런데 세상 사람들은 모두 열기熱氣있게 부귀富貴와 권세權勢에 연연戀戀하여 죽을 때까지 그것이 잘못임을 깨닫지 못한다. 깨닫는다 하더라도 방향을 전환할 방법을 알지 못한다. 방향 전환의 방법을 알더라도 역시 부귀와 권세에 연연해한다.

　그것은 짐승의 노린내 위에다 생선의 비린내를 곁들인 사람으로서, 언제까지나 그 고약한 냄새에서 헤어나지 못한다. 그런 사람을 상대해서 인생의 참맛을 이야기해 봐야 아무 소용이 없는 일이다.

冷淡[1]中有無限受用處 都戀戀炎熱[2] 抵死不悟 旣悟不知回頭 旣回頭却又羨慕 此是一種依羶[3]附腥[4]底人 切莫與談眞滋味[5]

※

1 冷淡(냉담) : 담담淡淡하다. 마음이 차다의 뜻.
2 炎熱(염열) : 혹독한 더위. 여기서는 부귀富貴와 권세權勢를 뜻함.
3 羶(전) : 짐승에게서 나는 노린내.
4 腥(성) : 생선에서 나는 비린내.
5 滋味(자미) : 깊은 맛. 참맛. 진미眞味.

22. 자락自樂의 길을 찾아야 한다

산은 높이 솟아 있고 개울에는 물이 흐른다. 새는 지저귀고 꽃잎은 흩날린다. 바람은 맑고 달은 밝다. 제각기 천연天然에 적응하고 각자의 본분을 얻었다. 나 또한 그러하다. 저와 내가 간섭함이 없다.

  겨우 태어나서 사모하는 마음에 이끌리면, 이것이 부러워하는 것이고 이것이 집착執着하는 것이다. 지극한 덕德을 갖춘 사람은 담백淡白하여 세속적인 것을 좋아하는 것이 없고 세상일을 서로 잊을 따름이다.

  오직 남들과 어울려 살아가면서 남에게 정을 두지 않는다. 그러므로 서로 어울려 살면서도 남을 해치지도 않는 것이다.

山峙川流 鳥啼花落 風靑月白 自是各適其天 各得其分 我亦然 彼此無干涉也 纔生係戀心 便是歆羨¹ 便有沾着² 至人淡無世好 與世相忘而已惟竝育而不有情 故竝育而不相害³

※

1 歆羨(흠선): 부러워함.
2 沾着(첨착): 집착執着함.
3 竝育而不相害(병육이불상해): 어울려 살면서 서로 해치지 않는다. 『중용』
  제30장에 나오는 말.

23. '주역' 태괘의 뜻

다만 주역의 태괘泰卦를 깨달으면 하늘과 땅의 온갖 사물들이 모두 뜻이 창달하고 생동감을 얻어 기뻐하고 기뻐하며 즐겁고 사랑하여 마음과 몸과 국가와 천하가 터럭 끝만큼의 막힘이나 평화롭지 않은 기운이 없다. 이른바 팔방으로 통하고 사방으로 통하여 온갖 것들이 번창하고 온갖 것들이 성취되는 것이며 태화太和가 이르는 것이다.

그러나 태泰가 다하면 방종하게 된다. 방종하게 되면 수습하지 못하게 되고 비괘否卦로 들어간다.

그러므로 태괘의 뒤에는 대장괘大壯卦가 계승케 했다. 그리고 성인聖人께서는 "군자는 이것을 응용해서 예가 아니거든 행하지 않는다."라고 경계시켰다.

이러한 것을 사용하여 옛사람들은 근심하고 괴로워하고 삼가고 힘쓰게 하는 마음이 많은 것과 걸출하면서도 활달한 마음이 적은 것을 보이게 했다.

주역의 64괘에는 오직 태괘泰卦를 두었는데 이것이 쾌락한 때이다.

또 지극히 중정하고 지극히 바른 것으로 또 두려워하고 또 위태한 것을 생각하게 했다. 이러한 것이 태평을 이루고 태평을 유지하며 뜻밖의 근심거리를 없애게 한 이유였다.

◉『역경易經』속에 천지의 안태安泰를 상징象徵하는 태괘泰卦가 있다. 그 태泰에 안주安住하면 천지의 만물萬物은 어느 것이나 뜻한 바가 충만하고 생각한 바가 뜻대로 되어 기쁘고 즐겁고 심신心身에서부터 집안이나 국가나 천하에 이르기까지 울적하거나 불만을 갖지 않게 된다.

만물이 뜻한 대로 성장하고 번성하게 발달하며 화합和合의 극치에 있다는 것이다.

그러나 그 태泰가 극점極點에 도달하면 방종放縱하게 된다. 방종에 이르면 단속할 방법이 없게 되어 '천지가 어울리지 않고 만물이 통하지 않는다.'고 하는 비否의 괘卦로 들어가게 된다.

그러므로 『역경』에서는 태괘泰卦의 육사六四효를 양陽으로 변화시켜 대장大壯의 괘로 변화시켰다. 그것에 대하여 성인은 "군자는 예禮가 아니면 밟지 않는다."고 경계한 것이다. 이에 의하여 옛사람들은 인간의 타락을 우려하여 삼가고 힘쓰는 마음가짐이, 호방豪放하고 웅대하며 광대하고 달관達觀한 마음가짐보다 많은 것을 생각하게 한 것이다.

64괘 가운데 다만 태괘만이 즐거운 때이다. 그리고 이상과 같이 그 처지가 지극히 중정中正한 것이어서 방종으로 흐르지 않도록 삼가고 조심하게 했다. 그것만이 안태安泰를 가져오고, 안태를 지속시켜 생각지 않은 뜻하지 않았던 일들이 닥쳐오는 것을 경계한 것이라는 뜻이다.

只泰[1]了 天地萬物 皆志暢意得 忻喜懽愛 心身家國天下 無一毫鬱悶[2]不平之氣 所謂八達四通 千昌萬邃[3] 太和[4]之至也 然泰極則肆 肆則不可收拾 而入於否[5] 故泰之後 繼以大壯[6] 而聖人戒之曰 君子以非禮弗履 用是見古人憂勤惕勵之意多 豪雄曠達之心少 六十四卦惟有泰 是快樂時又恁極中極正 且懼且危 此所以致泰保泰 而無意外之患也

※

1 泰(태): 『역경』 64괘 가운데 하나. 하괘下卦는 건乾, 상괘上卦는 곤坤으로서, 천지가 어울리고 만물이 통하는 안태安泰를 상징했다.

2 鬱悶(울알): 기분이 막힘. 마음이 울적함. 울굴鬱屈.

3 千昌萬邃(천창만수): 모든 것이 창성하고 생생을 이룸.

4 太和(태화): 우주에 두루 차 있는 기氣가 극히 조화調和를 이룬 모양.

5 否(비): 『역경』 64괘 가운데 하나. 하괘下卦가 곤坤, 상괘上卦가 건乾, 정히 태괘泰卦의 역逆임. 그러므로 천지가 어울리지 않고 만물이 통하지 않음이라

고 했다.

6 大壯(대장): 『역경』 64괘 가운데 하나. 태괘泰卦는 하삼효下三爻가 양陽, 상삼효上三爻가 음陰이나, 대장大壯은 하사효下四爻가 양陽, 상이효上二爻가 음陰임. 군자 운운云云의 말은 대장괘大壯卦의 상전象傳에 있는 말이다.

24. 타물他物에 집착하지 않아야 한다

『중용中庸』에 "천하에서의 가장 지극히 진실한 사람은 성(誠: 진실) 이외의 아무것에도 의존하는 일이 없다."고 했다. 이것은 지성至誠한 사람의 가슴속인 것이다.

　마음속이 환히 밝아 아무런 집착執着도 없고, 아무런 집념執念도 없는 것은 한결같이 타물他物에 집착하지 않고 한결같이 사물에 의존하지 않는 것이다.

　겨우 일 푼一分이라도 의존하게 되면 바로 일 푼의 편향偏向이다. 겨우 일 리一釐라도 집착하게 되면 이것이 바로 일 리의 장애가 되는 것이다.

夫焉有所倚[1] 此至誠之胸次也 空空洞洞[2] 一無所着 一無所有[3] 只是不倚
着 纔倚一分 便是一分偏 纔着一釐 便是一釐礙[4]

※

1 夫焉有所倚(부언유소기): 어찌 의지할 바가 있으리오. 『중용』 32장에 나옴.

2 空空洞洞(공공동동): 아무런 집착이나 집념도 없는 상태에서 환하게 깨달은 모양.

3 無所有(무소유): 불교에서 말하는 '본래무일물本來無一物'과 통하는 심리.

4 礙(애): 장애障礙. 마음의 자유 활달한 움직임을 방해하는 것.

25. 예禮를 교육시킨 힘은 크다

예禮를 가르쳐 크게 밝아진 속에서는 예를 범한 자가 한 사람이라도 있게 되면 세상 사람들이 제멋대로 했다고 여겨 용납해 주지 않는다.

예를 가르쳐 밝아지지 않는 속에서는 예절을 지키는 자가 한 사람이라도 있게 되면 세상 사람들은 괴이쩍다고 여기고 용납해 주지 않는다. 예란 세상에서 대단한 것이다.

◉ 예절에 관한 교육이 잘 실행될 때에는 한 사람이라도 예에 어긋나는 짓을 하는 자가 있으면 세상 사람들은 그를 제멋대로 하는 자라 하여 용서하지 않는다.

반대로 예에 관한 교육이 제대로 실행되지 않을 때에는 한 사람이라도 예를 지키는 자가 있으면 세상 사람들은 그를 상식에 벗어나는 사람이라 하여 용납하지 않는다. 이와 같이 예라고 하는 것이 세상의 교육을 좌우左右하는 힘은 진실로 큰 것이다.

禮敎大明中 有犯禮者一人焉 則衆以爲肆¹ 而無所容² 禮敎不明中 有守禮者一人焉 則衆以爲怪³ 而無所容 禮之於世大矣哉

※

1 肆(사): 제멋대로 버릇없음.
2 無所容(무소용): 용서하지 않음. 한 패로 받아들이지 않음.
3 怪(괴): 상식에서 벗어남.

26. 이理와 기氣는 둘이 아니다

도道와 기器는 두 개의 사물이 아니다. 이理와 기氣도 둘로 구분하는 것이 아니다.

상象을 만들고 형形을 만드는 것은 기器이다. 그렇게 되도록 하는 것은 도道이다.

사물을 낳게 하고 사물을 이루게 하는 것은 기氣이다. 그렇게 되도록 하는 것은 이理이다.

도道와 이理는 보아도 종적이 없고, 잡으려 해도 물物이 없다. 반드시 도道와 기器와 이理와 기氣를 나누어서 두 개의 항목으로 삼고 다르게 여기는 것은 정밀하지 못한 것이 된다.

『주역』에 이르기를 "형상이 추상적인 것을 도道라 이르고, 형상이 실체가 있는 것을 기器라 한다."라고 했다.

대개 형상이 추상적인 것은 실체가 없는 것이며 온갖 사물의 부모이다. 그러므로 도道라고 한다.

형상이 실체가 있는 것은 몸체가 있는 것이며 하나의 도道가 엉기어 맺힌 것이다. 그러므로 기器라고 했다.

이理와 기氣도 또한 그러하다.

하늘이 낳고 땅이 낳고 사람이 태어나고 물物이 태어나는 것은 모두 기氣이다. 그렇게 만드는 것은 이理이다. 어찌 서로 상대함을 기다려 말하겠는가? 만약에 마주하는 것을 기다려 둘로 여긴다면 곧 『중용』의 비費와 은隱도 또한 둘이 되는 것이다.

◉ 도道와 기器는 별개의 것이 아니고, 이理와 기氣도 별개의 것이 아니다. 상象을 구성하고 형形을 이루는 것은 기器이다. 그리고 그 연유緣由가 되는 것은 도道이다. 물物을 생기게 하고 물物을 이루게 하는 것은 기氣이다. 그리고 그 연유가 되는 것은 이理이다.

도道와 이理라는 것은 눈에 보이는 흔적도 없고, 손에 잡히는 실체도 없다. 그러므로 도道와 기器, 이理와 기氣를 각각 둘인 것으로 생각하고 대하는 것은 더욱 정밀하지 못한 견해인 것이다.

『역경易經』에 "형形보다 위 되는 것을 도道라 하고, 형보다 아래 되는 것을 기器라 한다."라고 했다. 생각건대 형形보다 위 되는 것은 고정적固定的인 실체가 없는 것으로서 만물의 어버이이다. 그래서 도라 하는 것이다. 형形보다 아래 되는 것은 실체가 있는 것으로서, 도가 엉기어 굳은 것이다. 그래서 기器라 하는 것이다.

이와 기의 관계도 이와 같다. 하늘을 내고 땅을 내고, 사람을 내고 만물을 내는 것은 모두가 기氣이다. 그리고 그 연유가 되는 것은 이理이다. 그러므로 도道와 기器, 이理와 기氣를 상대적인 것으로 보고 말하는 것은 틀린 견해이다.

만약 그것을 상대적으로 보고 별개의 것이라 한다면 『중용』에서 말하는 비費와 은隱도 별개의 것이 되는 것이다. 그렇게 되면 도道의 광대성과 정밀성이 분리되게 되는 것이다.

道器非兩物 理氣非兩件 成象成形¹者器 所以然者道 生物成物者氣 所以然者²理 道與理視之無迹 捫之無物 必分道器理氣爲兩項殊爲未精³ 易曰⁴ 形而上者謂之道 形而下者謂之器 蓋形而上 無體者也 萬有之父

母 故曰道 形而下 有體者也 一道之凝結 故曰器 理氣亦然 生天生地
生人生物 皆氣也 所以然者理也 安得對待而言之 若對待爲二 則費隱[5]
亦二矣

※

1 成象成形(성상성형): 상象을 구성構成하고 형形을 성취成就함. 『역경』 계사
전繫辭傳에 "하늘에 있어서는 상象을 이루고, 땅에 있어서는 형形을 이루어
변화가 나타난다."라는 말이 있는데 그것에 기초를 둔 말.

2 所以然者(소이연자): 형상이 그렇게 되도록 하는 근원이 되는 것.

3 殊爲未精(수위미정): 여기서 형이상적形而上的인 것과 형이하적形而下的인
것을 구별하여, 형이상적인 것을 우선적으로 생각하는 방법을 엄격하게
비판하고 있는 것임.

4 易曰(역왈): 『역경』에 말하기를. 『역경』 계사전에 있는 말.

5 費隱(비은): 『중용』 12장에 "군자君子의 도道는 비費하고 은隱 하니라."라고
했음. 비費라는 것은 도의 작용의 광대성을 보이고, 은隱이라는 것은 도의
본체의 정밀성을 보임. 비費이므로 해서 은隱이 되고, 은隱이므로 해서 비費인
것이므로 두 가지를 구별하는 것은 타당하지 않음.

27. 무無와 유有에 대처하는 자들

하늘과 땅 사이에는 오직 누累를 끼칠 일이 없지 않건만 곧 누를 끼치게
되는 것이 있다.

몸이 있게 되면 몸이 나의 누累가 되기도 하고 사물이 있으면 사물이
나의 누가 되기도 한다.

오직 도덕이 지극한 사람이면 내가 있어도 내가 없는 것이요, 사물이
있어도 사물을 잊는 것이다. 이 몸이 태허太虛 속에 있는 것과 같아

무슨 누累가 있겠는가? 그러므로 사물과 내가 동등하게 변화한다.

변화하면 무엇이 있을 것이며 무엇이 없을 것이며 무엇이 있지 않을 것이며 무엇이 없지 않겠는가? 그러므로 이씨二氏들은 유有에서 달아났으나 성인聖人은 유有에 처하기를 잘하는 것이다.

◉ 하늘과 땅 사이에는 번거로운 일들이 많고도 많은데 다만 무無의 경지境地만은 번거로움이 없다.

유有의 경지는 번거로운 것이다. 예컨대 몸이 있으면 몸이 나의 번거로움이 되고, 물物이 있으면 물物이 나의 번거로움이 된다. 그렇다고 단순히 나도 물物도 무시해 버리면 그만이라는 말은 아니다.

다만 최고의 경지에 이른 사람만이 내가 있으면서 나에게 집착하지 않고, 물에 있으면서 물에의 집착이 없어서, 그의 몸이 태허太虛 속에 있는 것과 다름이 없다는 것이다. 거기에는 아무런 번거로움이 있지 않다. 그러므로 나도 물도 집착에서 벗어나는 것이다.

벗어나면 유有도 아니고 무無도 아니고, 다만 유가 아닌 것도 없고 무가 아닌 것도 없다. 정正히 유무有無 일체의 경지이다. 불교나 도교道敎는 유有를 피해 무無에 들어박히지만 우리 유학의 성인은 유有에서 아주 잘 처한다는 것이다.

天地間 惟無無累 有卽爲累 有身則身爲我累 有物則物爲我累 惟至人則有我而無我 有物而忘物 此身如在太虛中 何累之有 故能物我兩化 化則何有 何無 何非有 何非無 故二氏逃有[1] 聖人善處有

※

1 二氏逃有(이씨도유): 불교와 도교는 유有와 무無를 상대적인 것으로 삼고,

무를 구하기 위해 유를 희생시킨다는 뜻.

28. 후세 사람들을 그르치게 하는 것

귀로는 듣는다. 눈으로는 본다. 몸에는 접촉하고, 머리에는 이고, 발로는 밟는다. 찬연하고 확실하여 모두가 이것이 아닌 것이 없다. 하나의 단서를 잡아 일으켜 오면 가지각색이 모두 이것들이다.

물러나 옛사람들의 천 마디 만 마디의 말이 썩어 문드러진 것에 갈등하고 깊이 연구하고 궁구함으로 향하여 마음이 어지러워지고 정신이 어두워진다. 깨달아 얻지도 못하면 곧 많은 말로써 후세 사람들을 그르치게 만든다. 슬픈 일이다.

◉ 귀로 듣고 눈으로 보는 것 따위는 인간의 지각知覺의 활동으로서 그것은 별것도 아닌 충동적인 활동인 것 같다. 그러나 그 각각의 지각이 정확하게 기능하는 것은, 실은 지각을 초월한 주체적인 절대자의 지배하에 있기 때문이다.

거기에 의지하지 않으면 지각이 인격 형성에 참여할 수 없게 된다. 그러므로 지각을 연마하기 위해서는 스스로가 그 본래부터 갖추어져 있는 주체성에 눈뜨는 일 외에 다른 것이 없다.

그 주체성과 지각과의 관계에 대해서는 예로부터 많은 말들이 전해지고 있다. 그러나 그 낡은 말들만을 의지하여 절대자를 주장하는 것은 심신을 피곤하게 할 뿐이다. 다언多言에 그르친다는 것은 후세 사람들의 이것을 두고 하는 말이다.

耳聞底[1] 眼見底 身觸頭戴足踏底 燦然確然 無非都是這箇[2] 拈起一端來 色色[3]都是這箇 却向古人千言萬語 陳爛葛藤[4] 鑽研窮究 意亂神昏 了不可得 則多言之愇[5]後人也噫

※

1 底(저): 어조사. 사물을 나타내는 말.

2 這箇(저개): 이것. 선종禪宗에서 잘 쓰는 말로 인간이 존재하는 데 있어 가장 귀중한 요점이 되는 것.

3 色色(색색): 여기서의 색色은 불교의 색법色法에서 온 용법用法으로서, 존재하는 사물을 뜻함.

4 葛藤(갈등): 불교 선종에서 쓰는 용어로서, 칡덩굴이나 등나무덩굴이 몸에 휘감기면 자유를 잃는 것처럼 말의 마력魔力에 매달려 몸을 움직일 수 없게 되는 일 또는 그러한 변명.

5 愇(오): 그르침. 오誤와 같음.

29. 예의와 음악의 작용이란

사람으로 하여금 몸을 단속하여 장중하게 하는 것은 예의만 같은 것이 없다.

사람으로 하여금 따뜻하고 조용하고 화평하게 하는 것은 음악만 같은 것이 없다.

덕성德性이란 예의와 음악에 바탕을 두는 것으로 마치 신체가 의복과 음식에 의지함이 있는 것과 같이 지극히 중대하고 지극히 절박한 것이다.

군주가 천하를 다스리고 선비나 군자가 자신을 다스리는 것도 오직 예의와 음악의 쓰임새가 중요한 것이다.

그런데 예의가 무너짐으로부터는 가볍게 여겨 업신여기고 꺼리는 것 없이 멋대로 하는 태도가 신체에 습관이 되었다.

음악이 무너짐으로부터는 성질이 비꼬이고 성내고 원망하는 기운이 하나의 빈 뱃속에 가득 찼다.

하夏나라, 은殷나라, 주周나라를 거쳐 내려옴에 경전의 근본이나 음성의 근원을 논함이 없었다. 곧 예의나 문식이나 기물이나 도수 등은 잠을 자고 꿈을 꾸어도 미치지 못했다.

아득하고 아득한 천지 사방과 어둡고 어두운 백 년 동안 어찌 만물의 영장이 아니라고 만물에게 또 비웃음을 당하는가!

곰곰이 생각해 보면 앞서간 선비들이 "예의와 음악은 잠시도 몸을 떠나서는 안 된다."라고 했는데, 이 여섯 글자는 가히 눈물을 흘리면서 길이 한숨을 쉬게 될 뿐이다.

◉ 인간을 바싹 조여 위엄 있게 하는 데는 예의보다 앞서는 것이 없고, 인간을 온후하고 잔잔하게 하는 데는 음악보다 앞서는 것이 없다. 이러한 까닭으로 인간의 덕성德性이 예악禮樂에 의지하는 것은 마치 몸뚱이가 의식衣食에 의지하는 것과 다름없이 지극히 중대하고 절실하다. 임금이 천하를 다스리고 군자가 자기 몸을 다스리는 데에도 예의와 음악의 작용이 가장 중요하다.

그런데 예가 쇠퇴하면서 뻔뻔스럽고 제멋대로 하는 태도가 몸에 배어 있다. 그리고 음악이 없어지면서 성질이 비뚤어져 화를 잘 내는 성질이 몸에 가득 차게 되었다.

치세治世의 전형典型이라고 일컬어지는 삼대三代 시대 이후로는 역사가

112

점차 타락했다. 경전의 근본이나 풍기風紀의 근원 따위는 말할 나위도 없으며, 예용禮容이나 제도 같은 것도 따라갈 수 없는 상태가 되어 있다. 무한한 우주와 유구한 세월 속에서 인간은 만물의 영장靈長이라 일컬어지지만 이러한 형편없는 상태로는 도리어 만물에게 비웃음이나 사지 않을 것인가. 그저 한탄뿐이라는 뜻이다.

使人收斂¹莊重莫如禮 使人溫厚和平莫如樂 德性之有資於禮樂 猶身體之有資於衣食 極重大 極急切 人君治天下 士君子治身 惟禮樂之用 爲急耳 自禮廢 而惰慢放肆²之態 慣習於身體矣 自樂亡 而乖戾忿恨³之氣 充滿於一腔矣 三代以降 無論典秩⁴之本 聲氣之元卽儀文器數⁵ 夢寐不及 悠悠六合⁶ 貿貿⁷百年 豈非靈於萬物 而萬物且能笑之 細思先儒不可斯須去身 六字可爲流涕長太息矣

※

1 收斂(수렴): 몸을 단속하다. 근신하다. 마음을 집중시킴.
2 惰慢放肆(타만방사): 타만은 가볍게 여겨 업신여기다. 방사는 꺼리는 것 없이 멋대로 하다.
3 乖戾忿恨(괴려분한): 괴려는 성질이 비꼬이다. 분한은 성내고 원망하다.
4 典秩(전질): 경전.
5 儀文器數(의문기수): 예의禮儀, 문식文飾, 기물器物, 도수度數 등을 말한다.
6 六合(육합): 우주宇宙. 동서남북과 상하.
7 貿貿(무무): 눈이 분명하지 않은 모양. 여기서는 사리에 밝지 않다의 뜻.

30. 나라의 막다른 길이란

백성이 얼어 죽고 배고픈 지경에 이르는 것을 나라의 막다른 길이라
한다. 아내와 자식들의 생활이 곤란한 지경에 이르는 것을 집안의
막다른 길이라 한다. 몸의 기氣와 혈血이 허약하고 생기가 없어지는
것을 몸의 막다른 길이라 한다. 학문의 내용이 없고 거친 것을 마음의
막다른 길이라 한다.

百姓凍餒¹ 謂之國窮 妻子困乏 謂之家窮 氣血虛弱 謂之身窮 學問空疎
謂之心窮

※

1 凍餒(동뇌): 얼어 죽고 굶주리는 것.

세상에는 남과 자신이
동시에 만족할 수 있는 것은 없다.
자신이 얻으면 반드시 남이 잃고
자신에게 이득이 있으면
반드시 남에게 손실이 있으며
자신에게 영예로운 일이 있으면
반드시 남에게 굴욕이 있다.

과오를 저지르면
그것 자체로 하나의 과오가 되지만
그것을 과오로 인정하지 않으려 한다면
다시 또 하나의 커다란 과오를 저지르는 것이 된다.

116

1. 도둑 중에서 가장 큰 도둑이란

은사恩師나 벗들과 함께 있을 때 학문을 궁구하거나 도道를 논하는 것을 보면 그 사람의 마음속에 감추어져 있는 것들이 어떠한 것인가를 알 수 있다.

사람들이 눈으로 보고 들을 수 있는 장소에서 예절을 갖추고 몸소 실행하는 것을 보면 그 사람이 남이 보지 않는 곳에서 무엇을 하는 것인가를 알 수 있다.

그렇다면 저 옛날의 큰 도둑이었다는 도척盜跖은 큰 악인惡人은 아닌 것이다. 저들은 재물을 훔쳤고 명예는 훔치지 않았으니 말이다.

그런데 오늘날에 있어 세상의 큰 도둑은 명예와 재물 두 가지를 다 훔쳤다. 이것이야말로 도둑 중에서 가장 큰 도둑인 것이다.

講學論道于師友之時 知其心術之所藏何如也 飭躬勵行于見聞之地 知其暗室¹之所爲何如也 然則盜跖²非元憝³也 彼盜利而不盜名也 世之大盜⁴ 名利兩得者居其最

✳

1 暗室(암실): 사람의 눈에 띄지 않는 곳.
2 盜跖(도척): 중국 춘추시대에 있었던 큰 도둑의 이름.
3 元憝(원대): 큰 악인惡人.
4 世之大盜(세지대도): 여기서는 사리私利를 탐하고 영달榮達에 광분狂奔하는 당시의 관료와 사대부士大夫를 지칭하는 것으로 여겨진다.

2. 젊은이와 노인의 협기는…

젊은이의 정열은 단속시키는 상태에 있어야 하고, 호기豪氣로 발산하지 않는 편이 좋다. 그렇게 해야 덕행德行을 조심할 수 있다.

노인의 정열은 호기로 발산해야 하고, 억눌러 막지 않는 편이 좋다. 그렇게 해야 긴 생을 기를 수 있다.

◉ 젊은이는 의기가 항상 넘치므로 절제를 해야 하고, 노인은 쇠약한 심신을 활동적으로 활용해야 한다는 것이다. 노인이 의기소침하면 쉽게 허약해진다는 뜻이다.

少年之情 欲收斂 不欲豪暢[1] 可以謹德 老人之情 欲豪暢 不欲鬱悶 可以養生

✳

1 豪暢(호창): 사양하지 않고 기분을 발산함.

3. 진정한 남자男子란

의지하는 바를 광범위하게 하는 것은 의지하는 바를 가려서 하는 것만 같지 못하다.

의지하는 바를 가려서 하는 것은 의지하는 바가 없는 것만 같지 못하다.

의지하는 바가 없는 자는 하늘에 의지하는 것이다. 하늘에 의지하는 자는 자신만이 혼자 인정하는 약속이 있다. 비록 홀로 우주의 안에서 있지만 외롭다고 이르지 않는다.

모든 사람이 넘어뜨리려 하고 모든 사람이 비난을 하더라도 요동하지 않는다. 이러한 사람을 진정한 남자男子라고 이른다.

◉ 여기저기 왔다 갔다 하며 의존하기보다는 의존할 만한 적당한 자리를 고르는 것이 더욱 좋다. 의존할 만한 적당한 자리를 고르기보다는 의존할 곳이 없는 편이 더욱 좋다. 의존할 만한 곳이 없는 것은 인간관계를 초월하여 하늘에 의존한다는 것이다.

하늘에 의존하는 것은 남이 모르는 독자적인 일체감一體感이 있으며, 그것은 오직 홀로 우주 속에 서 있다고 하더라도 우주 그것과 일체가 되어 있는 것이므로 고독孤獨이라고는 할 수 없는 것이다.

또 세상 사람들이 몰려와 그를 넘어뜨리려 하고 그를 나쁘게 말하고 모략을 하더라도 꿈쩍도 하지 않는 그런 사람이야말로 참다운 남자라고 하는 뜻이다.

廣所依[1] 不如擇所依 擇所依 不如無所依 無所依者依天也 依天者 有獨知之契[2] 雖獨立宇宙之內 而不謂孤 衆傾之 衆毀之 而不爲動 此之謂男子

※

1 所依(소의): 의지할 곳.
2 獨知之契(독지지계): 자기 혼자만이 인정하는 약속.

4. 천하의 임무를 맡기지 못할 자

분명히 자신이 옳다는 것을 인정하고 다만 임무를 맡은 것을 관장하여
한눈 팔지 않고 추진해 가다가 도리어 비난을 받게 되면 번번이 기가
꺾여 시들해진다.

　이러한 것은 지극한 마음을 한 곳으로 집중시키는 정력定力이 없기
때문이다.

　이러한 사람에게는 천하의 중요한 임무를 맡길 수가 없는 것이다.

◉ 자신의 정당함을 확고하게 인식하고 맡은 바 임무를 관장함에 있어서
한눈을 팔지 아니한다. 열심히 추진하다가 남들의 비난을 받고 문득
의기소침意氣銷沈해지는 것은 전혀 마음에 안정력安定力이 없다는 증거
다. 그러한 상태의 사람에게는 천하의 중요한 임무를 맡길 수가 있겠는가?

分明認得自家是 只管擔當 直前[1]做去 却因毀言[2] 輒便消沮[3] 這是極無定
力[4]底 不可以任天下之重

※

1 直前(직전): 한눈을 팔지 않고 전진함.

2 毀言(훼언): 비난非難. 욕설.

3 消沮(소저): 기가 꺾임. 의기소침意氣銷沈함.

4 定力(정력): 불교에서 말하는 선정력禪定力. 마음을 한곳에 집중시키고
　동요하지 않는 염력念力을 말함.

5. 관리로서의 책무란

옛날 백성들의 위에 있는 자들은 하나의 읍邑을 다스리면 하나의 읍의 중책을 맡았다. 하나의 군郡을 다스리면 하나의 군의 중책을 맡았다. 천하를 다스리면 천하의 중책을 맡았다. 이에 아침저녁으로 그의 사무를 생각하고 낮과 밤으로 그의 임무를 처리했다.

하나의 사물이라도 곳을 잃으면 앉아 있는 자리에서 편안하지 않았다. 하나의 사무라도 이치를 잃으면 음식을 먹는 것도 편안해 할 겨를이 없었다.

재능에 한계가 있는 자는 자기의 마음을 다하는 것을 구했다. 세력에 한계가 있는 자는 자신의 본분을 충만하도록 구했다.

이에 군주가 부탁하고 백성들이 우러러 바라는 바를 부끄럽게 하지 않았다.

그러한 연후에 군주의 녹봉을 받아먹고 백성들이 받드는 것을 누렸다. 태연하여 만족하게 여기지 않음이 없었다. 반성하거나 부끄러워하는 바가 없었다. 그렇지 않았다면 이것은 공로보다 지나친 것을 먹는 것이다. 군자는 이러한 것을 부끄러워한다.

◉ 옛날에 백성을 다스리던 벼슬아치들은 한 고을을 다스리면 그 고을의 중책重責을 짊어진다는 자각自覺을 가졌고, 한 도道를 다스리면 그 도의 중책을 짊어진다는 자각을 가졌다.

그리고 한 나라를 다스리면 한 나라의 중책을 짊어진다는 자각을 가지고 임했었다. 그리하여 아침저녁으로 그 일을 생각하고 밤낮으로 그 일을 처리했다. 그 가운데에서 한 가지 일이라도 적당한 자리를 잃으면 좌석에 편안히 앉아 있을 틈도 없이 수고했다. 또한 한 가지 일이라도 올바른 도리를 잃으면 느긋한 마음으로 음식 먹을 틈도 없이 분주하게 했다.

재능에 한도가 있는 자라도 자기의 마음을 있는 대로 다했다. 권세에 한도가 있는 자는 자기의 본분을 있는 대로 다했다. 그리하여 임금이 맡기고 백성이 우러러 기대하는 바에 어긋남이 없이 열심히 했다.

그렇게 한 뒤에야 임금이 내리는 녹봉祿俸을 받아먹을 수 있으며 백성이 존경하는 것을 누리며 편안한 마음으로 여유가 있어 마음에 걸리는 것이 없었다. 그리고 돌아보아 양심에 부끄러울 것도 없이 했다는 것이다.

그렇게 하는 것만이 관리로서의 직책을 완수하는 것이요, 그렇지 못하면 실적보다 많은 대우를 받는 것이 되므로 군자는 그것을 부끄럽게 여겼다고 한 것이다.

古之居民上者 治一邑則任一邑之重 治一郡則任一郡之重 治天下則任天下之重 朝夕思慮其事 日夜經紀[1]其務 一物失所 不遑安席 一事失理不遑安食 限於才者[2] 求盡吾心 限於勢者[3] 求滿吾分 不愧于君之付托民之仰望 然後食君之祿 享民之奉 泰然無所歉[4] 反焉[5]無所愧 否則是食浮[6]於功也 君子恥之

✳

1 經紀(경기): 경영함. 처리함.
2 限於才者(한어재자): 재능에 한도가 있는 자.
3 限於勢者(한어세자): 권세에 한도가 있는 자.
4 歉(겸): 만족스럽게 여기지 않음.
5 反焉(반언): 반성하는 모양.
6 浮(부): 지나침. 과過와 같음.

6. 선인善人이라고 반드시 복을 받는 것은 아니다

선善한 자라고 반드시 복을 받는 것이 아니고 악惡한 자라고 반드시 재앙을 당하는 것은 아니다. 이것을 군자君子는 자세히 알고 있다. 그렇지만 차라리 재앙을 당할지언정 악을 행하는 것을 즐거워하지 않는다.

성실하고 정직한 자는 궁하고, 아첨을 잘하는 자는 잘 통한다. 이것을 군자는 자세히 알고 있다. 그렇지만 차라리 궁할지언정 아첨을 즐겨하지 않는다.

다만 도리가 당연하다는 것을 알 뿐만 아니라 또한 그의 마음에도 자신이 용납하지 않는 바가 있기 때문이다.

◉ 선인善人이라고 해서 반드시 행복한 것은 아니고, 악인惡人이라고 해서 반드시 불행한 것만은 아닌 것이다. 군자는 그것을 잘 알고 있다. 그러나 불행한 일을 당할지라도 결코 악한 일을 하지 않는다.

마음이 곧은 사람들이 자주 궁지에 몰리고, 아첨을 잘하는 사람들은 잘 빠져 나간다. 군자는 그것을 잘 알고 있다. 그러나 궁지에 몰리는 한이 있더라도 결코 아첨은 하지 않는다.

군자들은 그것이 당연한 도리임을 알고 있을 뿐만 아니라 그 마음에서도 그러한 생각을 용납해주지 않기 때문이라는 것이다.

善者不必福 惡者不必禍 君子稔知[1]之也 寧禍而不肯爲惡 忠直者窮 諂佞[2]者通 君子稔知之也 寧窮而不肯爲佞 非但知理有當然 亦其心有所不容已耳

❋

1 稔知(임지): 자세하게 앎.

2 諛佞(유녕): 아첨함.

7. 충고忠告하는 자라고 허물이 없겠는가?

나의 과실을 책망하는 자는 반드시 모두가 허물이 없는 사람은 아니다.

　진실로 허물이 없는 사람이 나를 책망하기를 구한다면 몸을 마치도록 자신의 허물을 듣지 못할 것이다.

　나는 당연히 그가 나의 허물을 책망한 것이 보탬이 된다고 느낄 따름이다. 그가 허물이 있는 사람인가 없는 사람인가를 어느 겨를에 계산하겠는가?

◉ 내가 저지른 잘못을 충고해 주는 사람이 모두 잘못을 저지르지 않는 사람일 수는 없는 것이다. 설사 그렇다 하더라도 남의 충고는 고맙게 받아들일 뿐이다. 만약 절대로 잘못을 저지르는 일이 없는 사람이 자기를 충고해 주기만을 기대한다면 내 평생 나의 잘못에 대한 충고를 들을 기회는 없을 것이다. 이쪽으로서는 자기에게 충고해 주는 것을 고맙게 생각할 뿐인 것이다. 상대에게 잘못이 있느냐 없느냐 하는 것은 문제 삼을 일이 못 된다는 뜻이다.

攻我之過者 未必皆無過之人也 苟求無過之人攻我 則終身不得聞過矣
我當感其攻我之益而已 彼有過無過 何暇計哉

8. 군자는 부족한 곳에서 산다

사람을 만드는 데는 완전하게 만들어야 한다.

명예나 이익이 있는 자리에 이르면 모두를 차지하려고 하지 말고 항상 사람들과 함께 나누기를 구하라. 조금의 결락되고 파탄된 것을 허리에 차도 방해되지 않는다.

왜냐하면 천하에는 남과 자신이 함께 이룰 수 있는 일이 없는 것이다. 내가 얻으면 남이 반드시 잃고, 내가 이로우면 남은 반드시 해롭게 된다. 내가 영화로우면 남은 반드시 치욕스런 것이 있게 되고, 내게 아름다운 이름이 있게 되면 남에게는 반드시 부끄러운 낯빛이 있게 된다.

이런 이유 때문에 군자는 덕을 탐하고 명예를 사양하며 완벽한 곳을 사양하고 흠집이 있는 곳에 처하여 타인이나 자신을 평등하게 한다.

이에 두각을 드러내고 표준을 세우는 것을 두려워하지 않고 가슴속에는 스스로 무한한 즐거움이 있는 것이다.

공자孔子께서는 자신을 겸손해 하고 일찍부터 스스로 보통사람의 편에 따랐다. 이러한 가운데 지극한 의향意向이 있는 것이다.

◉ 뛰어난 인격자가 되려면 아무런 결점이 없도록 만전萬全을 기하지 않으면 안 된다. 그리고 명예나 이득이 따르는 경우가 되면 남김없이 독점하려고 생각해서도 안 된다. 언제나 남들에게 나누어 주지 않으면 안 되는 것이다.

그런 경우에 약간 미치지 못하는 점이 있어도 괜찮다. 왜냐하면 세상에는 남과 내가 동시에 만족할 수 있는 것은 없기 때문이다. 자기가 얻으면 반드시 남이 잃고, 자기에게 이득이 있으면 반드시 남에게 손실이 있고, 자기에게 영예로운 일이 있으면 반드시 남에게 굴욕이 있고, 자기에게 미명美名이 있으면 반드시 남에게 부끄러운 일이 있는 것이다.

군자는 덕성德性을 구하고 명예를 사양한다. 모든 것을 소유하는 일을 피하고 적당할 정도로 만족하여 남과 자기와를 평등하게 한다. 뛰어나게 두각頭角을 나타내어 남의 모범이 되는 표적 세우기를 두려워하지 않고 가슴속에는 스스로 무한한 즐거움을 느끼는 것이다.

做人要做箇萬全 至于名利地步 休¹要十分占盡 常要分與大家² 就帶些 缺綻³不妨 何者 天下無人己俱遂之事 我得人必失 我利人必害 我榮人 必辱 我有美名人必有媿色 是以君子貪德而讓名 辭完而處缺 使人我一 般 不嘵嘵⁴露頭角立標臬⁵ 而胸中自有無限之樂 孔子謙己 嘗自附于尋 常人 此中極有意趣

※

1 休(휴) : 금지의 뜻.
2 大家(대가) : 사람들.
3 缺綻(결탄) : 결락파탄缺落破綻.
4 嘵嘵(효효) : 두려워서 삼가는 모양.
5 標臬(표얼) : 모범이 되는 표지標識.

9. 똑바른 견문과 지식은 유혹되지 않는다

가슴속에 하나의 똑바른 견문과 지식이 있으면 북적거리고 어수선한 의론議論에 현혹되지 않는다. 또 한층 더 도리道理를 이해하면 비속한

126

견해에 혼란을 일으키지 않는다.

또 『시경詩經』의 소아小雅 소민小旻편에 이르기를 "계획하는 이는 옛 성인을 본받지 않고 떳떳한 도리를 안 지키고 경박한 말로 서로 다투고 있네."라고 했다.

평생 성현의 글을 읽고 어떤 일은 함께 합하고 어떤 일은 상반되는가를 곧바로 알고 행하여 따르면 버리고 취할 것들을 알게 될 것이다.

그렇지 않으면 입 끝으로만 『시경』이나 『서경書經』을 읽는 것일 뿐이요, 마음은 일반인과 다를 것이 없다. 또한 몸에는 선비의 의관을 갖추었지만 행동은 일반인과 다를 것이 없다. 이러한 인간들은 선비의 천한 자이다.

胸中有一箇見識 則不惑於紛雜之說 有一段道理 則不撓於鄙俗之見 詩云[1] 匪先民是程 匪大猶是經 惟邇言是爭 平生讀聖賢書 某事與之合 某事與之背 卽知所適從[2] 知所去取 否則口詩書而心衆人也 身儒衣冠 而行鄙夫也 此士之稂莠[3]也

※

1 詩云(시운): 『시경』 소아小雅 소민편小旻篇에 나오는 말.
2 適從(적종): 행하여 따름.
3 稂莠(낭유): 모의 성장을 방해하는 풀. 전轉하여 천한 사람, 보기 싫은 사람.

10. 남의 좋은 일은 모아야 한다

세상 사람들은 좋은 사람들이 없다는 것을 즐겨 말한다. 이는 엉터리 같은 말이다.

지금 사람을 선택하지는 않더라도 다만 시장 안의 많은 사람 가운데 1백 명을 모아 각각 그의 좋은 점을 취하면 사람마다 반드시 한 가지의 착한 일이 있다. 1백 사람의 착한 일을 모으면 가히 현인으로 만들 수 있다.

사람마다 한 가지의 지식은 있으므로 1백 사람의 지식을 모은다면 가히 거대한 계획을 결성할 수가 있다. 이렇게 되면 나는 1백 사람 가운데에서 두려움이 되며 반드시 개개인이 뛰어나다고는 할 수 없을 것이다.

어찌 필부필부匹夫匹婦라고 소홀하게 대할 것이겠는가?

◉ 세상 사람들은 입버릇처럼 훌륭한 인물이 없다고 한다. 그러나 그것은 근거 없는 말이다. 그 증거로는 지금 특별히 뛰어난 인물을 찾지 않더라도 흔한 일반인 속에서 임의로 백 사람 정도를 모아 각각 그들의 장점을 취해보면 누구라도 반드시 한 가지의 착한 일이 있다. 그 백 사람의 착한 일을 모은다면 거기에서 현인賢人을 만들어 낼 수 있다는 것이다. 누구라도 반드시 한 가지의 좋은 견식見識은 있는 것이다. 거기서 백 사람의 견식을 모은다면 거기에서 큰 계략計略을 정할 수 있다.

아마도 백 사람 속에서 어떤 사람이라도 자기보다 두드러지게 우수하다고는 할 수 없을 것이다. 어찌 필부匹夫나 필부匹婦의 의견을 소홀히 하겠는가. 중지衆智를 모아 나의 것을 만드는 것이야말로 진보進步하고

128

발전하는 길인 것이다.

世人喜言無好人 此孟浪語¹也 今且不須擇人 只於市井稠人²中聚百人
而各取其所長 人必有一善 集百人之善 可以爲賢人 人必有一見 集百
人之見 可以決大計 恐我於百人中 未必人人高出之也 而安可忽匹夫匹
婦哉

※

1 孟浪語(맹랑어): 엉터리. 근거 없는 말.
2 稠人(조인): 많은 사람. 중인衆人과 같음.

11. 자주적自主的으로 세상에 적응해야 한다

세상에 우뚝 선 사람은 요컨대 신룡神龍과 같아야 한다.

변화무쌍하게 세상에 적응하여 의기가 양양하고 기색이 태연하며
세상의 권세나 이익의 술수에 구속당하지 않아야 한다.

만약에 굴레가 씌어져 남을 따르게 되면 스스로 결정을 내리지 못하게
된다. 이것은 다만 한낱 소나 양과 같을 뿐이다. 그러나 또한 두려워하거
나 원망하지 않아야 하다.

그러므로 뛰어나게 지혜로운 자나 뛰어난 철인哲人들은 형편의 기미
를 분명히 간파한다. 외면적으로는 행동도 없고 말도 없는 것을 구한다.
가슴속으로 홀로 가고 홀로 오는 것을 구한다. 어찌 권모술수를 부리는
기계인機械人에게 이용당하여 마음대로 부려지는 사람이 되겠는가?

◉ 사람으로서의 주체성을 가지려면 신령스러운 힘을 지닌 용龍처럼

자유로이 진퇴를 정하여 자기가 체득體得한 일에 만족하고, 권세와 이욕과 술책術策에 구애되지 않도록 해야 한다는 것이다.

만약 외적外的조건에 이끌려 남의 말에 따라 주체적인 결단을 내리지 못한다면 그것은 전혀 소나 양과 다를 것이 없다. 그렇다고 불평을 하거나 원망을 해서는 안 된다는 것이다. 그것은 자기 자신이 저지른 결과이기 때문이다.

뛰어난 지자智者나 현자賢者는 사물의 되어 가는 형편을 분명히 알아차린다. 그리하여 겉으로는 아무런 내색도 하지 않고 말도 없다. 그러나 마음속으로는 자기 일은 독자적으로 처리하리라 생각을 하는 것이다. 그러면 권모술수權謀術數를 부리는 인간들에게 이용당하는 따위는 있을 까닭이 없다는 것이다.

作人要如神龍 屈伸變化 自得自如¹ 不可爲勢利術數所拘縛² 若羈絆³隨人 不能自決 只是箇牛羊 然亦不可嘵嘵悻悻⁴ 故大智上哲 看得幾事⁵分明 外面要無迹無言 胸中要獨往獨來 怎被機械人⁶駕馭得

※

1 自得自如(자득자여): 스스로 체득한 일에 만족함.

2 拘縛(구박): 구속하여 묶음. 구애拘碍.

3 羈絆(기반): 굴레. 구속拘束.

4 悻悻(행행): 원망하는 모양.

5 幾事(기사): 사물의 기미幾微. 낌새.

6 機械人(기계인): 권모술수權謀術數를 농하는 사람.

12. 세상에서 용납하지 않는 것은…

하늘과 땅은 진실로 광대하다. 어느 곳인들 나를 용납함을 얻지 못하겠는가? 처하는 곳에 이르러 남에게 용납되지 않는다면 내가 용납되기 어려운 것이다.

하찮은 한 몸뚱이로 세상에서 용납되기 어려운 사람이 되어 이에 남에게 부르짖기를 '사람들이 나를 능히 용납해 주지 않는다.'라고 한다. 아아! 또한 어리석을 뿐인져!

◉ 천지天地는 대단히 광대한 것이어서 어디에서든 내 한 몸을 포용包容할 수 있다. 그렇건만 도처到處에서 남에게 미움을 받는 것은 남에게 받아들여지기 어려운 결점이 있기 때문이다.

별것도 아닌 한 몸뚱이면서 잘난 체 버티어 세상에 받아들여지지 않는 인간이 되고, 게다가 남에 대해서는 '세상은 나를 받아들일 수 없는 것이다.'라고 뽐낸다. 이 얼마나 어리석은 짓인가!

乾坤[1]儘大 何處容我不得 而到處不爲人所容 則我之難容也 眇然[2]一身而爲世上難容之人 乃號於人曰 人之不能容我也 吁亦愚矣哉

※

1 乾坤(건곤): 하늘과 땅. 천지天地.
2 眇然(묘연): 보잘 것 없는 모양. 미소微小한 모양.

13. 하루의 일과를 점검해야 한다

다만 오늘 몇 구절의 말을 설명하고 설득한 것이 몸과 마음에 관계가
있었는가를 밤새도록 점검한다. 또 그날 행동한 몇 가지의 사건들이
세상의 도道에 보탬이 있었는가를 점검한다.

이에 스스로 불만스러운 것이나 스스로의 부끄러움도 있어서 불현듯
이 홀로 깨닫게 된다.

만약 술에 취하고 고기를 배불리 먹고 멋대로 떠들고 헛웃음이나
웃었다면 도리어 착각하며 하루를 마친 것이 아니겠는가? 난폭한 말과
망령된 행동으로 도리에 어둡고 욕심만을 따랐다면 도리어 재앙을
만들어서 하루를 마친 것이 아니겠는가?

◉ 그 날 이야기한 몇 마디의 말이 과연 나의 몸과 마음을 향상시키는
데에 도움이 되었을까? 또는 그날 행한 몇 가지의 일들이 과연 세상의
도를 발전시키는 데 도움이 되었을까? 이와 같은 것을 하루밤새 되돌아
살피면 불만스러운 점도 있고 부끄러운 점도 있어, 모르는 사이에 깨닫게
되는 것이다.

만약 술에 취해 고기를 실컷 먹고 제멋대로 지껄이며 허튼 웃음이나
웃고 지냈다면 뜻 없는 하루를 보낸 것이 아니겠는가. 그리고 하고 싶은
대로 지껄이고 행동하고 도리에 어긋나는 욕망이나 추구했다면 화근이나
만든 하루가 아니었겠는가. 스스로 자문해 볼 일이다.

只竟夕¹點檢今日說得幾句話 關係身心 行得幾件事 有益世道 自慊²自
愧 恍然³獨覺矣 若醉酒飽肉 恣談浪笑 却不錯過了一日 亂言妄動 昧理

從欲 却不作孽了一日

1 竟夕(경석): 하룻밤 동안. 밤새도록.
2 慊(겸): 마음에 마땅치 않게 생각함.
3 恍然(황연): 문득. 갑자기. 불시에.

14. 선善한 일은 재앙과 복과는 상관없다

선善을 당연히 하는 것은 음식을 먹고 옷을 입는 것과 같다. 이것은 우리에게 있어서 일상적으로 행동해야 할 일이다.

사람들이 재앙이나 복이 있다고 해서 옷이나 음식을 버렸다는 일은 듣지 못했다. 그러나 선을 하는데 재앙이나 복으로써 행동하고 중지했다.

비난하고 칭찬하는 것이 있다고 해서 의복이나 음식을 버리는 일은 듣지 못했다. 그러나 선을 하는데 비난받고 칭찬하는 것으로써 행동하고 중지했다.

이것은 오직 선을 한다는 마음이 참으로 진실하지 않았기 때문이다. 과연 진실하고 과연 진심이었다면 오히려 굶주림과 추위에도 죽음을 달게 여기고 선으로 달려가는 것을 즐김이 있을 것이다.

◉ 사람이 음식이나 의복 없이는 살아갈 수 없는 것처럼 선善은 반드시 실행하지 않으면 안 되는 것이다. 요컨대 그것은 우리들의 일상적인 일인 것이다.

화복禍福을 생각해서 의식衣食을 끊는 자가 있다는 소리를 들은 일이 없다. 그렇지만 선을 실행함에 있어 화복을 생각하여 행하기도 하고 말기도 하는 것은 일반적인 상황이다. 그리고 비방 받을 것이나 칭찬 받을 것을 생각하고 의식을 끊는 자가 있다는 소리를 들은 일은 없다. 그렇지만 선을 실행함에 있어 비방이나 칭찬을 생각하여 행하기도 하고 말기도 하는 것은 일반적인 상황이다.

이와 같이 재화나 복, 비방이나 자랑 때문에 선을 실행하는 의지가 좌우된다는 것은 선을 실행할 마음이 성실하지 않기 때문이다. 만일 선을 실행할 마음이 성실하다면, 굶주림과 추위에 죽는 것을 마다하지 않고 선의 실천을 즐기는 자가 있을 것이다.

善之當爲 如飮食衣服然 乃吾人日用常行事也 人未聞有以禍福廢衣食者 而爲善則以禍福爲行止[1] 未聞有以毀譽廢衣食者 而爲善則以毀譽爲行止 惟爲善心不眞誠之故耳 果眞果誠 尙有甘死饑寒[2] 而樂於趨善者

※

1 行止(행지) : 가고 멈춤. 행하고 행하지 않음.
2 甘死饑寒(감사기한) : 굶주림과 추위에도 죽음을 달게 여기다.

15. 동지들에게도 고하지 못하는 것

나의 몸에는 원래 빈부귀천貧富貴賤이나 득실영욕得失榮辱의 여덟 글자는 없다. 나는 다만 이 하나의 나일뿐이다. 그러므로 부귀와 빈천과 득실과 영욕이란 봄바람과 같고 가을 달과 같은 것이며 스스로 떠나고 스스로 오는 것으로 나의 마음과는 전연 이끌려 걸리지 않았다. 나는 결국 하나의 나일뿐이다.

대저 이와 같으므로 가난하기도 하고 부하기도 하고, 귀하기도 하고 천하기도 하고, 얻기도 하고 잃기도 하고, 영화를 누리기도 하고 치욕을 당하기도 한다.

지금의 사람들은 오직 부하고 귀한 것만을 이에 탐하고 그것을 얻으면 반드시 기뻐하는데 그것을 잃으면 어찌 슬퍼하지 않겠는가? 그것을 얻으면 영화롭게 여기는데 그것을 잃으면 어찌 수치스럽게 여기지 않겠는가? 오로지 일시적인 광경에 매달려 진실한 자신으로 만들어서 외물外物을 분수 안의 것으로 삼았기 때문이다.

이러한 것이 불교나 도교道敎의 비웃음거리인 것이다. 하물며 우리의 유학자들이랴! 우리들이 공부를 할 때는 이와 같은 것이 제일이다. 나는 부끄럽게 여기고 동지들에게 고하지도 못하는 것이다.

◉ 나의 몸은 본래 빈부貧富나 귀천貴賤이나 득실得失이나 영욕榮辱 따위를 초월한 것이다. 나라는 것은 그러한 것에 물들지 않고 있는 그대로의 나인 것이다. 그러므로 부귀나 빈천이나 득실이나 영욕은 봄바람이나 가을 달이 네 계절의 순환으로서 저절로 가고 저절로 오는 것과 같이 마음과는 아무런 관계도 없는 것이다.

나는 결국 본래 있는 그대로의 나다. 이와 같이 세속적인 대립이나 갈등을 초월한 것이므로 가난해질 수도 있고 부해질 수도 있다. 이를 얻을 수도 있고 해를 볼 수도 있으며, 영예로운 일이 있을 수도 있고 치욕을 당하는 일이 있을 수도 있다. 그것은 외면적인 부침浮沈으로서 나의 본질과는 아무런 관계도 없는 것이다.

그런데 오늘날의 사람들은 오로지 부귀를 탐하여 그것을 손에 넣으면 반드시 기뻐하는데 그것을 잃으면 어찌 슬퍼하지 않겠는가? 그리고 그것을 손에 넣으면 영광으로 여기는데 그것을 잃으면 어찌 치욕으로 생각하지 않겠는가?

그것은 일시적으로 나타나는 광경에 매달려 그것을 자신의 실물인 신체라 생각하고, 외계의 사물을 자신의 분수 안의 것이라 생각하는 것이기 때문이다. 그것은 본심의 자득自得을 중히 여기는 불교나 도교道敎에서 비웃는 것이다.

더구나 우리 유학에서는 더 말할 나위야 있겠는가. 우리들이 도道를 실천하려면 첫째로는 중요한 것을 분별하는 일이다. 그러나 부끄럽게도 이상의 일을 동지들에게 말해도 쉽게 이해해주지 않아 차마 고하지도 못한다는 뜻이다.

我身原無貧富貴賤得失榮辱字 我只是箇我 故富貴貧賤得失榮辱 如春風秋月 自去自來 與心全不牽掛 我到底¹只是箇我 夫如是 故可貧可富可貴可賤 可得可失 可榮可辱 今人惟富貴是貪 其得之也必喜 其失之也如何不悲 其得之也爲榮 其失之也如何不辱 全是靠著假景作眞身²外物爲分內 此二氏³之所笑也 況吾儒乎 吾輩做工夫 這箇是第一 吾愧不能以告同志者

※

1 到底(도저) : 결국. 마침내.
2 靠著假景作眞身(고착가경작진신) : 고착은 매달림. 가경은 일시적인 광경. 거짓 광경으로 진경眞景의 반대. 진신은 진실한 신체로 가신假身의 반대.
3 二氏(이씨) : 불교와 도교.

16. 자신의 본분을 알아야 한다

본분本分이란 두 글자는 미묘하여 그것을 말로 표현할 수가 없다. 군자가 자신을 가지는 데는 본분을 알지 않으면 안 된다.

본분을 알게 되면 천태만상의 변화에도 털끝만큼의 더하고 덜어내는 것도 얻지 않는다.

성왕이 다스림을 삼는데 마땅히 백성들에게는 그 본분을 얻게 한다. 본분을 얻게 되면 영예와 치욕과 죽음과 삶에 털끝만큼의 원망도 얻지 않는다.

자식이 아비를 죽이고 신하가 임금을 죽이는 것도 모두 본분을 알지 못하는 것에서 말미암아 시작된 것이다.

◉ 군자는 자기의 몸을 보전하려면 본분을 알지 않으면 안 된다. 본분을 알면 신변의 사정이 어떻게 천변만화千變萬化하더라도 조금도 본분에 영향을 미치는 일이 없다.

성왕聖王이 정치를 하는 데에 있어서는 백성들에게 본분을 체득體得시키는 것을 먼저 한다. 본분을 체득하면 사생영욕死生榮辱을 천명天命에 맡기므로 조금도 원망하는 일이 없다.

세상에서 자식이 아비를 죽이고 신하가 임금을 죽이기도 하는 비참한 일이 생기는 것은 모두가 본분을 알지 못하는 데에 그 원인이 시작된다는 것을 밝혔다.

本分¹二字 妙不容言 君子持身 不可不知本分 知本分 則千態萬狀² 一毫加損³不得 聖王爲治 當使民得其本分 得本分 則榮辱死生 一毫怨望不

得 子弑父 臣弑君 皆由不知本分始

※

1 本分(본분): 사람이 저마다 가지는 본래의 신분.
2 千態萬狀(천태만상): 가지가지로 변화하는 신변의 상황.
3 加損(가손): 늘이고 줄임. 더하고 덞. 영향을 미침.

17. 가난은 부끄러워할 것이 아니다

가난하다는 것은 별로 부끄러워할 것이 아니다. 부끄러워할 것은 가난
하면서도 잘 살려는 의지가 없는 것이다.

천한 것은 별로 싫어할 것이 아니다. 싫어할 것은 천하면서도 아무
특별한 능력이 없는 것이다.

늙은 것은 별로 한탄할 것이 아니다. 한탄할 것은 늙어서도 뜻없이
허송세월을 보내는 것이다.

죽는 것은 별로 슬퍼할 것이 아니다. 슬퍼할 것은 죽어서 세상에
소문날 만한 명성을 남긴 것이 없는 것이다.

貧不足羞 可羞是貧而無志 賤不足惡 可惡是賤而無能 老不足嘆 可嘆
是老而虛生 死不足悲 可悲是死而無聞

18. 홀로 있을 때 삼가야 한다

만분의 긍지를 가지고 가르침을 천분千分으로 점검을 하는데, 속에

138

자연의 근본이 없게 되면 창졸의 사이나 순간의 경지에서 근본적인
태도가 자연히 노출된다.

이 때문에 군자는 혼자 있을 때에 조심한다. 홀로 있는 가운데 다만
이러한 것이 있게 되면 이것들이 발동해서 나오게 된다. 다만 이러한
것들은 무엇 때문에 꾸미거나 변호하는 데 수고할 것이며 무엇 때문에
변명하는 데 쓸 것이겠는가?

● 아무리 대단한 긍지矜持를 가지고 남김없이 자기를 살피더라도 마음속
에 천성의 근본이 확립되어 있지 않으면, 얼떨결에 순간적으로 정체가
저절로 드러나는 것이다.

군자는 언제나 홀로 있을 때라도 자기의 심정을 조심하는 것이다.
홀로 있을 때 천성의 근본만 확립되어 있으면 마음에서 발현發現되는
것은 모두가 그것이다. 그것은 진정한 자기로서 거짓도 겉치레도 아니므
로 거짓으로 꾸미거나 변명할 필요도 없다는 뜻이다.

任敎萬分矜持 千分點檢[1] 裏面無自然根本[2] 倉卒之際[3] 忽突之頃[4] 本態
自然露出 是以君子愼獨[5] 獨中只有這箇 發出來 只是這箇 何勞回護[6]
何用支吾[7]

※

1 點檢(점검): 자기의 행실을 살핌.
2 自然根本(자연근본): 천성적으로 갖추어져 있는 것으로 모든 사물의 근원이
  되는 것.
3 倉卒之際(창졸지제): 급작스럽게. 얼떨결에.
4 忽突之頃(홀돌지경): 순간적으로.

5 君子愼獨(군자신독): 군자는 홀로 있을 때에 조심함.『중용』제1장,『대학』
　전6장傳六章에 나오는 말.

6 回護(회호): 잘못을 거짓으로 꾸미거나 변호하다.

7 支吾(지오): 변명함.

19. 성인聖人으로 이르는 길이란

더욱 수련에 나아갈수록 더욱 나아가지 않게 되는 것을 깨닫게 된다.
더욱 점검할수록 더욱 그른 것이 있다는 것을 깨닫게 된다.

　왜냐하면 사람이 되는 데에 의향이 머물지 않으면 자신은 간신히
허물만을 보게 될 뿐이고, 다만 날마다 향상하게 하는 데에 뜻이 머무르
면 자신의 모든 것이 결점이라는 것을 보게 되기 때문이다.

　거기에 조금이라도 좋은 점이 있다면 처음에는 사람의 욕심에 과실이
있음을 보게 되고, 오랫동안 이르게 되면 천리天理 속에도 과실이 있음을
보게 된다. 천리 속에 과실이 없게 하는 데에 이르게 되면 중용의
도를 행하게 된다.

　또 부자연스럽고 동화되지 않은 것으로 색을 칠하고 힘을 써서 과실이
있게 된다. 이 경지를 벗어나게 되면 겨우 성인聖人이며 능히 허물이
없는 경지에 서게 된다.

　그러므로 학자들은 하나의 선행으로 스스로 만족하고 한 가지의
과실이 적다고 스스로 다행으로 여겨서 모두가 뜻하는 것이 없는 것
이다.

　조급하게 행하는 자는 자못 도道가 멀다고 여겨 발이 전진하지 않는

다. 서둘러 김을 매는 자는 그의 눈에는 풀이 많은 것만이 보일 뿐이며 호미가 예리하지 못하다고 탓하는 것이다.

◉ 사람은 수련修鍊에 열중하면 할수록 좀처럼 진보가 없는 것같이 느껴지고, 반성하면 할수록 점점 결점이 있는 것을 알게 되는 것이다. 왜냐하면 사람다운 사람이 되려는 의지가 없으면 자기가 이르지 못하는 점은 모두 그대로 보아 넘기고, 반대로 날로 향상하고자 하면 자기가 하는 일은 결함투성이로서 아무런 장점도 없는 것을 알게 되기 때문이다.

그러한 반성 과정의 처음 단계에서는 사람의 욕망 속의 잘못을 알게 될 뿐이다. 그러나 얼마를 지나는 동안에 천리天理 속의 잘못이 있음을 알게 된다. 사람의 욕망 속의 잘못은 알기 쉬우나 천리 속의 잘못이 있음을 알기는 어렵다. 천리 속의 잘못이 없는 경지에 이르면 중정中正한 행行이라 이르는 것이다. 그러나 그것으로 만족할 것은 아니다. 거기에는 더욱 부자연스럽고 멋없이 무리하게 힘을 들이는 잘못이 남겨져 있다. 이 경지를 벗어나는 것이야말로 성인으로 이를 수 있는 것으로서 전혀 잘못이 없는 지점에 서게 되는 것이다.

이상과 같이 성인의 경지에 도달하기 위해서는 오랜 괴로운 역정歷程을 거치지 않으면 안 되는 것이다. 그러므로 배움에 뜻을 두는 자가 한 가지 선행善行을 했다 해서 자랑으로 생각하고, 한 가지의 잘못을 적게 저질렀다 해서 안심하는 것은 어느 것이나 참다운 향학심向學心이 없는 것이다.

애가 타도록 초조하게 길을 가는 자는 갈 길은 먼데 발이 잘 나가지 않는 것이고, 허둥대며 풀을 깎는 자는 풀은 무성한데 낫이 무딘 것과 같은 것이어서 그 어느 것이나 실효를 거둘 수는 없다는 뜻이다.

愈進修愈覺不長 愈點檢愈覺有非 何者 不留意作人[1] 自家儘看得過 只
日日留意向上 看得自家都是病痛[2] 那有些好處 初頭只見得人 欲中過
失 到久久又見得天理中過失 到無天理過失 則中行[3]矣 又有不自然不
渾化[4]着色喫力[5]過失 走出這箇邊境 纔是聖人 能立無過之地 故學者以
有一善自多[6] 以寡一過自幸[7] 皆無志者也 急行者 只見道遠而足不前
急耘者 只見草多而鋤不利

※

1 作人(작인): 참으로 사람다운 사람이 됨.

2 病痛(병통): 결점. 결함.

3 中行(중행): 중용中庸의 도. 중정中正한 행行.

4 渾化(혼화): 혼연渾然하게 동화同化됨. 흔적 없이 일체가 됨. 혼연일체渾然
   一體.

5 喫力(끽력): 힘을 씀. 분투노력함.

6 自多(자다): 자만自慢함.

7 自幸(자행): 만족함.

20. 예의의 무너지는 것이란

예의禮義의 중대한 점은 모든 사람이 소홀히 하는 데에서 무너지는
것이다.

　비유컨대 지름길로 가는 사람과 같은 것이다. 다만 한때에 몇 걸음의
편안한 평지를 힘써 행하여 한 곳의 지름길을 끝까지 걸어가게 되면
뒤에 따라오는 사람도 옛날의 발자취를 찾아 뒤따라 이어져 막지 못하는
큰길을 이루는 것이다.

이 때문에 군자들은 모든 사람이 놀라는 바의 일을 당하면 약간의 안색도 변하지 않지만 예의상에서 조금이라도 하찮은 장애적인 것이 있으면 갑자기 놀라서 안색을 바꾸고 크나큰 형벌을 저촉한 것과 같이 여기며 예의의 중대한 절도를 무너뜨리지 않을까 두려워 조그마한 단서도 열지 않으려고 한다.

아아! 이 모든 사람이 실지의 거리가 멀다고 이르고, 중요하고 가벼운 것으로 삼지 않는다. 이 천하를 열어도 막을 수 없는 틈새란 것은 등한히 하는 사람들로부터 시작되는 것이다.

◉ 예의의 중요한 절도節度는 모든 사람의 다만 한 가지 방심放心에 의해 깨지는 것이다. 예를 들어 대로大路를 버리고 샛길을 걷는 것은 빨리 편안하게 가려고 한 것이다. 그러나 뒤에 오는 사람이 앞 사람의 발자취를 따라 이어서 그와 같이 하는 동안에 통행을 막을 수 없을 정도로 큰길이 되는 것과 같은 것이다. 이와 같이 눈에 띄지 않는 데에서 커다란 장해障害가 발생하는 것이다. 그러므로 군자는 누구라도 놀랄 만한 두드러진 사태에 대해서는 꿈쩍도 하지 않는다.

그러나 예의에 대해서는 조금이라도 장애障碍가 생기면 놀라 안색을 바꾸며 마치 중대한 범죄라도 저지른 것처럼 엄격하게 막는다. 예의의 중요한 절도는 무너져서는 안 되는 것으로, 약간의 흠집도 만들어져서는 안 된다는 우려에서다.

이 당연한 우려를 모든 사람은 우원迂遠하게 여겨 문제로 삼을 가치가 없다고 생각한다. 이러한 까닭으로 세상의 어떻게도 막을 수 없는 재앙의 계기가 닥치는 것은 사물을 적당히 처리하는 사람으로부터 비롯되는 것이다.

禮義之大防[1] 壞于衆人一念之苟[2] 譬如由徑之人 只爲一時捲行幾 步便
平地 踏破一條蹊徑[3] 後來人跟尋[4]舊跡 踵成不可塞之大道 是以君子當
衆人所驚之事 略不動容 纔干碍[5]禮義上些須[6] 便愕然變色 若觸大刑憲[7]
然 懼大防之不可潰 而微端之不可開也 嗟夫 此衆人之所謂迂 而不以
爲重輕者也 此開天下不可塞之釁[8]者 自苟且之人始也

※

1 大防(대방): 큰 제방堤防. 중대한 절도節度.

2 苟(구): 소홀. 등한히 하는 것.

3 蹊徑(혜경): 작은 길. 소로小路.

4 跟尋(근심): 뒤를 따라서 감.

5 干碍(간애): 가로걸림.

6 些須(사수): 사소些少함. 하찮음.

7 刑憲(형헌): 형법刑法.

8 釁(흔): 틈. 발단. 계기.

21. 인재를 골라 취하는 법

그 사람의 말을 잘 듣고 그 행동을 잘 관찰하는 것은 인재를 골라
취하는 방법이다. 동시에 상대의 선언善言을 즐겁게 듣고 그 사람의
사람됨이 어떠한가를 문제 삼지 않는 것은 선善을 모아 취하는 방법
이다.

그런데 지금 사람들은 남의 좋은 말은 듣기 싫어하고 번번이 자기만족
에만 취해 말하기를 "저 사람은 말은 서지만 실행이 따르지 않는다.
저런 사람의 말은 취할 것이 못 된다."라고 한다. 이러한 것은 생각하지

않아야 한다.

우리가 좋은 말에 귀를 기울이는 것은 그것이 자기에게 도움이 되기 때문이다. 진실로 자기에게 도움이 된다면 그 말한 사람이 현인賢人인가 아닌가는 문제가 아니다. 누더기를 입은 사람이 아름다운 비단옷을 팔고, 지게미를 먹는 사람이 살진 고기를 팔고 있는 경우, 파는 사람의 복장이나 먹는 음식 때문에 그 사람이 파는 상품까지 버릴 것인가.

聽言觀行 是取人之道 樂其言而不問其人 是取善之道 今人惡聞善言 便訑訑[1]曰 彼能言而行不逮 言何足取 是弗思也 吾之聽言也 爲其言之 有益於我耳 苟益於我 人之賢否奚問焉 衣敝枲[2]者市文繡 食糟糠者市 梁肉[3] 將以人棄之乎

✳

1 訑訑(이이): 자기만족 하는 모양.

2 敝枲(폐시): 누덕누덕 기운 삼베옷.

3 梁肉(양육): 상등의 고기, 살진 고기. 또는 맛있는 곡식과 살진 고기를 아울러 이른다고 보기도 함.

22. 비난에도 귀를 기울여라

나를 헐뜯는 말을 들어도 나를 헐뜯는 사람들이 누구인지 묻지 않아야 한다. 나에게 이러한 일이 있다면 저 사람이 비록 말하지 않았더라도 반드시 말하는 다른 사람이 있을 것이다.

나는 듣고 고치면 되는 것이다. 이것이 또 가르침을 받는 스승이 아니더라도 하나의 스승을 얻게 되는 것이다.

나에게 이러한 사실이 없는 것이라면 나는 비록 변명하지 않아도 반드시 변명해주는 자가 있을 것이다.

만약에 비난하는 소리를 듣고 화를 낸다면 이것은 또 남의 충고를 받지 않는다는 것이 한 번 더 많아지는 것이다.

◉ 자기를 비난하는 말에도 화를 내지 말고 지그시 귀를 기울일 것이다. 그 비난하는 상대가 누구든 그것은 문제 삼을 것이 없다. 자기가 그러한 비난을 받게 된 데에는 그 사람이 아니라도 꼭 누군가가 그 말을 할 것이다. 그것을 듣고 미치지 못한 점을 고친다면 그것으로 어느 문하門下에 들어가지 않고도 한 사람의 스승을 얻은 것이 된다.

그리고 그것이 사실이 아닌 비난이라면 스스로 변명하지 않더라도 꼭 그것을 변명해 줄 사람이 있을 것이다. 만약 비난하는 소리를 듣고 화를 낸다면 그만큼 남의 충고를 받아들이지 않는 과오를 거듭하는 것이 된다. 요컨대 비난하는 소리에는 겸허하게 귀를 기울여야 한다는 것이다.

毀我之言可聞 毀我之人不必問也 使我有此事也 彼雖不言 必有言之者 我聞而改之 是又得一不受業之師也 使我無此事耶 我雖不辨必有辨之 者 若聞而恕之 是又多一不受言之過也

23. 청의淸議는 법률보다 가혹하다

청의淸議는 법률보다 가혹하다. 청의를 주관하는 사람은 죄인을 다스리 는 관리보다 가혹하다.

법률로 원통하게 된 것은 청의에 의해서 실상이 밝혀진다. 비록
죽게 되더라도 오히려 살아날 수가 있다.

청의에 의해 원통하게 된 것은 만고에 다시 재심을 청구할 방법이
없다.

이 때문에 군자는 가벼이 남을 옳다 그르다 의논하지 않는다. 원통함
이 있을까 두려워하는 것이다.

오직 청의를 발의해서 판단을 잘못하여 하늘의 무거운 죄를 얻은
자들은 보복이 반드시 당사자에게 미칠 것이다.

◉ 정계政界를 정화淨化한다는 명분으로 남의 결점을 가차假借없이 들추어
내어 청의淸議하는 일이 작금昨今의 현실이다. 청의는 외관상으로는 청렴
결백淸廉潔白한 것 같으면서도 실질적으로는 법률보다도 냉혹하고, 청의
를 주창主唱하는 사람은 형옥刑獄을 다스리는 관리보다도 냉혹한 것이다.

법률에 의해 무고하게 죄인이 된 경우 청의에 의해 그 실상이 밝혀진다.
그렇게 하여 일단 사형이 확정된 사람이라도 목숨을 건지게 되는 경우가
있다. 이와 같이 청의에는 그 나름의 효과를 인정받는 경우도 있기는
했다.

그러나 청의 그 자체가 사람을 무고하게 죄인으로 만드는 경우에는
다시는 그것을 재심再審할 방법이 없었다. 청의 그 자체가 청렴결백을
내세워 횡행橫行하기 때문이다.

그러므로 군자는 경솔하게 사람의 옳고 그름을 논의하지 않았다. 그것
은 죄 없는 사람을 죄인으로 만들지 않을까 하는 우려 때문이었다. 오직
청의에 의해 사람을 함정에 빠뜨리는 것은 대단히 무거운 죄를 하늘로부터
얻는 것이며 그 보복은 반드시 그 사람의 몸에 미칠 것이다.

　명나라 말기에는 정계에 파벌적인 대립이 격화됨과 동시에 추악醜惡한 정쟁이 되풀이되었다. 그것을 진정시키고 정화할 것을 목표로 청렴결백함을 자부하는 사람들이 뒤를 이어 상주서上奏書다 건백서建白書다 하는 것들을 지어 정적의 타도에 마음을 썼다. 이것이 이른바 청의淸議라는 것이다.

　그것 때문에 확실히 정계를 정화하는 역할을 하는 일면도 있었으나 그것은 점차로 허虛와 실實이 뒤섞인 청의가 횡행하여 정계에 험악하고 음산한 공기를 초래하게 되기도 했다.

淸議[1]酷於律令 淸議之人 酷於治獄之吏 律令所冤[2] 賴淸議以明之 雖死猶生也 淸議所冤 萬古無反案[3]矣 是以君子不輕議人 懼冤之也 惟此事得罪於天甚重 報必及之

※

1 淸議(청의): 높고 깨끗한 언론.

2 冤(원): 무고하게 죄인이 됨. 억울하게 죄를 뒤집어씀.

3 反案(반안): 법정法廷에서 사건을 다시 심의審議함.

24. 과감하게 행동해야 했다

많은 영웅호걸英雄豪傑들이라면 무엇이건 좋은 일을 실행할 수 있었을 것이다. 그런데 결국 아무 일도 이루지 못했다. 이것은 자못 자신이 세속의 환락에 빠져 그 속에서 벗어나지 못하기 때문이다.

　만약 별별 비난을 무릅쓰더라도 단호하게 꼭 실행했어야 했다. 옛사람을 마음의 벗으로 삼고 하늘과 땅을 지기知己로 삼았다면 아무리

이러쿵저러쿵하는 비난과 중상이 퍼부어져도 무슨 방해가 되었겠는가?

多少英雄豪傑 可與爲善 而卒無成 只爲拔此身于習俗中不出 若不恤群謗¹ 斷以必行 以古人爲契友² 以天地爲知己 任他千誣萬毁³何妨

※

1 群謗(군방): 별별 비난. 가지가지의 비난.
2 契友(계우): 마음이 들어맞는 벗.
3 千誣萬毁(천무만훼): 천 가지 만 가지의 중상모략. 온갖 수단을 다 동원한 비난과 중상.

25. 권문權門에 가까이하지 않아야 한다

나는 권세權勢 있는 집을 방문하는 것을 좋아하지 않는다. 아무리 인정에 끌리는 일이 있을지라도 매양 방문할 정도의 이유가 없다고 생각하고는 언제나 그만둔다.

어떤 사람이 그것은 잘못된 생각이라고 책망했다. 나는 말했다.

"권세 있는 집에 들락거리는 것은 그의 비위를 맞추려는 것이 아닌가?"

그가 다시 말했다.

"저 권문세가에서 들락거리지 않는 것으로 죄를 삼을까 두렵네."

그래서 나는 한탄하면서 말했다.

"그것은 옳지 않은 말이다. 권세 있는 집에는 시장처럼 분주하게 사람들이 모여든다. 그는 본래 그런 것을 싫어한다. 심한 경우에는 그 싫어하는 감정을 얼굴에 나타낸다. 다만 모나지 않게 드러나지 않도록 참으면서 말로 나타내지 않을 뿐이다. 그러니 뒤를 이어 발걸음을 옮기는 것은 쓸데없는 노력을 낭비하여 훌륭한 분에게 불쾌감을 더해 줄 뿐이다. 거기서 문을 드나들며 인사하고는 주인도 객도 화제話題는 없이 얼굴을 붉히게 될 뿐 이미 사무에 이렇다 할 볼일도 없다. 나는 처음으로 관리가 되어 관직에 들어온 자가 종래의 관습을 당연한 것으로 생각해서, 홀로 자신의 신념을 다르게 하여 밀고 나가지 못할까 근심되어 발설하여 말하는 것이다."

予不好走貴公之門 雖情義所關 每以無謂而止 或讓¹之 予曰 奔走貴公 得不謂其喜乎 或曰 懼彼以不奔走爲罪也 予嘆曰 不然 貴公之門 奔走 如市 彼固厭苦之 甚者見於顏面 但渾厚²忍不發於聲耳 徒輸自己一勤 勞 徒增貴公一厭惡 且入門一揖之後 賓主客無可言 此面愧赧³ 已無發 付⁴處矣 予恐初入仕者 狃於衆套⁵ 而不敢獨異 故發明之

※

1 讓(양): 책망함. 나무람 책責과 같음.
2 渾厚(혼후): 너그럽고 모가 나지 않음.
3 愧赧(괴난): 부끄러워 얼굴이 붉어짐.
4 發付(발부): 사무를 말함.
5 衆套(중투): 중인의 습관.

26. 호의호식하는 관리들의 부끄러움

사士와 대부大夫라는 한 몸체는 이 세상에서 큰 은혜를 입고 있는
것이다. 그들은 누에를 쳐 옷감을 짜지 않고도 비단옷을 몸에 걸치고,
농사를 짓거나 목축에 종사하지 않고도 기름진 곡식과 살진 고기를
먹는다. 고용되어 날품을 팔지 않으면서도 수레를 타고, 장사를 하지
않고도 재물을 모을 수 있다.

　이러한 것들은 무엇 때문인가. 그들은 백성들의 위에 서서 정치에
부지런히 힘써야 하는 것이거늘, 이에 이 세상에 털끝만큼의 도움도
주지 않고 하늘과 땅 사이에 있는 인간들을 배신하는 것은 참으로
부끄러운 일이다. 또 높은 벼슬자리로 승진이 되었다고 일반 사람들에
게 자랑하고 거만스럽게 굴면 아마도 죽은 뒤에 관 속에 부끄러움만을
남기게 될 것이다.

士大夫一身 斯世之奉[1]弘矣 不蠶織而文繡 不耕畜而膏粱[2] 不雇貸而車
馬 不商販而積蓄 此何以故也 乃於世分毫無補 慭負兩間人[3] 又以大官
詫市井兒 蓋棺有餘愧矣

※

1 奉(봉): 봉양奉養. 신세를 짐.
2 膏粱(고량): 살진 고기와 기름진 곡식.
3 兩間人(양간인): 하늘과 땅 사이의 사람.

27. 세상에 때 늦은 일은 없다

하룻날 친구와 함께 몸을 닦는 도리道理를 논했다.

친구가 말했다.

"나는 이미 늙었소. 때를 놓친 거요."

이에 나는 이렇게 말했다.

"그대는 자기 자신을 자포자기해서는 안 되오. 평소에 나쁜 짓을 했더라도 만약 임종臨終할 때에 당하여 한 가지라도 좋은 일을 행한다면 과오過誤를 고치는 혼魂이 되는 것을 잃지 않을 것이거늘, 하물며 한 번의 숨을 쉬는 목숨이 붙어 있는 순간까지는 오히려 살펴야지요."

一日與友人論身修道理 友人曰 吾老矣 某曰 公無自棄 平日爲惡 卽屬
纊¹時 幹²一好事 不失爲改過之鬼 況一息尙存乎

※

1 屬纊(속광): 숨이 끊어지려는 사람의 코에다가 고운 숨을 대고 숨이 끊어졌는
  가 아닌가를 살펴보는 일.
2 幹(간): 사물을 처리하는 일.

28. 과오를 부정하면 둘이 된다

과오를 저지르면 그것 자체로 하나의 과오가 되지만, 그것을 과오로 인정하지 않으려 한다면 다시 또 하나의 과오를 저지르는 것이 된다.

과오를 솔직하게 과오로 인정하면 위의 두 가지의 과오는 모두 다

소멸된다. 하나를 인정하지 않는다면 두 가지 과오를 벗어나지 못한다. 이러니저러니 변명하면서 자기의 과오를 숨기려는 자는 과연 무엇을 위한 것인가?

有過是一過 不肯認過 又是一過 一認則兩過都無 一不認則兩過不免 彼强辯¹以飾非²者 果何爲也

※

1 强辯(강변): 억지로 자기주장을 내세움.
2 飾非(식비): 과오를 숨기려고 이런저런 말을 꾸밈.

29. 좋은 일을 행함은 복을 받기 위한 것이 아니다

군자가 선善을 행하는 것은 도리로써 당연히 하지 않으면 안 되기 때문에 행하는 것이요, 행복을 구하려는 것도 아니며 봉록俸祿을 구하려는 것도 아니다.

그 불선不善을 행하지 않는 것은 도리로써 당연히 해서는 안 되기 때문에 행하지 않는 것이요, 불행을 두려워해서도 아니며 형벌刑罰을 멀리 하기 위해서도 아니다.

세상에 가르침을 교훈으로 삼는 데 이르게 되면 재앙과 복과 형벌과 상으로 말을 하여 친절하고 정성스럽게 인도한다. 이러한 것은 하늘과 땅과 그리고 성왕聖王이 선善을 권장하고 악惡을 징계하기 위해서 사용한 큰 권한이다.

군자는 감히 따라 받들지 아니함이 없고 모든 사람과 함께 지키는 것이다.

君子之爲善也 以爲理所當爲 非要福 非干祿 其不爲不善也 以爲理所
不當爲 非懼禍 非遠罪 至於垂世敎 則諄諄[1]以禍福刑賞爲言 此天地聖
王勸懲[2]之大權[3] 君子不敢不奉若[4] 而與衆共守也

※

1 諄諄(순순): 친절하게 가르쳐서 인도함.
2 勸懲(권징): 선을 권장하고 악을 징계함.
3 大權(대권): 큰 계획. 큰 수단. 큰 방편.
4 奉若(봉약): 준봉遵奉함. 따라서 받듦.

30. 일에는 스스로 책임을 져야 한다

학문에 뜻을 둔 자는 어떠한 일에 대해서라도 자기 스스로 책임을
져야 한다. 결코 남에게 책임을 돌려서는 안 된다.

사람의 하는 일이 자기 마음에 딱 들어맞지 않는 것은 본래부터
자기에게 상대를 받아들일 만한 아량雅量이 없기 때문이다. 자기의
하는 일이 상대의 마음에 딱 들어맞지 않는 것은 본래부터 자기에게
상대를 납득시킬 만한 능력이 없기 때문이다.

이와 같이 때때로 스스로를 반성하면 재능이나 덕행德行이 진보하지
않을 도리가 없다.

學者事事要自責 愼無責人 人不可我意[1] 自是我無量[2] 我不可人意 自是

我無能 時時自反 才德無不進之理

※

1 不可我意(불가아의) : 자기 마음에 들지 않음.
2 量(량) : 도량度量. 아량雅量.

31. 인욕을 이겨내야 한다

천리天理와 인욕人欲이 마음속에서 서로 다툴 때에는 일백 번을 싸워도 혈기가 왕성한 청년 같아야 한다.

아홉 번씩이나 목숨을 잃는 한이 있더라도 절대로 자기의 뜻을 바꾸지 않고, 몇 백번의 좌절挫折을 겪게 되더라도 끝까지 자기의 신념을 바꾸지 않는다면 그 어떠한 것도 나를 어찌하지는 못할 것이다.

어떻게든 자신만만한 천군天君이 되면 도리어 인욕이 신하나 종이 될 것이며 서로 내통하여 항복함을 받아 빈 마음속에 알맞게 대단한 세계가 이루어질 것이다.

天理與人欲交戰時 要如百戰健兒 九死不移 百折不回 其奈我何 如何 堂堂天君 却爲人欲臣僕 內款受降 腔子中成甚世界

※

1 九死(구사) : 아홉 번 죽음. 죽는다는 것을 강하게 표현하는 말.
2 天君(천군) : 인간의 몸속에 있는 절대적인 신체의 주재자主宰者로서 마음을 말함.
3 內款(내관) : 상대방과 내통함.

32. 양심을 속일 수는 없다

간간이 불선한 일을 하면서 자신의 명예가 더럽게 끝마치는 것을 두려워
한다. 이것은 외물에 마음이 끌려다니는 것이다. 진실로 사람을 속이는
것이라면 도리어 이것은 중요한 것을 만드는 것이다.

간간이 불선을 하면서 자신이 더러워지는 것을 두려워한다. 이것은
자신을 위하는 마음으로 곧 남은 알지 못한다. 어떤 이들은 남이 의심하
고 비난하더라도 모두 마음에 두지 않는다.

이러한 까닭으로 관청을 속이는 것은 쉽지만 구석진 깊은 방에서
속이는 것은 어렵다. 깊은 방에서 속이는 것은 쉬워도 자신의 마음속을
속이기는 어려운 것이다.

纔爲不善 怕汚了名兒[1] 此是徇外心[2] 苟可瞞人 還是要做 纔爲不善 怕汚
了身子 此是爲己心[3] 卽人不知 或爲人疑謗 都不照管[4] 是故欺大庭[5]易
欺屋漏[6]難 欺屋漏易 欺方寸難

※

1 名兒(명아): 명예名譽. 아兒는 접미사.
2 徇外心(순외심): 외계의 사물에 순종하는 마음. 곧 주체성 없이 외계의
  사물에게 끌려다니는 마음.
3 爲己心(위기심): 자기를 위하는 마음. 『논어』헌문편憲問篇에 나오는 말.
4 照管(조관): 마음에 둠.
5 大庭(대정): 조정朝廷. 관청.
6 屋漏(옥루): 서북쪽으로 가장 사람의 눈에 잘 띄지 않는 곳에 있는 방으로
  집안에서 제일 어둡고 구석진 곳.

33. 자신에게 악이 있는 사람이란

그 악을 미워하는 것을 엄하게 하지 않는 자는 반드시 자신에게 악한 것이 있는 것이다.

그 선을 좋아하는 것을 감싸지 않는 자는 반드시 자신에게 선한 것이 없는 것이다.

인仁한 사람이 선을 좋아하는 것은 입에서만 말하는 것이 아니다. 그 악을 미워하는 것은 사방의 오랑캐 나라로 쫓아내서 중국과 함께 하지 않는다고 했다.

맹자孟子는 말하기를 "악을 부끄러워하는 마음이 없으면 사람이 아니다."라고 했다.

곧 악을 미워한다는 것을 군자라도 벗어날 수가 없다는 것은 다만 자신이 사사로움으로 악을 만드는 것을 두려워하며 다른 사람한테 있게 되면 미워하지 않을 따름인 것이다.

만약 백성들이 미워하는 것을 미워하지 않는다면 백성들의 부모라고 이르겠는가?

其惡惡不嚴者 必有惡於己者也 其好善不函者 必無善於己者也 仁人之好善也 不啻口出 其惡惡也 进諸四夷[1] 不與同中國 孟子曰 無羞惡[2]之心 非人也 則惡惡亦君子所不免者 但恐爲己私作惡 在他人非可惡耳 若民之所惡[3]而不惡 謂爲民之父母可乎

※

1 进諸四夷(병제사이): 그것을 사방의 오랑캐에게로 쫓음. 『대학大學』 전10장

에 나오는 말.

2 無羞惡(무수악): 악을 부끄러워하지 않음. 『맹자』공손추장公孫丑章에 나오
는 말.

3 若民之所惡(약민지소오): 만약 백성이 미워하는 바…. 『대학』전10장에
나오는 말.

34. 나산懶散이라는 두 글자를 극복하라

게으르고 쓸모가 없다는 나산懶散이란 두 글자는 세상에 나아가 출세하
는 데 있어서 자신을 해치는 독이다.

모든 덕행德行과 온갖 사업에 있어서 날마다 태만히 하여 일을 폐지시
키고 성취시키는 것이 없다.

온갖 죄업과 모든 악이 날마다 방자해져서 억제하기 어려워지는
것은 모두 이 두 글자가 그 원인이 되는 것이다.

옛날 서진西晉 시대에는 예법禮法을 원수처럼 싫어하고 오직 호방豪
放한 것을 즐겼다. 그 근본적인 잘못이 바로 여기에서 시작되었다.
그것은 제멋대로 즐기며 예의를 돌보지 않는 안사安肆만을 날마다
탐한 것이었다.

안사(安肆: 安逸)란 나산懶散을 이른 것이다. 이는 성인聖人이나 현인
賢人들이 크게 경계한 것이다. 어떻게 하면 그 두 글자를 극복할 수
있을 것인가.

그것은 근신勤愼이라는 것이다. 근신이란 요컨대 공경함을 말한
것이다.

懶散二字 立身¹之賊也 千德萬業 日怠廢而無成 千罪萬惡 日橫恣而無
制 皆此二字爲之 西晋²讐禮法而樂豪放 病本正在此 安肆³日偸 安肆懶
散之謂也 此聖賢之大戒也 甚麼⁴降伏得此二字 曰勤愼勤愼者 敬之謂也

※

1 立身(입신): 세상에 나아가 출세하는 것.
2 西晋(서진): 예교禮敎를 중히 여긴 한제국漢帝國이 멸망하고, 위魏·오吳·촉蜀
  의 삼국三國을 거쳐 서진西晋시대가 되었는데, 사회의 불안을 배경으로 예교
  에 얽매이지 않고 천의무봉天衣無縫의 차림새에 자유를 만끽하고자 하는
  풍조風潮가 만연해 있었다.
3 安肆(안사): 마음을 편안히 하고 제멋대로 하다. 곧 멋대로 즐기며 예의를
  돌아보지 않는다.
4 甚麼(심마): 여하如何의 속어俗語.

35. 함부로 남을 평해서는 안 된다

요즘의 세상에서는 남의 뜻을 헤아릴 때 평소의 좋지 않았던 감정을
가지고 끝까지 설명해 나간다. 진실로 이것이 쇠약한 세상의 인심人心으
로, 충실하고 두텁게 하려는 뜻이 없는 것이다.

　그러나 사군자士君子는 가히 스스로 책임지지 아니치 못할 것이다.
만약 이러한 사람의 평소 행동을 믿는 사람이라면 편안하게 이 생각을
구별하여 또한 진작부터 끝까지 좋아하는 것을 헤아려야 한다.

　왜냐하면 스스로 서는 자는 족히 믿기 때문이다. 이런 까닭으로
군자는 서는 바를 삼가는 것이다.

◉ 이상에서 논한 것들이 자기의 본심이 오해되는 것은 일반적인 풍조라

하더라도 군자는 그 경우에 왜 자기의 본심이 오해되는가를 스스로 반성하지 않으면 안 된다.

만일 평소의 행동이 남에 대하여 성실하다면 달리 생각하는 사람이라도 호의적으로 헤아려 줄 것이다. 그것은 그 어느 누구라도 자기 자신의 입지가 믿음을 받을 만한 가치가 있기 때문이다. 그러므로 군자는 자기의 입지를 신중하게 선정하는 것이다.

近世料度[1]人意 常向不好邊說去 固是衰世人心 無忠厚之意 然士君子不可不自責 若是素行[2]孚[3]人 便是別念頭人 亦向好邊料度 何者 所以自立者 足信也 是故君子 愼所以立

※

1 料度(요도): 추측함. 헤아림.
2 素行(소행): 평소의 행위.
3 孚(부): 성실함.

36. 가득 차면 항상 기우는 게 자연의 순리이다

복이란 평소 그대로를 만족하는 것이 가장 좋은 것이다. 재앙은 가득하게 찰수록 위험한 것이다. 하늘과 땅 사이의 모든 사물이나 모든 일들은 가득 차는 것이 있으면 쇠쇠(衰衰)해지지 않는 것이 없다.

그 가득 차는 것은 각각 일정한 분량이 있는 것이다. 오직 지혜로운 자만이 그것을 분별할 수 있다. 그러한 까닭으로 술잔은 한 잔의 술을 부어도 가득 차지만 독에는 몇 섬의 물을 부어야 가득 차게 된다.

술독의 용납함으로 술 국자의 두려움을 품어 주는 것이 있다면 경사에는 여유로움이 있을 것이다.

◉ "차면 모자란다."라고 하는 속언俗言이 있다. 모든 사물은 어느 극점極點까지 이르면 반드시 덜어 없어지는 것으로 돌아서게 된다. 행복과 불행의 관계도 그 예외는 아니다.

사람들은 특히 행복을 동경하여 끝없는 행복을 추구해 마지않으면서 그 극한을 어디에다 둘 것인가를 생각하지 않는다. 그것을 넘는 순간 곧바로 운명은 어두운 곳으로 옮겨 불행의 밑바닥으로 굴러 떨어진다. 그러므로 행복을 구하는 경우 자기의 분수에 비추어 그 만족할 만한 시점을 정하는 신중한 배려가 바람직하다.

福莫美於安常[1] 禍莫危於盛滿[2] 天地間萬物萬事 未有盛滿而不衰者也 而盛滿各有分量 惟智者能知之 是故卮以一勺爲盛滿 甕以數石爲盛滿 有甕之容 而懷勺之懼 則慶有餘矣[3]

※

1 常(상): 평소에 있는 그대로. 일상으로 있는 그대로.
2 盛滿(성만): 한 잔에 가득히 충만한 것.
3 慶有餘矣(경유여의): 남을 정도로 다행스러움. 『역경』 곤괘문언전坤卦文言傳에 나오는 말.

37. 재앙과 복록은 운수일 뿐이다

재앙이나 복록은 운수이다. 선과 악은 사람의 일이다. 그 이치가 항상 서로 응하고 종류도 또한 서로 구한다.

만약 복록은 선하고 재앙은 부정하다는 설說에 집착하여 그것이
그르지 않다고 여기게 되면 선을 하려는 마음이 쇠해질 것이다.

대체로 운수라는 것은 다만 우연일 뿐이다. 그러므로 선을 하면
복을 얻고 부정하면 재앙을 얻는 것도 절반이요, 선하면 재앙을 얻고
부정해도 복을 얻는 것이 절반이요, 선하지 않고 부정하지 않아도
재앙을 얻고 복을 얻는 자도 절반이다.

사람의 일은 자못 이것이 당연한 것이다.

착한 사람은 복을 받는다고 해도 나는 복을 위해서 선을 닦는 것은
아니다. 부정한 자가 재앙을 얻는다고 해도 나는 재앙을 위해 부정한
것을 고치는 것은 아니다.

선하면 재앙을 얻고 부정하면 복을 얻는다 하더라도 나는 차라리
선을 하고 재앙에 처할 것이며 부정한 것을 즐겨 복을 구하지는 않을
것이다.

이런 까닭으로 군자는 하늘의 도를 논하고 재앙이나 복록을 말하지
않는다. 인사人事를 논하고 이해관계를 말하지 않는다.

내 본성의 분수에서 당연히 해야 할 것의 밖의 것에는 모두 마음을
쓰지 않는다. 그들이 재앙이나 복록이나 이익과 손해를 말하는 것은
세상에서 가르침을 피어나게 하기 위해서인 것이다.

◉ 행불행幸不幸과 선악善惡과의 관계는 복잡하게 뒤섞여 있으나 그 양자兩
者는 서로 다른 차원의 것이다. 행幸과 불행은 기운氣運, 곧 시세의 돌아가
는 형편에 좌우되는 것이요, 이에 대하여 선악은 인간의 행위로서 처리되
는 것이다.

도리道理와 도리는 언제나 서로 호응하고, 유類는 유를 부른다는 것은

그 문제를 생각하는 일단의 원칙이기는 하다. 그러나 만약 선善에는 반드시 행복이 따르고 악에는 반드시 불행이 따른다고 하는 설에 집착하여, 그것은 절대로 틀림없는 진리라 여기고 행한다면 도리어 선을 실행할 의욕이 줄어들 것이다.

대체로 시세 돌아가는 형편이라는 것은 일정한 이법理法에 의해 움직이는 것이 아니라 그때그때의 형편에 따르는 것이다. 그러므로 선을 행하면 행복을 얻고, 악을 행하면 불행을 얻는다는 것은 기껏 반수半數에 그친다. 따라서 선을 행하여 불행을 얻고, 악을 행하여 행복을 얻는 경우도 대체로 반수이다. 그리고 선도 행하지 않고 악도 행하지 않으면서 불행해지기도 하고 행복해지기도 하는 것도 반반이다.

운수의 움직임은 이와 같이 불안정한 것이지만 인간의 행위는 당연한 법에 따라야 할 것이다.

선을 행하는 자가 행복해져도 자기는 행복을 얻기 위해 선을 실행하는 것은 아니다. 악을 행하는 자가 불행해져도 자기는 불행을 모면하기 위해 악을 고치는 것은 아니다. 선을 행하면 불행해지고, 불선不善을 행하면 행복하게 된다고 해도 자신은 오히려 선을 실행하여 불행한 경지에 놓이고, 악을 실행하여 행복을 구하려는 일을 하지 않는다.

그러므로 군자는 천도天道를 논할 때에는 행불행을 말하지 않고, 또 인사人事를 논할 때에는 이해利害를 말하지 않는다. 이런 일은 의무로서 선을 행하는 관점觀點에서 벗어나기 때문이다. 거기서 나의 본성으로서 당연히 하지 않으면 안 될 것이라는 것 외에는 일체 마음에 두지 않는다. 때로 행불행이나 이해에 관한 것을 말하는 것은 세상 사람을 가르쳐 이끌어 가기 위해 부득이하게 말하는 것일 뿐이다.

禍福是氣運[1] 善惡是人事 理常相應 類亦相求 若執福善禍淫[2]之說 而使
之不爽 則爲善之心衰矣 大段氣運只是偶然 故善獲福淫獲禍者半 善獲
禍淫獲福者亦半 不善不淫而獲禍獲福者亦半 人事只是箇當然 善者獲
福 吾非爲福而修善 淫者獲禍 吾非爲禍而改淫 善獲禍而淫獲福 吾寧
善而處禍 不肯淫而要福 是故君子論天道 不言禍福 論人事 不言利害
自吾性分當爲之外 皆不庸心 其言禍福利害 爲世敎發也

※

1 氣運(기운) : 시세의 돌아가는 형편.
2 淫(음) : 바르지 않은 일. 부정한 일.

38. 국가 예산을 절약하는 방법

나는 산동참정山東參政의 직책으로 함께 벼슬에 나아간 벗인 독량督糧
의 직책을 맡은 장임벽張臨碧과 한 자리에 있었다.

나는 붉은 글씨로 결재서류에 봉인封印을 하는데 붓은 짙고 글자는
컸다. 장임벽이 말했다.

"가히 애석하고 애석하다."

나는 붓을 들고 손을 들어 올리며 말했다.

"그대의 이 한 생각에 천하는 그 복을 받을 것이다. 한 글자를
결재서류에 써 넣는 것은 매우 하찮은 주사硃砂를 낭비할 따름이다.
그러나 날이 쌓이고 해가 쌓이면서 수만 배의 주사가 절약되는지는
알지 못할 것이다. 이 주사를 절약하는 마음으로 일을 확충시킨다면
모든 일이 다 그러할 것이다.

천하의 각 관청에서 날마다 쌓고 해마다 쌓는다면 또 몇 수만 배가 절약되는지 알지 못할 것이다. 또 마음에도 사치하지 않는 것에 스스로 이르게 되면 덕을 함양하는 것이 족하고 재물을 사치하고 낭비하지 않게 되면 복록을 양성하는 데 족할 것이다. 단지 하늘이 낸 물건이 아니라고 함부로 소모함이 마땅하지 않고 백성들의 은혜를 경솔하게 쓰는 것이 마땅하지 않을 따름이다."

대개 일에는 비용이 무겁게 드는 경우가 있는데 지나친 비용이 사치가 되지는 않는다. 비용을 아껴도 사업이 무너지는 것이 있는데 지나치게 아껴도 아끼는 것이 되지 않는 것이다.

내가 무원撫院의 직분을 맡아 근무할 때에는 종이가 부족한 것은 아니었으나 아래 관리들에게 조각의 종이라도 모두 사용하라는 경계함을 보였다. 이는 부하고 귀한 집안의 자제들에게 보이기 위함이었다. 그들은 재물이나 돈을 쓰는 것을 진흙이나 모래같이 여겨, 길게 남은 여분을 남에게 주지 않고 쓸 수 있는 물건들을 모두 땅에 버렸다. 가슴속에는 차마 하지 못하는 동정심도 없고 입 안에는 가히 아깝다는 두 글자도 없다. 사람들이 혹시 권장하기라도 하면 그들은 곧 말했다.

"버리는 것들이 얼마의 가치가 있겠는가?"

나는 일찍이 '도랑이나 골짜기(쓰레기통)의 귀신'이라고 불렀다. 그런데 저들은 바야흐로 오만방자하여 스스로 상쾌해 하면서 가난한 집이 아닌 행세를 하는 것을 거대한 수단手段으로 여긴다. 마음 아프다! 아이들은 기록하고 기억해 두어라.

◉ 우공이산愚公移山이란 옛 속담이 있듯이 약간의 절약이란 산도 옮길

수 있는 힘이 있다.

　국가의 예산도 한곳 한곳에서 조금씩 절약하면 연말에는 많은 경비가 절약되고 수년을 쌓으면 대단한 수치의 경비가 절약되는 것을 지적한 것이다. 공직자들은 다시 되새겨보아야 할 글이다.

余參政東藩[1]日 與年友[2]張督糧[3]臨碧在座 余以朱判封[4] 筆濃字大臨碧曰 可惜可惜 余擎筆擧手曰 年兄此一念 天下受其福矣 判筆一字 所費絲毫硃[5]耳 積日積歲 省費不知幾萬倍 充[6]用硃之心 萬事皆然 天下各衙門 積日積歲 省費又不知幾萬倍 且心不侈然[7]自放 足以養德 財不侈然浪費 足以養福 不但天物[8]不宜暴殄 民膏不宜慢棄而已 夫事有重於費者 過費[9]不爲奢 省有不廢事者 過省[10]不爲吝 余在撫院[11]日 不儉於紙而戒示吏書片紙 皆使有用 此見富貴家子弟 用財貨如泥沙 長餘之惠旣不及人 有用之物 皆棄於地 胸中無不忍一念[12] 口中無可惜兩字 人或勸之 則曰 所値幾何 余嘗號爲溝壑[13]之鬼 而彼方侈然自快 以爲大手段[14] 不小家勢 痛哉 兒曹志之

※

1　參政東藩(참정동번): 산동참정山東參政의 직책을 맡는 것.

2　年友(연우): 같은 해에 함께 진사進士 시험에 급제한 벗. 또는 나이가 같
　　은 벗.

3　督糧(독량): 양곡의 수송을 감독하는 관직.

4　判封(판봉): 결재 서류에 봉을 해 두는 일.

5　硃(주): 주사硃砂. 주묵朱墨의 원료.

6　充(충): 확충擴充함.

7　侈然(치연): 사치하는 것. 절도가 없는 것.

8 天物(천물): 하늘이 낸 것. 『서경書經』 무성편武成篇에 나오는 말이다.

9 過費(과비): 과소비. 지나친 비용.

10 過省(과성): 지나치게 절약함.

11 撫院(무원): 순무巡撫라고도 함. 지방을 순찰하여 행정을 바로잡는 직책을 맡는 관청.

12 不忍一念(불인일념): 남의 고난苦難을 차마 보지 못하는 한 생각. 동정심.

13 溝壑(구학): 도랑과 골짜기. 곧 쓰레기통. 쓰레기 처리장.

14 大手段(대수단): 보통 사람으로서는 할 수 없는 수단.

39. 체면이란 법도의 적이다

혼자 탄식한다. 요즘의 세상 풍조風潮에서는 윗자리에 있는 사람은 관대한 것이 쌓이고 쌓여 유약柔弱해졌다. 유약한 것이 쌓이고 쌓여 겁쟁이가 되었다. 겁이 쌓이고 쌓여 두려움이 되었다. 두려움이 쌓이고 쌓여 무능無能함이 되었다.

아랫자리에 있는 사람은 잘난 체 뽐내는 것이 쌓이고 쌓여 거만해졌다. 거만한 태도가 쌓이고 쌓여 불평이 되었다. 불평이 쌓이고 쌓여 횡포해졌다. 횡포가 쌓이고 쌓여 과감해졌다.

지금의 이러한 정치 체제를 어떻게 하면 정도正道로 돌려놓을 수 있을 것인지 나로서는 알 길이 없다. 체면體面이란 두 글자는 법률이나 제도를 손상시키는 것이다. 체면을 존중하다 보면 그만큼 법률이나 제도를 가벼이 여기게 되고, 법률이나 제도를 조이는 것이 헐거워지면 질서가 무너진다.

옛날의 폐해는 법률이나 제도가 너무 엄격한 데에 있었는데 오늘날의 폐해는 질서가 문란해진 데에 있는 것이다.

명분이란 기강紀綱의 큰 물건이다.

오늘날 조정에서는 하급 관리가 상급 관리를 업신여기고, 국경에서는 병사가 장군將軍을 가벼이 대한다. 가정에서는 아들과 며느리가 부모를 업신여기고, 학교에서는 제자가 스승을 업신여긴다. 후배가 선배를 밀어내고, 향촌鄕村에서는 수하 사람이 연장자에게 불평불만을 말하고 오직 욕심껏 제멋대로 하며 예의범절 따위가 무슨 물건이 되는 것인지도 알지 못한다.

점점 키우지 못할 것들만이 이제는 이미 다 자라 버렸다. 이러한 것은 반드시 어지러워지고 반드시 망함에 다하는 것으로 형세가 이미 중대해졌다. 돌이키기에는 이미 어려워졌다.

무식한 자들은 오히려 더해야 한다고 여기고 있다. 어쩌자는 것인가.

竊嘆 近來世道 在上者 積寬成柔 積柔成怯 積怯成畏 積畏成廢 在下者 積慢成驕 積驕成怨 積怨成橫 積橫成敢[1] 吾不知此時治體[2]當何如反也 體面二字[3] 法度之賊也 體面重 法度輕 法度弛 紀綱壞 昔也病在法度 今也病在紀綱 名分者 紀綱之大物也 今也在朝小臣蔑大臣 在邊軍士輕 主師 在家子婦蔑父母 在學校弟子慢師 後進凌先進 在鄕里卑幼軋[4]尊 長 惟貪肆[5]是恣 不知禮法爲何物 漸不可長 今已長矣 極之必亂必亡 勢已重矣 反已難矣 無識者猶然甚之 奈何

※

1 敢(감): 이것저것 가리지 않고 일을 강행强行함.

2 治體(치체): 정치의 형체形體.

168

3 體面二字(체면이자): 체면을 세우는 데 마음을 쓰고 정치의 실태實態를
무시하면, 그 결과 법률 제도의 권위가 실추된다.

4 軋(알): 마찰을 일으킴.

5 貪肆(탐사): 탐욕과 방사放肆.

40. 물욕物欲에 굴복하지 않아야 한다

일곱 자 되는 신체로 하늘을 이고 땅을 밟으면서 죽음에 이르러도
남에게 굴복하지 않고, 이에 태어나서부터 죽음에 이르러 관 뚜껑을
덮는 데 이르러야 한다.

세상에서 뜻을 굽히고 자신을 욕되게 하여 사물의 욕심만을 이어
받들게 되면 노예와 다른 것이 무엇이겠는가?

이 혼령이 하늘의 위에 이르게 되면 옥황상제를 배알하는데 무슨
면목이 있으리오. 죽음이 부끄럽고 부끄러울 뿐이다.

七尺之軀 戴天履地¹ 抵死不屈於人 乃自落草²以至蓋棺³ 降志辱身⁴ 奉
承物欲 不啻奴隷 到那魂升於天之上 見那維皇上帝⁵ 有何顔面 媿死
媿死

※

1 戴天履地(대천리지): 하늘을 이고 땅을 밟음. 사람은 하늘과 땅의 중간에
태어나 하늘과 땅과 함께 삼재三才라고 부름.

2 落草(낙초): 태어나는 일.

3 蓋棺(개관): 관뚜껑을 덮음. 곧 죽는다는 말.

4 降志辱身(강지욕신): 뜻을 굽히고 몸을 욕되게 함. 『논어』 미자편微子篇에

나오는 말.

5 皇上帝(황상제): 하늘나라를 주재한다는 옥황상제玉皇上帝.

41. 숨겨진 악(隱惡)을 근심한다

남에게 알려지는 세상에 나타나는 명성을 함께 하는 것이 없는 것을 근심하지 않는다.

남에게 알려지지 않은 숨겨진 악이 있는 것을 근심할 것이다.

세상에 나타나는 명성이란 비록 멀고 가까운 사이에 나타나겠지만 숨겨진 악이 있어서 신명(神明: 하늘)에게 죄를 얻는 것은 자신을 반성하는 자들이 두려워하는 것이다.

◉ 누구에게나 눈에 띄는 명예가 없는 것은 별로 신경 쓰이지 않지만 누구에게나 느끼지 못하게 눈에 띄지 않는 악惡이 없는가 하는 것은 마음에 걸리는 것이다.

그 까닭은 눈에 띄는 명예는 멀고 가까운 곳에 알려져 숨길 수가 없고 눈에 띄지 않는 악은 인간의 눈은 속일 수 있지만 신령의 눈을 속일 수는 없기 때문이다. 자신의 행동을 반성하는 자는 이것을 걱정해야 한다는 뜻이다.

不患無人所共知之顯名 而患有人所不知之隱惡 顯名雖著遠邇[1] 而隱惡獲罪神明 省躬者 懼之

※

1 遠邇(원이): 멀고 가까운 것.

제5장

학문을 연마하는 자세

재능이나 학문은 쓸 때에는 쓰지만
쓰지 않을 때는 칼집에 간직하여
마구 휘두르며 자랑하지 않는다.
그것은 재능과 학문을 참되게 쓰는 방법이다.
그렇지 않으면 그것은 결국 자신에게 재앙을 가져다준다.
예로부터 열 사람이면 열 사람, 백 사람이면 백 사람이
재능과 학문을 자랑하고
재앙을 모면한 사람은 한 사람도 없다.

1. 학문은 알 때까지 질문하라

학문은 반드시 서로 강론을 해야만 뒤에 밝아지는 것이다. 그 강론을 하고 바로잡은 뒤에 완벽하게 되는 것이다.

공자 문하門下의 스승과 벗은 알 때까지 질문하고 끝까지 말하는 것을 싫어하지 않았다. "예 예" 대답만 하고 선생님의 명령만을 잘 따르는 것을 하지 않았다. 『중용』에 "상세하게 질문하고 확실하게 분별한다."라고 한 것과 같다.

그러므로 공자께서 세상에 계실 때에는 학문이 크게 밝아졌다. 마치 구름과 안개가 걷히고 맑은 하늘에서 태양이 구석구석을 비춰 주는 것과 같이 털끝만큼의 가림도 없어야 한다.

학문을 강구하는 것은 모름지기 이와 같은 것을 구할 것이다. 스스로 만이 옳다고 하는 마음으로 남을 미워하고 서로 옳다고 하는 고집을 없애야 하는 것이다.

◉ 공자는 『중용』에서 이르길 "학문을 하는 방법은 널리 배우고, 살펴 묻고, 신중하게 생각하고, 밝게 분별하고, 독실하게 행동해야 한다."고 했다.

學必相講[1]而後明 講必相直[2]而後盡 孔門師友 不厭窮問極言[3] 不相然諾 承順[4] 所謂審問明辨[5]也 故當其時 道學[6]大明 如撥雲披霧 白日靑天 無 纖毫障蔽 講學須要如此 無堅自是之心 惡人相直也

✻

1 講(강): 강론講論함.

2 直(직): 잘못된 것을 바로잡음.

3 窮問極言(궁문극언): 납득되도록 철저하게 질문하고 의견을 말하는 것.

4 然諾承順(연낙승순): 대답만 잘하고 선생님의 말씀만을 따르는 일. 승낙하고 타협함.

5 審問明辨(심문명변): 상세하게 질문하고 확실하게 분별함.『중용』제20장 에 나오는 말.

6 道學(도학): 도리를 구명하는 학문. 이 말은 다만 주자학朱子學을 뜻하는 경우도 있음.

2. 지극한 정성은 하늘도 감동한다

천天은 우리들이 짊어질 하늘이요, 물物은 우리들이 지배할 물건이다. 그러므로 우리들의 지극한 정성이 느끼어 통하면 하늘이나 사물이나 느끼어 통하여 응답하지 않을 까닭이 없다. 이에 하늘이나 사물과 맞부딪쳐 충돌하고 서로 어긋나는 것은 자기 수양의 노력이 불충분하기 때문이다.

수양의 성과가 하늘에 다다라 물건을 움직이게 하는 곳까지 이르면 그것이야말로 학문이라 이를 수 있고, 또 이것을 공부라 이를 수 있는 것이다. 거기까지 도달하지 못한 자는 스스로를 부끄럽게 여겨 꾸짖는 데에 잠시도 한가롭게 해서는 안 된다.

어찌 하늘이나 사물이 뜻한 대로 되지 않는다 하여 원망하고 미워하는 마음의 싹이 트도록 해서야 되겠는가?

◉ 『대학』에서 뜻을 진실하게 하고 마음을 바르게 하는 성의誠意, 정심正心
의 공부를 이야기한 것이다.

天是我底天 物是我底物 至誠所通 無不感格[1] 而乃與之扞隔[2]抵牾[3] 只是
自修之功未至 自修到格天動物處 方是學問 方是工夫 未至於此者 自
愧自責不暇 豈可又萌出箇怨尤底意思

※

1 感格(감격): 느끼어 이름.
2 扞隔(한격): 서로 거부함.
3 抵牾(저오): 서로 어긋남.

3. 옛사람을 모범으로 삼아라

세상의 모든 일은 크고 작고 없이 모두 고인古人이 남긴 규칙과 법식이
있다. 한 가지 한 가지의 일을 행할 때에는 고인이라면 이 일을 어떻게
처리했을까를 생각한다. 또 누군가와 응대應待할 때에는 고인이라면
이 사람과 어떻게 응대했을까를 생각해야 한다.

그리하여 평소의 생활하는 말과 행동과 누구에게 말을 하거나 침묵하
는 것에 이르기까지 이와 같이 잠시 생각하는 동안에 고인이 함께
생각해 주는 것과 같이 된다. 이렇게 하는 것이 오래 지속되면 생각도
고인과 함께 하게 되고 동작도 고인의 도道와 합치하게 된다.

그의 요점要點은 본심本心을 확실하게 보전하는 데에 있는 것이다.

그 공부는 또 『시경』을 외우고 『서경』을 읽어서 제때에 문득 상상하

여 이르기를 '이것은 나의 아무 아무의 일에 법으로 삼고, 이것은 나의 아무 아무의 일의 병든 것에 악으로 삼아야겠다.'라고 한다. 이와 같이 하면 실제로 사물에 부딪쳤을 때 곧 좋은 생각이 떠올라 이런저런 생각을 할 필요가 없게 되는 것이다.

世間事 無巨細 都有古人留下[1]底法程[2] 纔行一事 便思古人處這般事如何 纔處一人 便思古人處這般人如何 至於起居言動語默[3] 無不如此 久則古人與稽[4] 而動與道合矣 其要在存心[5] 其工夫又只在誦詩讀書[6]時便想 曰此可以爲我某事之法 可以藥我某事之病 如此則臨事時 觸之卽應 不待思索[7]矣

※

1 留下(유하): 남김.

2 法程(법정): 법식. 모범. 표본.

3 起居言動語默(기거언동어묵): 기거는 생활. 언동은 말과 행동. 어묵은 말하는 일이나 침묵하는 일.

4 稽(계): 생각함.

5 存心(존심): 본심을 보존함.

6 誦詩讀書(송시독서): 『시경』을 외고 『서경』을 읽음. 시詩는 『시경詩經』. 서書는 『서경書經』.

7 不待思索(부대사색): 사색을 기다리지 않음. 이것저것 생각해 볼 것이 없음.

4. 학문은 소질을 펴는 것이다

타고난 자질資質을 도와 신장伸長시키는 것은 오로지 학문에 있는
것이다. 이 하늘이 준 자질을 보증해서 성인과 가깝다고 하더라도
이 두 글자를 적게 여기면 얻지 못하는 것이다.

하夏, 은殷, 주周 3대에는 아래 백성들에게는 완전한 재주를 가진
이가 없었고 모두 하늘이 준 소질을 배반했고 자신에게 부여된 책무를
소홀히 하였다. 비록 천지를 뒤집을 정도의 큰 사업을 만들어 냈더라도
자세히 살펴보면 다소의 결점이 있는 것이다.

扶持[1]資質 全在學問 任是天資近聖 少此二字不得 三代[2]而下無全才
都是負了在天的[3] 欠了在我的[4] 縱做出掀天揭地[5]事業來 仔細看他多少
病痛

※

1 扶持(부지): 도와서 신장함.
2 三代(삼대): 중국 고대의 왕조王朝인 하夏, 은殷, 주周 3대를 이르는 말.
　하의 우왕禹王, 은의 탕왕湯王, 주의 문왕文王·무왕武王·주공周公과 공자
　등의 성인이 출현했음.
3 在天的(재천적): 하늘에서 준 소질素質.
4 在我的(재아적): 자기에게 부과된 책무. 곧 수양과 노력을 말함.
5 掀天揭地(흔천게지): 하늘과 땅을 들어 올려 마음대로 조종함.

5. 과오가 없다는 것은 더 큰 과오이다

나에게는 미치지 못하는 점을 충고해 주는 벗이 있다. 벌써 그와 헤어진 지 두 달이나 되었다. 그를 만나보고 물었다.

"요즘은 나의 과오를 지적해 주지 않으니 웬일인가?"

그는 말했다.

"그대에게는 과오가 없으니까."

그래서 나는 이렇게 말했다.

"그것이야말로 나의 큰 과오다. 과오가 있다고 느껴지는 것은 과오가 적은 것이고, 과오가 없다고 느껴지는 것은 과오가 큰 것이다. 왜냐하면 이것은 남의 충고는 받아들이지 않고 자기만족에 젖어 있으면, 남은 아무런 말도 해주고 싶지 않아 충고해 주지 않는다.

옳지 않은 것으로 자신을 꾸미고 나쁜 것들을 은폐하여 남이 알지 못하게 하는 것이다. 과오가 이보다 더 큰 것이 있겠는가? 내가 곧 성인聖人이라면 옳다고 하겠으나 나는 성인이 아니다. 남에게 과오가 없다는 소리를 듣는 것은 나에게 있어서 크나큰 과오라 할 것이다."

余有責善[1]之友 旣別兩月矣 見而問之曰 近不聞僕有過 友曰 子無過 余曰 此吾之大過也 有過之過小 無過之過大 何者 拒諫自矜而人不敢 言 飾非掩惡 而人不能知 過有大於此者乎 使余卽聖人也則可 余非聖 人 而人謂無過 余其大過哉

※

1 責善(책선): 선을 행하도록 권장함. 『맹자』이루장離婁章에 나오는 말로

벗은 책선의 도가 있어야 한다는 뜻.

6. 스스로 거만해서는 안 된다

세상에는 남에게 자만自慢할 것이 한 가지도 없다. 재예才藝 따위는 남에게 자만할 거리가 못 된다. 덕행德行은 자기의 본분으로서 요堯임금이나 순舜임금이나 주공周公과 공자孔子와 같은 경지에 이르지 못하면 곧 부족한 것이다.

　부족한 것은 스스로 부끄러워할 일인데 어찌 남에게 자만하기까지 할 것인가.

◉『주역』의 겸괘謙卦의 단사彖辭에 "하늘의 도는 가득 찬 것을 덜어서 겸손한 것을 더하여 주고, 땅의 도는 가득 찬 것을 변화시켜 겸손한 곳으로 흐르게 하고, 귀신은 가득 찬 것을 해치고 겸손한 것을 복되게 하고, 사람의 도는 가득 찬 것을 미워하고 겸손한 것을 좋아한다. 겸손한 것은 높은 이를 빛내고 낮은 이도 넘치지 않으니 군자의 끝마침이다."라고 했다.

世間無一件可驕人之事 才藝不足驕人 德行是我性分事 不到堯舜周孔 便是欠缺[1] 欠缺便自可恥 如何驕得人

※

1 欠缺(흠결): 모자람. 곧 부족한 것.

7. 재기 있는 학문은 우려할 일이다

재능도 없고 학문도 없는 것은 선비로서 부끄러워할 일이다. 그렇지만 재능도 있고 학문도 있다는 것은 기뻐하기보다 오히려 선비로서 우려할 바이다. 대체로 재능이나 학문이라는 것은 그것을 갖는 것이 어렵지는 않겠지만 그것을 적당히 제어하기는 어려운 것이다.

군자는 재능과 학문을 귀하게 여겨서 자신의 덕성德性을 성취시키기 위한 것이요, 자기의 장점長點을 남에게 자랑해 보이기 위한 것은 아니다. 그것으로 인하여 세상을 구제하기 위한 것이요, 남에게 자랑하기 위한 것은 아니다.

그러므로 재능이나 학문이란 칼에 견주어 말할 수 있다. 당연히 쓸 때에는 쓰는 것이요, 쓰지 않을 때에는 칼집에 간직하여 마구 휘두르면서 자랑하지 않는다. 그것은 재능과 학문을 참되게 쓰는 방법이라 할 것이다. 그렇지 않으면 그것은 결국 자기에게 재앙을 가져다주는 것이 되지 않음이 적었다.

예로부터 열 사람이면 열 사람 백 사람이면 백 사람이 재능과 학문을 자랑함으로 해서, 한 사람도 운 좋게 재앙을 모면한 사람이 없었던 것이다. 그런 까닭으로 재능도 있고 학문도 있다는 것은 우려하지 않을 수 없는 것이다.

無才無學 士之羞也 有才有學 士之憂也 夫才學非有之難 而降伏¹之難
君子貴才學 以成身也 非以矜己也 以濟世也 非以夸人也 故才學如劍
當可試之時一試 不則藏諸室² 無以衒弄³ 不然 鮮不爲身禍者 自古 十人

而十 百人而百 無一倖⁴免 可不憂哉

※

1 降伏(항복): 제어함. 억제함.

2 室(실): 칼집.

3 衒弄(현롱): 보여 자랑함.

4 倖(행): 요행僥倖. 우연한 행운.

8. 가다 중지하면 안 된다

도학道學이 세상에서 실행되지 않는 것은 자신의 발부리가 우두커니 서서 가지 않는 것이다.

어떤 이는 앞장서서 그것을 부르짖어도 아무도 화답하지 않으면 혼자만의 씨름이 되고 만다. 어떤 이는 그것을 좇아 지켜도 많은 사람이 옆에서 훼방을 놓는다면 뜻이 의혹되게 된다. 어떤 이는 그것을 실행하더라도 성과가 없으면 의기가 저하된다. 어떤 이는 습속習俗에 압도壓倒되면 생각이 혼동되게 된다. 이와 같이 도리를 추구하는 학문에는 가지가지의 장애障碍가 뒤따른다.

그러므로 한 몸을 던져 스스로 뿌리를 뽑고자 한다면 모름지기 만 사람이 대적할 수 없는 용기와 죽은 뒤에야 그만둔다는 각오가 있어야 한다. 그렇지 않으면 하루 종일 몇몇 사람이 찾아와 모여 담론하고 입술이 마르고 혀가 조각이 나도록 논의를 거듭 하더라도 무슨 일을 성취하겠는가?

◉『중용』에 공자孔子가 이르기를 "군자(君子: 보통사람)들이 도道를 좇아

행하다가 길을 절반쯤 가다 그만두나니, 나는 능히 그치지 않는다."라고
했다.

　곧 우물을 파는 사람은 우물물이 나올 때까지 파야지 그만두면 우물물을
얻을 수 없는 것을 말한 것이다.

道學不行 只爲自家根脚站立不往 或倡¹而不和則勢孤 或守而衆撓²則
志惑 或爲而不成則氣沮 或奪於風俗則念雜 要挺身自拔 須是有萬夫莫
當之勇 死而後已之心 不然 終日三五聚談 焦唇敝舌 成得甚事³

※

1 倡(창): 주창主唱함. 창도唱導함. 앞장서서 부르짖음.

2 撓(요): 휘다. 구부러짐. 옆에서 훼방을 놓다.

3 甚事(심사): 어떠한 일. 하사何事와 같은 뜻.

제 6 장

국가 공복 公僕 의 의무

관리와 관리들의
교제를 금하는 것은 아니다.
교제를 핑계 삼아
뇌물賂物이 오고 가는 것을 막을 뿐이다.
아무 연고 없이 교제하고
아무 까닭 없이 예물을 보내고
상식에 벗어나는 예물을 보내는 따위는
뇌물에 해당한다.
그것을 엄하게 금할 따름이다.

1. 사업에는 준비가 중요하다

한가한 여유가 있을 때에는 마음을 집중시키는 것이 이루어지지 않는
다. 허둥지둥할 때에는 일이 너무 급하게 되어 손을 쓸 여가를 얻지
못한다. 무슨 일이나 거칠고 난잡할 때는 반감이 일어서 일의 성공과
실패에 맡겨 버리고는 혹은 후회하기도 하고 혹은 안 하기도 한다.
그렇게 한 가지 일이 지나가도 여전히 먼저와 조금도 다름이 없다.
　세상에는 백 사람이면 백 사람이 다 이런 인간들이다. 『중용』에
"범사예즉입(凡事豫則立: 모든 일은 미리 계획을 정하면 성공한다)"이라는
말이 있는데, 이 다섯 글자를 잘 이해하고 명심하지 않으면 안 된다.

◉ 『중용』의 제20장에 "모든 일이 미리 정해져 있으면 성공하지만 계획이
정해지지 않았으면 실패한다. 말이 이미 정해져 있으면 실천된다. 일이
이미 정해져 있으면 곤궁하지 않다. 행동이 이미 정해져 있으면 꺼림칙한
것이 없다. 도道가 이미 정해져 있으면 궁해지지 않는다."라고 했다.

間暇時 留心不成 倉卒時¹ 措手²不得 胡亂支吾³ 任其成敗 或悔或不悔
事過後 依然如昨 世之人 如此者百人而百也 凡事豫則立⁴ 此五字極當
理會

※

1 倉卒時(창졸시): 허둥지둥할 때. 부산할 때.
2 措手(조수): 수단을 강구함. 곧 손쓸 겨를을 뜻함.

3 支吾(지오): 버티다. 반항하다.
4 凡事豫則立(범사예즉립): 『중용』 제20장에 나오는 말로 모든 일은 미리
  준비해 두면 잘 된다는 뜻.

2. 선을 권장하는 여섯 가지 교훈

남에게 선을 권장하기 위해서는 그 사람의 인품이 어떠한가를 먼저
알지 않으면 안 된다. 그래서 그 사람이 선을 권장할 만한 인물이라
하더라도 이쪽에서 먼저 선을 신장하여 그 사람의 결함을 보충해 줄
만한 방법을 충분히 강구한 뒤에 권장해야 한다.

첫째, 상대가 싫어하는 것을 똑바로 지적해서는 안 된다.

둘째, 상대의 결함을 골고루 들추어서는 안 된다.

셋째, 다른 사람과 비교해서는 안 된다.

넷째, 지나치게 엄격해서는 안 된다.

다섯째, 두고두고 번거롭게 해서는 안 된다.

여섯째, 같은 것을 되풀이해 말해서는 안 된다.

이상의 여섯 가지의 경계를 지키지 않으면 아무리 충고하더라도
잘하는 방법이 아니다.

상대가 이쪽 말을 들어 주지 않는 것은 나에게도 과실이 있는 것이다.
나에게 과실이 있다면 무엇으로 남의 잘못을 탓하겠는가?

責善要看其人何如 其人可責以善 又當自盡長善捄失[1]之道 無指摘其
所忌 無盡數其所失 無對[2]人 無峭直[3] 無長言 無累言 犯此六戒 雖忠告非

善道⁴矣 其不見聽 我亦且有過焉 何以責人

⁂

1 長善捄失(장선구실): 선을 기르고 실失을 구함. 『예기禮記』 학기편學記篇에
  는 "장선이구기실자야長善而捄其失者也"로 되어 있다.

2 對(대): 대비對比의 뜻.

3 峭直(초직): 엄격한 모양.

4 雖忠告非善道(수충고비선도): 비록 충고하더라도 좋은 방법이 아님. 『논어』
  안연편顏淵篇에는 "충고이선도지忠告而善道之"로 되어 있다.

3. 남을 책망할 때는 지나치지 않아야 한다

사람의 정情이란 언제 어디서나 변함이 없는 것이다. 다만 성인은
그것이 제멋대로 흐르는 것을 막기 위해 일부러 중中이라는 기준을
세워 행동의 목표로 삼는 것이다.

　그러므로 법률을 제정할 경우에는 너무 잔혹하거나 박정하게 하지
않는 것이다. 예의를 제정할 경우에는 너무 엄격하게 아니하는 것이다.
남을 책망할 때는 너무 지나치게 하지 않는 것이다. 그렇게 한 연후에
함께 도道로 돌아갈 수 있는 것이다. 그렇지 않으면 이는 상대를 내몰아
도를 배반하게 하는 결과가 된다.

人情天下古今所同 聖人防其肆 特爲之立中¹以的²之 故立法不可太激
制禮不可太嚴 責人不可太盡 然後可以同歸於道 不然是驅之使畔也

⁂

1 中(중): 지나침이나 부족한 것이 없는 기준.

2 的(적): 목표. 과녁.

4. 사람의 지혜로 미치지 못하는 것

자신이 지혜로운 자라고 생각하면 할수록 남은 점점 우자愚者로 보이고, 자신이 꾀 많은 자라고 생각하면 할수록 남은 점점 용렬한 자로 보인다. 왜냐하면 자신과 남과의 격차가 멀어지면 멀어질수록 그만큼 상대를 책망하는 것도 심해지기 때문이다.

　다만 도리를 체득體得한 사람은 지혜로써 남의 어리석음을 헤아려 살피고, 재주로써 남의 용렬庸劣함을 용납할 수 있다. 인간의 능력에는 남에게 미치지 못하는 것이 있어 각각 할 수 있는 것과 할 수 없는 것이 있다는 것을 알고 있기 때문이다.

我益智 人益愚 我益巧 人益拙 何者 相去之遠 而相責之深也 惟有道者 智能諒人之愚 巧能容人之拙 知分量[1]不相及 而人各有能不能也

　　　　　　　　　　　　　　※

1 分量(분량): 타고난 재능의 분량.

5. 관리와 관리의 교체는…

어떤 사람이 물었다.

　"관리가 서로 교제하는 것은 예禮에 합당한 것입니까?"

　나는 다음과 같이 대답했다.

"합당하다. 옛날에 이웃 나라끼리 사이좋게 교제하는 데에는 향례享禮나 사적私覿 같은 예가 있었다. 또한 사대부士大夫가 서로 만날 때에는 각각 예물을 지참했다. 향촌鄕村에 있어서의 교제도 그러했고, 부인끼리의 교제에도 그러했다. 그러므로 교제는 막는 것이 아니다."

그는 또 물었다.

"근자에 교제를 엄하게 막는 것은 무슨 까닭입니까?"

나는 다음과 같이 말했다.

"교제를 금하는 것이 아니다. 교제를 핑계 삼아 뇌물賂物이 오고가는 것을 막는 것이다. 아무 연고도 없이 교제하고, 아무 까닭도 없이 예물을 보내고, 상식에 벗어나는 예물을 보내는 따위는 뇌물에 해당한다. 그것은 엄하게 금할 일이다. 설사 금지되지 않는다 하더라도 군자는 그것을 받지 않는다.

그러나 만약 일찍부터 지기知己로서 육친肉親과 같은 친한 사이의 사람이 여러 해 만에 찾아왔건만 그가 가는 것을 만류하여 식사를 대접하지 않는다면, 그것이 인정에 합당한 것일까? 천 리 머나먼 길을 무릅쓰고 찾아왔건만 간단하게 인사나 나누고 돌려보낸다면 그것이 인정에 합당한 것일까? 저쪽에서 예물을 보내왔을 때 이쪽에서 답례를 하는 것은 어느 경우나 안 할래야 안 할 수 없는 천리天理요, 인정인 것이다.

군자가 몸을 세워 자기의 신념을 행하는 데에는 본래부터 법으로 정해진 바가 있는 것이다. 교제를 끊고 세상을 피하는 것은 인정으로 납득되지 않는 것이다.

내 생각으로는 정치에 참여하는 자는 공평을 지니는 것이 중요한 것이요, 한결같이 처리하는 것은 옳지 않다. 공평을 지니면 절도節度가 생기는 것으로써 그것이 한결같으면 어떻게도 할 수 없게 된다. 왜냐하면 일이 되어가는 데에는 억지로 되는 것이 아니기 때문이다."

或問 士大夫交際禮與 曰禮也 古者睦隣國有享禮[1] 有私覿[2] 士大夫相見 各有所贄[3] 鄕黨亦然 婦人亦然 何可廢也 曰近者嚴禁之何也 曰非禁交 際 禁以交際行賄賂者也 夫無緣而交[4] 無處而餽[5] 其餽也過情 謂之賄可 也 豈惟嚴禁 卽不禁君子不受焉 乃若宿在交知 情猶骨肉 數年不見 一飯不相留 人情乎 數千里來 一揖而告別 人情乎 則彼有餽遺[6] 我有贈 送 皆天理人情之不可已者也 士君子立身行己 自有法度 絶人逃世 情 所不安 余謂 秉大政者 貴持平[7]不貴一切[8] 持平則有節 一切則愈潰 何者 勢不能也

※

1 享禮(향례): 초빙招聘의 예가 끝나고 나서 물건을 바치는 예.
2 私覿(사적): 관리가 개인의 자격으로 동료를 만나는 일. 또는 군주를 알현謁見하는 일.
3 贄(지): 처음으로 만날 때 지참하는 물건.
4 無緣而交(무연이교): 아무런 인연도 없이 교제함.
5 無處而餽(무처이궤): 아무런 까닭도 없이 예물을 보냄.
6 餽遺(궤유): 예물을 보냄.
7 平(평): 공평公平.
8 一切(일체): 모든 일을 한결같이 처리함.

6. 무엇을 한다고 장담하지 않는 것이다

성심成心이라는 것은 그의 뜻에 확고하게 이루어져 이미 그렇게 되어 있는 마음이라는 것이다. 성인聖人의 가슴속은 밝고도 환하며 깨끗하고 텅 비어 있어서 이미 그렇게 되어 있는 상념想念 같은 것은 없는 것이다. 그러므로 공자孔子께서 이르기를 "사사로운 뜻을 갖지 않았고, 무슨 일을 꼭 하겠다고 정하지 않았고, 무엇을 고집하지 않았고, 자신만의 일을 생각함이 없다. 절사絶四를 지켰다."라고 한 것이다.

　오늘날의 사람들은 사물을 주재하여 대응對應하고 처리하는 것을 모두 성심成心이 된 상태에서 하고 있다. 이러한 것은 비록 아무리 총명한 것으로 사물을 통찰한다 하더라도 결국 한 사람의 자기 사견私見에 막혀 있을 뿐이다.

成心者見成[1]之心也 聖人胸中 洞然[2]淸虛 無箇見成念頭 故曰絶四[3] 今人應事宰物[4] 都是成心 縱使聰明照得破畢竟是意見障[5]

※

1 見成(현성) : 이미 되어 있는 것. 기성물既成物. 현성現成과 같음.
2 洞然(통연) : 환하게 트여 아무것도 없는 모양.
3 絶四(절사) : "자절사子絶四 무의무필무고무아毋意毋必毋固毋我"라고 『논어』 자한편子罕篇에 나오는 말.
4 宰物(재물) : 물건을 주재함. 처리함.
5 意見障(의견장) : 개인적인 의견이 장애障碍가 된다.

7. 국가의 일은 편견偏見없는 자가 해야…

군자君子와 소인小人이 함께 일을 처리하게 된다면 반드시 실패하게
된다. 반면 군자와 군자가 함께 일을 하게 된다고 해도 역시 잘된다고는
할 수 없다. 왜냐하면 두 사람의 의견이 일치하지 않을 수 있기 때문이다.

이제 인의예지신仁義禮智信의 오덕五德을 나누어 가진 인仁이라는
자와 의義라는 자와 예禮라는 자와 지智라는 자와 신信이라는 자의
다섯 사람이 있어 무엇인가를 함께 처리한다고 할 때 다섯 사람이
협조하면 무엇이라도 잘될 것이다.

그러나 다섯 사람이 제각기 자기를 주장한다면 이것도 저것도 잘되는
일이 없다. 인자仁者는 관대寬大할 것이고, 의자義者는 엄격할 것이고,
지자智者는 교묘巧妙할 것이고, 신자信者는 성실할 것이고, 예자禮者는
미려美麗할 것이다. 그렇게 그들의 생각이 서로 다르기 때문에 무슨
일이나 잘될 리가 없다. 그것은 다른 까닭이 없다. 자기가 옳다는 생각이
강하고 서로 대립하는 형세가 균등均等하기 때문이다.

역사상의 사건들을 차례대로 살펴보아도 언제나 자기 의견을 내세워
서로 겨루는 자가 있어, 끝내 나라를 멸망의 길로 이끌고 사회의 혼란을
야기惹起시키고도 반성하지 않는다. 이러한 사실을 볼 때 국정國政에
참여하는 군자의 책임은 중대하다고 하지 않을 수 없다.

그러면 어떻게 해야 할 것인가. 군자와 군자의 세력이 서로 맞먹어서
는 안 된다. 세력이 맞먹으면 서로 굽히려 하지 않는다. 세력이 맞먹으면
주저 없이 자기 뜻대로 밀고 나가 실행한다. 그렇게 되면 국정은 어지러
워질 뿐이다. 대군大軍을 통솔統率함에 있어, 병사兵士가 계략計略을

세워 장교에게 상신上申하고 장교가 그것을 참고로 작전을 짜고, 대장大
將이 그것을 종합하여 결단을 내리면, 의견과 의견의 충돌을 걱정할
필요는 없다. 이렇게 본다면 천하의 대사를 잘 운영하기 위해서는
의리와 인정에 통달한 사람이 권좌權座를 담당해야 할 것이다.

君子與小人共事必敗 君子與君子共事 亦未必無敗 何者 意見不同也
今有仁者義者禮者智者信者五人焉[1] 而共一事 五相濟[2]則事無不成 五
有主則事無不敗 仁者欲寬 義者欲嚴 智者欲巧 信者欲實 禮者欲文
事胡以成 此無他 自是之心勝 而相持[3]之勢均也 歷觀往事 每有以意見
相爭 至亡人國家 釀成禍變而不顧 君子之罪大矣哉 然則何如 曰 勢不
可均 勢均則不相下 勢均則無忌憚而行其胸臆[4] 三軍之事 卒伍獻計 偏
裨[5]謀事 主將斷一 何意見之敢爭 然則 善天下之事 亦在乎通者[6]當權而已

※

1 今有仁者義者禮者智者信者五人焉(금유인자의자예자지자신자오인언):
　이제 인仁이라는 자와 의義라는 자와 예禮라는 자와 지智라는 자와 신信이라는
　자의 다섯 사람이 있음. 인仁·의義·예禮·지智·신信의 오덕五德은 원래 한
　마음으로서 일원적一元的으로 체득體得해야 할 것이지만, 이제 그것을 다섯
　사람이 나누어 가진 것으로 상정想定하여 이렇게 부른 것임.

2 相濟(상제): 서로 도움.

3 相持(상지): 서로 대치對峙함. 서로 맞서서 버팀.

4 行其胸臆(행기흉억): 가슴속에 마음먹은 대로 행동함.

5 偏裨(편비): 대장을 돕는 장교將校.

6 通者(통자): 편협한 것에 사로잡히지 않고 널리 의리와 인정에 통달한
　사람.

8. 마음에는 여유가 있어야 한다

결단력決斷力이 풍부한 사람은 바쁜 것같이 보이지만 마음속에는 언제나 여유가 있다.

우물쭈물하는 사람은 여유가 있는 것처럼 보이지만 마음속에는 언제나 서려 있는 것이 있다.

군자가 일에 응하고 사물을 접할 때에는 언제나 마음속에 여유롭고 한가한 때의 편리하고 좋은 상태를 가진다.

만약 응대할 때에는 피로하여 어지러워지고 응대하지 않을 때는 대수롭지 않은 일에도 마음을 쓰게 된다면 그것은 걱정거리를 만드는 것이다.

果決¹人似忙 心中常有餘閒 因循人似閒 心中常有餘累² 君子應事接物 常贏³得心中有從容閒暇時便好 若應酬時勞擾⁴ 不應酬時牽挂⁵ 極是喫累的

※

1 果決(과결) : 과단果斷. 결단성이 풍부한 것.
2 餘累(여루) : 서려 있는 것.
3 贏(영) : 손에 넣음. 제 것으로 함.
4 勞擾(노요) : 넉넉한 것.
5 牽挂(견괘) : 마음에 걸림. 마음이 쓰임.

9. 당연히 해야 할 일이란

일에는 당연히 해야 할 면과, 자연 그대로 좋은 면과, 우연히 그렇게 되는 면이 있다. 군자는 그 당연한 의무에 전력을 다 기울이고, 그런 뒤에 그 자연에 맡기고, 그러고는 우연의 성과成果에 미혹迷惑되는 일이 없다.

그런데 소인小人은 우연의 성과에 구애拘礙되고, 자연을 배반하고, 그리고 당연한 의무를 버리고 돌보지 않는다.

아아! 우연이란 것은 기대할 것이 못 되건만 그 우연에 사로잡혀 당연한 의무마저 잃는다는 것은 슬퍼할 일이다.

有當然[1] 有自然[2] 有偶然 君子盡其當然 聽其自然 而不惑於偶然 小人泥 於偶然 拂其自然 而棄其當然 噫 偶然不可得 幷其當然者失之 可哀也

※

1 當然(당연): 인간으로서 마땅히 해야 할 책무責務.
2 自然(자연): 인위人爲를 끊은 저절로 되는 움직임.

10. 자신의 편견을 없애야 한다

시골에 살면서 수십 리 안팎의 견문에만 얽매어 그 편협한 식견識見을 고집스럽게 지키며 살아간다. 온갖 비판이나 공격에도 자신의 편협한 식견을 무너뜨리지 않는다. 그런 사람이 대도시에 와 유학함에 이르러 천 리 사방의 일을 보면 사정이 완전히 다른 데에 놀라 무엇이 무엇인지 알 수 없게 되어 버린다.

　지금의 세상에 살면서 천만 인의 견문見聞에만 얽매어 그 편협한 식견을 고집스럽게 지키며 살아간다. 온갖 비판이나 공격에도 자신의 편협한 식견을 무너뜨리지 않는다. 그런 사람이 삼황三皇이나 오제五帝의 고전古典을 읽는 데 이르러 천만년에 걸친 사실史實을 보고나면 사정이 완전히 다른 데에 놀라 무엇이 무엇인지 알 수 없게 되어 버린다.

　이런 까닭으로 얽매인 견문見聞에 익숙해 버려서는 안 된다. 한 군데 익숙해지면 견문이 좁아진다. 견문이 좁아지면 천하의 일을 개선할 수 없게 된다.

居鄉而囿^{1}於數十里之見 硜硜然^{2}守之也 百攻不破 及游大都 見千里之事 茫然自失矣 居今而囿於千萬人之見 硜硜然守之也 百攻不破 及觀墳典^3 見千萬年之事 茫然自失矣 是故囿見不可狃 狃則狹 狹則不足以善天下之事

※

1 囿(유): 구속됨. 한정됨.

2 硜硜然(갱갱연): 융통성이 없는 모양. 주변머리 없는 노인의 모양.

3 墳典(분전): 삼분오전三墳五典. 삼분三墳은 삼황三皇의 글. 오전五典은 오제五帝의 글. 곧 중국 고대의 서적.

11. 세상 사람의 바람을 무시하지 말라

성현聖賢이 천하의 사물을 처리함에 있어서는 직선적直線的이고도 단락적短絡的으로 처리하지 않는다. 현실의 우여곡절紆餘曲折에 따르듯이 운영하여 경솔하게 자신이 좋아하는 대로 해서 세상 사람들의 바람을 무시하거나 세상 사람들과의 약속을 깨뜨리는 따위의 일은 하지 않는다.

그러므로 도道를 실행한다 해도 일직선一直線으로 행해지지 않는 일이 있고, 일을 처리함에 있어서도 과단성 있게 해치울 수 없는 경우가 있다.

이럴 때에는 아무래도 직선적으로, 그리고 단락적으로는 도저히 되지 않는 것이다. 이것을 길을 걷는 일에 비유하여 말한다면 길이 굽었으면 굽은 대로, 멀면 먼 대로 걸어서 길이 생긴 그대로를 따르는 것이다.

급한 나머지 자기 형편에 맞추어 길이 아닌 아무데로나 함부로 걷지는 않는다. 그런 짓은 오래 계속할 수 없기 때문이다.

만일 억지로 빨리 가겠다고 하여 똑바르게 가고자 해서 북경北京과 남경南京 사이의 길에 먹줄을 쳐 그 사이에 있는 성벽城壁을 헐고 촌락村落을 철거시키고 강을 메우고 산을 헐어내고 한다면, 결국 지금보다는 훨씬 가까워질 것이다. 그러나 그러한 일은 인정으로 보아서나 지형으로 보아서도 불가능한 일인 것이다. 이 때문에 사물을 처리함에 있어서는 겸손한 자세로 착수해야 할 것이다. 학문에 뜻을 둔 자가 사물을 응대할 때 생각한 것을 곧바로 행동에 옮길 수만은 없는 것이다.

聖賢處天下事 委曲紆徐[1] 不輕徇一己之情 以違天下之欲 以破天下之
防 是故道有不當直 事有不必果[2]者 此類是也 譬之行道然 循曲從遠
順其成迹[3] 而不敢以欲速適己之便者 勢不可也 若必欲簡捷直遂 則兩
京[4]程途 正以繩墨[5] 破城除邑 塞河夷山 終有數百里之近矣 而人情事勢
不可也 是以處事要遜以出之[6] 而學者接物 怕徑情直行[7]

※

1 委曲紆徐(위곡우서): 돌고 휘고 구부러짐. 우여곡절紆餘曲折.

2 果(과): 딱 잘라서 결단決斷함. 과단果斷.

3 成迹(성적): 이루어진 길.

4 兩京(양경): 중국의 북경北京과 남경南京.

5 繩墨(승묵): 목수가 똑바르게 나무를 깎기 위해 쓰는 먹줄.

6 遜以出之(손이출지): 겸손하여 그것으로써 그것을 냄. 겸손한 자세로 착수
함. 『논어』 위령공편衛靈公篇에 나오는 말.

7 徑情直行(경정직행): 감정에 의해 일을 처리함. 생각한 것을 곧바로 행동에
옮김. 직정경행直情經行.

12. 관리의 업무 세 가지란

관리의 생활에는 사람을 접대하는 데 쓰이는 불필요한 공부가 팔할(八
割: 80%)이나 차지한다. 무엇이든 정력적으로 시간을 살피고 바르게
닦아 직업을 다스리게 함이 있어야 한다. 나는 일찍부터 스스로 기뻐하
여 세 가지의 편의에 따라 인도하는 방법을 실행했다. 그것은 서로에
매우 유익한 일이다.

첫째는 사람을 찾아뵙거나 면회를 하지 않는 일이다. 그렇게 해서

응대應待하는 피로를 덜게 한다.

둘째는 급하지 않은 편지를 쓰지 않는 일이다. 그렇게 해서 상대방이 답장을 쓰는 괴로움을 덜게 한다.

셋째는 남이 마음을 쓰는 일을 요청하지 않는 것이다. 그렇게 해서 상대방이 별도로 구분하여 처리하다가 진퇴進退의 처지에 빠지는 괴로움을 덜게 한다.

仕途上 只應酬[1]無益人事工夫[2]占了八分 更有甚精力時候修正經職業 我嘗自喜行三種方便 甚於彼我有益 不面謁人 省其疲於應接 不輕寄書 省其困於裁答[3] 不乞求人看顧[4] 省其難於區處[5]

※

1 應酬(응수): 응하여 수작함. 응수應酬. 응대應待.
2 工夫(공부): 배운 것을 연습하는 것.
3 裁答(재답): 편지의 답장.
4 看顧(간고): 마음을 씀.
5 區處(구처): 별도로 구분하여 처리하는 일

13. 비난과 칭찬에 좌우되지 말라

세상 사람들이 남을 비난하고 칭찬하고 함에 대처하는 데에는 지식도 있고 도량度量도 있어야 한다.

오늘날 학문에 뜻을 둔 자 중에는 향상심向上心이 있는 자도 상당히 있지만 세상 사람들이 칭찬하는 것을 보면 그쪽으로 달려가고 세상 사람들이 비방하는 것을 보면 그것을 피한다. 이는 전혀 지식이 확립되어 있지 않기 때문이다. 자신을 칭찬하는 말을 들으면 기뻐하고, 자신을 비방하는 말을 들으면 성낸다. 이는 전혀 도량이 넓지 않기 때문이다.

　진실한 선善이나 악惡은 자신에게 있는 것이다. 자신을 비방하고 칭찬하는 것은 외부에서부터 오는 것으로써 자신의 본질과는 아무런 관계도 없는 것이다.

處毀譽[1] 要有識有量 今之學者 儘有向上底[2] 見世所譽而趨之 見世所毀而避之 只是識不定 聞譽我而喜 聞毀我而怒 只是量不廣 眞善惡在我 毀譽於我無分毫相干[3]

※

1 毀譽(훼예) : 비방하고 칭찬하는 일. 곧 비난이나 명예.
2 向上底(향상저) : 향상하고자 하는 뜻을 가지는 것.
3 無分毫相干(무분호상간) : 전혀 관계가 없음.

14. 할 말은 꼭 해야 한다

평소에 입을 열면 본심을 송두리째 드러내고자 할 뿐이요, 할 말을 삼키거나 하지 아니할 말을 토해내거나 하는 따위의 짓은 하지 않았다.
　어떤 사람이 충고해 주었다.
　"그것은 『서경』에서의 어렵게 여기고 삼가야 한다는 뜻이 아닐까 두렵습니다."
　나는 깜짝 놀라 깨닫고 사례해 말했다.

"공公께서 말씀하시는 것은 지극히 당연하십니다. 다만 어렵게 여기고 삼가야 한다는 것은 아직 말을 하기 전에 있는 일입니다. 마음속에서 바른 판단이라는 것을 선택하고 겨우 그것을 입 밖에 낼 때에는 다시는 의심하지 않습니다. 무엇 때문에 할 말을 삼키거나 하지 아니할 말을 토해내는 일이 있겠습니까? 할 말을 삼키거나 하지 않아야 할 말을 토해내는 사람은 반신반의半信半疑하여 참마음을 연다는 개성심開誠心의 세 글자에 구애되는 것과 같은 것입니다."

某平生只欲開口見心¹ 不解²作 呑吐³語 或曰 恐非其難其愼⁴之義 予矍然⁵驚謝曰 公言甚是 但其難其愼在未言之前 心中擇箇是字⁶ 纔脫口⁷更不復疑 何呑吐之有 呑吐者半明半暗 似於開誠心三字碍

※

1 見心(현심): 본심을 송두리째 드러내 보임.

2 解(해): 능能과 같음.

3 呑吐(탄토): 삼키고 뱉다. 본심을 있는 대로 드러내지 않고 말끝을 흐림.

4 其難其愼(기난기신): 어렵게 신중하게. 『서경』 함유일덕편咸有一德篇에 나오는 말.

5 矍然(확연): 깜짝 놀라는 모양.

6 擇箇是字(택개시자): 바르다는 판단을 내림.

7 脫口(탈구): 입에서 나옴.

15. 마음대로 되는 일은 없는 것이다

세상의 어느 한 곳에 처하더라도 마음먹은 대로 되는 곳은 없고, 어느 하루라도 마음먹은 대로 되는 날은 없다.

다만 도량이 탁 트여 너그럽고 넓은 사람은 무엇이라도 받아들여 즐길 수 있는 것이다. 저 도량이 편협하고 얕은 사람들은 헛되이 고민하고 후회할 뿐이다.

世間無一處無拂意事 無一日無拂意事 惟度量寬弘 有受用[1]處 彼局量褊淺者 空自懊恨[2]耳

※

1 受用(수용) : 받아 쓰다.
2 懊恨(오한) : 고민하고 한을 품음.

16. 모든 일은 사전事前에 점검해야 한다

나에게는 사물에 대응對應할 때 하나의 큰 결점이 있다. 언제나 일을 실행하기 전에는 적당히 해 두고는 일을 마친 뒤에 점검한다. 점검한 뒤에는 그때마다 후회한다. 그리고 한가할 때에는 게으름을 피우다가 바빠지면 조급해 하고, 조급해진 뒤에는 그때마다 착오가 있게 된다.

어떤 사람이 이렇게 충고해 주었다.

"이것은 앞뒤의 순서가 잘못된 것이다. 실행하고 나서 살필 것이 아니라 점검하는 마음을 실행하기 전에 갖는다면 점검하는 수고를

202

덜게 되고 또 후회하는 수고도 덜게 된다. 조급해 하는 마음을 한가할 때와 같이 갖는다면 착오를 일으키는 수고를 덜게 되고 또 억지로 당기는 수고도 덜게 된다.

대체로 우리들은 사물이 마음을 번거롭게 하는 것이 아니라 이 마음이 마음을 번거롭게 하는 것이다. 한번 삼가는 것도 능하지 못하면서 쓸데없는 곳에 삼가는 것을 삼가고 있다. 한번 부지런히 하는 것도 능하지 못하면서 쓸데없는 부지런한 것에 부지런만을 떨고 있다. 이에 마음은 점점 괴로워지고 일에는 도리어 자상하지 못하게 된다. 그것은 도리에 어둡고 나약한 것이다."

나는 이 글을 써서 스스로를 꾸짖는다.

某應酬時 有一大病痛 每於事前疎忽[1] 事後點檢 點檢後輒悔吝 閒時[2]慵懶[3] 忙時迫急 迫急後輒差錯[4] 或曰 此失先後着耳 肯把[5]點檢心放在[6]事前 省得點檢 又省得悔吝 肯把急迫心放在閒時 省得差錯 又省得牽掛 大率我輩不是事累心 乃是心累心 一謹之不能而謹無益之謹 一勤之不能 而勤無及之勤[7] 於此心倍苦 而於事反不詳焉 昏懦[8]甚矣 書此以自讓

※

1 疎忽(소홀): 침착하지 않음. 경솔함.
2 閒時(한시): 한가할 때. 틈 있을 때.
3 慵懶(용라): 게으름을 피움.
4 差錯(차착): 잘못함. 실패함.
5 把(파): 목적격을 나타내는 어조사.
6 放在(방재): 방放을 둔다는 뜻.

7 勤無及之勤(근무급지근): 쓸데없는 곳에 부지런히 힘쓰는 일.

8 昏懦(혼유): 도리에 어둡고 나약한 것.

17. "예, 예" 하고 따른다고 인정하는 것은 아니다

사람이 "예, 예" 하고 따른다 하여 그것이 반드시 자기를 인정해주는 것이라고 생각해서는 안 된다.

사람이 입을 다물고 묵묵히 따른다 하여 그것이 반드시 자기를 공경하여 복종하는 것이라고 생각해서는 안 된다.

사람이 은혜를 베풀어 준다 하여 그것이 반드시 자기를 생각해주는 것이라고 생각해서는 안 된다.

사람이 자기에게 겸손하고 겸손하다 하여 그것이 반드시 자기에게 공경하는 뜻을 표하는 것이라고 생각해서는 안 된다.

◉ 감추어진 사람의 마음을 알 수 없는 것을 나타낸 것이다. 군자는 겉과 속이 바르지만 소인은 겉과 속이 다르다. 사람을 살피는 데 유의할 점이다.

無謂人唯唯¹遂以爲是我也 無謂人默默遂以爲服我也 無謂人煦煦²遂以爲愛我也 無謂人卑卑³遂以爲恭我也

※

1 唯唯(유유): "예, 예" 하고 따름.

2 煦煦(후후): 은혜를 베푸는 모양.

3 卑卑(비비): 몸을 굽히는 모양. 겸손해하는 모양.

18. 잘못되면 두 번 어그러진다

속담에 이르기를 "한 번 어긋나면 두 번도 어그러진다."라는 말이 있는데
가장 깨닫기 좋은 말이다. 대저 한 번 어긋난 것은 반드시 두 번째도
어그러지는 것이다.

대개 일이 어긋나게 되면 반드시 뉘우치고 부끄러워함이 있게 된다.
뉘우치고 부끄러워하게 되면 마음이 뉘우치는데 엉켜서 다른 생각을
할 여유가 없게 되고 또 한 가지 일이 어그러지게 된다. 이 때문에
무심無心에서 한 번은 어그러지고 다음은 마음을 두어서 두 번째가
어그러지는 것이다.

또 예절로 맞이하여 접대함에 있어 가장 많이 이러한 무례한 일을
잘 저지른다.

진실로 잘못한 곳이 있으면 다시 마음을 진정시키는 것이 마땅하다.
허둥대지 말아야 한다. 한번 허둥거리게 되면 계속해서 실수가 거듭되
어 끝이 없게 된다.

語云 一錯二誤 最好理會[1] 凡一錯者必二誤 蓋錯必悔怍[2] 悔怍則心凝於
所悔 不暇他思 又錯一事 是以無心成一錯 有心成二誤也 禮節應對間
最多此失 苟有錯處 更宜鎭定 不可忙亂[3] 一忙亂則相因而錯者 無窮矣

※

1 理會(이회): 깨달아 아는 것.
2 悔怍(회작): 뉘우쳐 부끄러워함.
3 忙亂(망란): 허둥거림. 이성을 잃음.

19. 충고는 함축성이 있어야 한다

남에게 충고를 할 때에는 함축성 있게 말하지 않으면 안 된다. 너무 철저하게 몰아 붙여서는 안 된다. 멀리 돌려 말하지 않으면 안 된다. 너무 솔직하게 말해서는 안 된다. 비슷한 말로 하지 않으면 안 된다. 너무 노골적이어서는 안 된다.

오늘날의 젊은이들은 자기 부형父兄에게 충고를 받고도 오히려 참지 못하는 일이 있거늘 하물며 남에게 충고를 받음에 있어서랴!

공자는 이르기를 "남에게 충실하게 고하고 좋은 방향으로 인도하는데 그것을 들어 주지 않으면 그만두어라."라고 했다. 이 말은 사람과 사람과의 교제를 중지시키는 것이 아니라 심신心身의 원기를 기르는 것이 되는 것이다.

責人要含蓄 忌太盡 要委婉[1] 忌太直 要疑似[2] 忌太眞 今子弟受父兄之責 也 尙有所不堪 而況他人乎 孔子曰 忠告而善道之 不可則止[3] 此語不止 全交 亦可養氣[4]

※

1 委婉(위완): 멀리 돌림. 완곡婉曲.
2 疑似(의사): 비슷한 정도.
3 忠告而善道之 不可則止(충고이선도지 불가즉지):『논어』안연편顏淵篇에 나오는 말로써 남에게 충고하고 잘 인도하되 듣지 않거든 그만두라는 뜻.
4 養氣(양기): 신체를 기름. 기氣는 신체身體의 뜻.

20. 비밀은 누설하지 않아야 한다

나는 젊었을 때 일찍이 비밀로 해 두어야 할 내용을 누설한 일이 있다.
돌아가신 아버지께서는 그것을 엄하게 꾸짖으셨다.

나는 말했다.

"이미 비밀을 누설한 상대에게 충분히 경계를 하여 아무에게도 말하
지 않도록 다짐을 두었습니다."

이에 아버지께서는 말씀하셨다.

"너는 네 입에서 새어 나오는 것도 막지 못하면서 남의 입에서 새어
나오는 것을 막을 수 있다고 생각하느냐. 또 남을 제지制止하는 일과
자기를 제지하는 일 중에서 어느 것이 더욱 어렵단 말이냐. 아들아!
앞으로 정신 차려라."

余少時曾洩當密之語 先君責之 對曰 已戒聞者 使勿洩矣 先君曰 子不
能必¹子之口 而能必人之口乎 且戒人與戒己孰難 小子愼之

※

1 必(필): 비밀이 새어 나가지 않도록 다짐을 둠.

21. 변화는 서서히 해야 한다

부임赴任한 고장에서 그 고장 풍속을 물어 만약 그것이 지나치게 큰
폐해弊害가 아니라면, 그 고장에 들어가서는 그 고장 풍속에 따르며
이의異議를 달지 않는다.

만약 그것이 도리道理에 어긋나는 일이라면 혹은 입 밖에 내지 말고 묵묵히 바꾸어 나간다. 혹은 아니면 간접적으로 돌려 말하여 서서히 사람들의 마음을 감동시켜 움직이도록 한다. 그렇게 하면 그 고장 사람들은 알지 못하는 사이에 이쪽의 형편으로 옮겨 올 것이다.

이와 같이 점진적인 방법을 취하지 않고, 가시 돋친 말씨로 안색을 엄숙하게 고쳐 자기의 주장이 옳고 그들은 틀렸다고 한다면 그것은 격동시키는 것이다. 그로 말미암아 자신이 재앙을 당하는 일은 어쩔 수 없는 일이지만 일껏 좋은 의도로써 하려고 하던 일을 완수하지 못하게 되는 것은 애처로운 일이다.

到一處問一處風俗 果不大害 相與循之 無與相忤 果於義有妨 或不言 而默默轉移 或婉言¹而徐徐感動² 彼將不覺而同歸於我矣 若疾言³厲 色⁴ 是己非人 是激也 自家取禍不惜 可惜好事做不成

※

1 婉言(완언) : 완곡婉曲하게 말함.
2 感動(감동) : 사람의 마음을 흔들어 움직이게 함.
3 疾言(질언) : 빠르게 말함. 가시 돋친 말을 함.
4 厲色(여색) : 얼굴빛을 험하게 함.

22. 반드시 관례에 얽매이지 않아도 된다

사업에서는 의義로써 일으킬 것이 있으면 지난날의 관례에 얽매여 반드시 지켜야 하는 것은 아니다. 독자적으로 판단할 일이 있으면

208

여러 사람의 의견을 묻고 바라보지 않아도 된다.

만약 종래의 관례도 타당하고 여러 사람들의 의견도 옳다면, 그것은 내 마음속의 도리道理를 저들이 모두 먼저 취한 것이 된다. 그러므로 그럴 때에는 종래의 관습에다 손질을 해야 할 필요가 없어진 것을 기뻐하고, 여러 사람들의 의견이 자신의 정당함을 증명해 준 것에 대해 기뻐할 뿐이다.

어찌 일부러 다른 의견을 생각해 내어 총명한 체해야 하겠는가! 이는 사람의 뒤를 잇게 된 자들이 마땅히 알아야 할 일이다.

事有可以義起者 不必泥守¹舊例 有可以獨斷者 不必觀望衆人 若舊例 當衆人是 莫非胸中道理 而彼先得之者也 方喜舊例免吾勞 方喜衆見 印²吾是 何可別生意見 以作聰明哉 此繼人之後者之所當知也

※

1 泥守(니수): 막아 지키다.
2 印(인): 증명함.

23. 지나간 사람의 과오는 묻어 두라

세상을 떠난 벗의 과오過誤를 세상 사람들 앞에 들추어내는 것은 제일 불인不仁한 짓이다. 그 사람이 살아 있을 때 그의 과오를 말했다면 그 과오를 고치기를 바란 것이다. 그 사람이 듣는 데 이르렀다면 오히려 능히 스스로 자백했을 것이거늘 죽어서 드러나게 했다면 대저 무엇을 위한 것인가? 비록 실제로 과오가 있었다고 하더라도 나는 벗의 명예를 위해 그것을 덮어 두어야 하는 것이다.

彰死友之過 此是第一不仁 生而告之也 望其能改 彼及聞之也 尙能自
白[1] 死而彰之 夫何爲者 雖實過也 吾爲掩之

＊

1 自白(자백): 스스로 참뜻을 말함.

24. 장관이 되었을 때의 사사로운 일

내가 관청에 근무할 때에는 성의 없는 자의 말 많은 것이 싫어서 매양 그것을 억제해 왔다. 대개 그의 끝없는 욕망과 분수에 넘치는 요구에 대하여 만약 상냥한 얼굴로 응대를 하면 그는 언제까지라도 달라붙어 간절하게 비는 것이 끝이 없었다. 귀찮아 견딜 수가 없었다. 또 엄격하게 거절하지 않으면 날마다의 응대는 끝날 날이 없었다.

그러던 중 관청의 장관長官으로 임명되었는데, 사람이 충분히 할 말을 다하지 않았을 때 그를 억제해서 의견을 다 말할 수 없게 하는 것도 최선의 방법은 아니라는 생각이 들었다. 그리하여 항상 두 가지 말을 관청에다 사사로이 써 붙였다.

"요약해서 하고 싶은 말이 있으면 모두 다 하라. 나는 그대에게 성내지 않을 것이고, 모두를 따르지는 않을 것이며, 감히 경솔하게 따르지도 않을 것이다. 그대는 나를 괴이하게 여기지 말라."

그랬더니 어떤 사람이 말했다.

"결국 지난날의 방법이 좋았었군요."

某居官 厭無情者¹之多言 每裁抑²之 蓋無厭之欲 非分之求³ 若以溫顏接

之 彼懇乞無已 煩瑣⁴不休 非嚴拒 則一日之應酬 幾何 及部署日 看得人

有不盡之情⁵ 抑不使通 亦未盡善 嘗題二語於私署云 要說的 儘著都說

我不嗔你 不該⁶從 未敢輕從 你休⁷怪我 或曰 畢竟往日是

※

1 無情者(무정자) : 성의가 없는 사람. 진정이 아닌 사람.

2 裁抑(재억) : 억누름.

3 非分之求(비분지구) : 분수에 맞지 않는 요구. 본분을 분별하지 못하는
　요구.

4 煩瑣(번쇄) : 귀찮다. 번거롭다.

5 不盡之情(부진지정) : 마음먹은 것을 충분히 말할 수 없다는 생각.

6 該(해) : 모두의 뜻.

7 休(휴) : 금지하다의 뜻.

제7장

세상의 운세 그리고 성인과 현인

맹자는 호연浩然의 기氣를 사용하고
공자는 혼연渾然의 기를 사용한 것으로
혼연은 호연이 귀착歸着할 곳이요.
호연은 혼연이 작용할 곳이다.
유감스럽게도 맹자는
혼연渾然의 경지까지
이르지 못한 것이다.

212

1. 형체와 기氣는 서로 의지한다

하늘과 땅의 여러 가지 사물들은 다만 이 우주에 편재偏在한 한 기운이 모였다 흩어졌다 하면서 이루어지는 것으로써, 그 밖의 것은 아니다. 형形이란 기氣가 따라 붙어서 엉기어 굳어진 것이다. 기氣란 형체에 의지하여 운동하는 것이다. 그러므로 기가 없으면 형체는 존재할 수 없고, 형체가 없으면 기는 머물러 있지 않는다.

天地萬物 只是一氣聚散¹ 更無別箇 形者氣所附以爲凝結 氣者形所托 以爲運動 無氣則形不存 無形則氣不住

※

1 一氣聚散(일기취산): 중국 고대의 자연 사상에 의하면 이 우주에는 미립자微 粒子와 같은 것이 편재해 있다. 그것은 음陰과 양陽의 두 가지 성격을 가져, 그 음양陰陽의 화합和合과 상반相反에 의하여 물질의 운동이 행해지고, 점차 로 기氣가 응결凝結하여 형질形質을 이룬다고 했다.

2. 재앙과 복은 어찌할 수가 없다

하늘과 땅이 사람이나 사물을 낳게 되면 사람이나 사물은 각각 하나의 하늘과 땅을 갖추게 된다.

하늘과 땅에서 천지天地란 하늘과 땅으로 말미암아 얻은 것이다. 사람이나 사물의 하늘과 땅이란 실제의 하늘과 땅에 말미암는 데에 의존해 있지 않다. 사람이란 각각 그 기질氣質의 하늘과 땅이 맡겨져 있다. 끝이 없는 우리에 이르게 하고 참마음으로 하늘과 땅에 내리어 다 없애는데 거의 했다.

〔곧 사람이 본래의 하늘과 땅을 잊고 각자 자기의 신체에 갖추어져 있는 하늘과 땅에 맡겨, 중정中正한 덕성德性을 태어나게 하는 하늘과 땅을 잃어 거의 절멸絶滅의 상태에 이르면, 본래의 하늘과 땅도 손을 댈 방법이 없게 된다는 뜻.〕

하늘과 땅도 또한 어찌 할 수가 없는 것이다. 그들의 길하고 흉하고 재앙이 있고 복이 있는 것들은 거의 스스로가 만드는 것이다. 하늘을 어찌 탓할 것이며 원망할 것인가?

◉ 천지天地를 대우주大宇宙라고 한다면 거기서 생겨나는 사람이나 사물은 소우주小宇宙라고 할 수 있다. 그러나 아무리 작아도 각자의 독립된 자주성自主性을 가지고 있는 것이다. 그러므로 스스로의 덕성을 순화純化하느냐 않느냐 하는 책임은 그 사람이나 사물의 마음 자세에 달려 있는 것이다.

대우주에게 책임을 전가轉嫁시키는 것은 스스로의 존재 의식을 부정하는 것이 된다. 그러므로 소우주는 소우주 나름의 책임을 자각하여 자신의 수양修養에 힘써야 할 것이다.

天地旣生人物 則人物各具一天地 天地之天地 由得[1]天地 人物之天地 由不得天地 人各任其氣質之天地 至於無涯牿[2]其降衷[3]之天 地幾於澌盡[4] 天地亦無如之何也已 其吉凶禍福 率由自造[5] 天何尤乎而怨之

※

214

1 由得(유득): 말미암음. 의존함. 득得은 접미어接尾語.

2 牿(곡): 동물의 우리. 곧 속박束縛함.

3 降衷(강충): 참마음을 내려주다. 『서경』 상서商書 탕고편湯誥篇에 나오는
  말이다.

4 澌盡(시진): 다 없어짐.

5 率由自造(솔유자조): 자기 행위의 선악善惡에 의해 화禍와 복福의 도래到來는
  결정된다.

3. 인간의 욕망은 한계가 없다

하늘과 땅의 사물을 만드는 조화는 한계가 있지만 인간의 욕망은 한계가
없다. 한계가 있는 것으로써 무한한 욕망을 만족시키고자 하면 그
형세는 반드시 다투게 되는 것이다. 그러므로 개개인이 적당한 정도에
만족할 줄 알게 되면 천하의 사물은 여유가 있게 된다.

  하늘과 땅의 사물을 만드는 조화가 정해져 있더라도 인간의 마음은
안정되지 않는다. 안정되어 있지 않은 것으로 안정되어 있는 것을
흔들어 대면 그 형세는 반드시 실패하게 되어 있다. 그러므로 개개인이
본분에 만족한다면 천하에 분쟁紛爭은 일어나지 않을 것이다.

造物¹有涯² 而人情³無涯 以有涯足無涯 勢必爭 故人人知足⁴ 則天下有
餘 造物有定 而人心無定 以無定撼有定 勢必敗 故人人安分 則天下
無事

                              ※

1 造物(조물): 천지의 사물을 만드는 조화.

2 涯(애): 끝. 한限과 같음.

3 人情(인정): 여기서는 인간의 욕망을 뜻함.

4 知足(지족): 적당한 정도에서 만족할 줄 앎.

4. 인仁의 마음이란

마음의 구석구석까지 하나의 덕성德性을 혼연渾然히 성취하여 추호라
도 사사로운 욕심이 없다면 이것이 곧바로 한 마음의 인仁이다.

신체에 하나의 조화를 혼연히 성취하여 추호라도 병들지 않았다면
이것이 곧바로 한 몸의 인이다. 온 우주에 걸쳐 한낱 자기의 한 몸을
혼연히 성취하여 추호라도 빈틈이 없다면 이것이 곧바로 천하를 모아서
인을 완성한 것이다.

인은 곧 전체이고 추호의 결함도 없는 것이다. 인은 곧 순수한 본체로
서 추호의 흠결도 없다. 인은 곧 자연히 이루어진 것으로서 조금의
인위人爲도 가해지지 않은 것이다.

여러 사람들은 하나의 마음을 나누어 서로 오吳나라와 월越나라와
같은 적으로 삼지만 성인은 천하를 모아서 그 몸을 성취하는 것이다.

어리석은 이는 일찍이 이르기를 "하늘과 땅 사이에 사물과 나와
의 대립을 없앤다면, 시간과 공간이 하나가 되어 영원한 세월을 한
호흡呼吸으로 거둘 수 있다."라고 했다.

◉ 사람은 천성적으로 남을 사랑하는 정신을 타고난다. 그러나 사사로운
욕망으로 말미암아 나와 남과의 사이에 담을 쌓고 서로 겨루고 다투는
근성이 싹트기 시작한다. 이 때문에 타고난 남을 사랑하는 정신도 본래의

모습을 잃는다. 그리하여 나와 남과의 간격을 만들어 서로 상대를 경쟁의 대상으로 보게 된다.

그것은 분명히 인애仁愛의 본래의 모습이 개인의 뜻에 의해 짓밟힌 것이다. 거기에서 사회 혼란의 근본 원인이 발생하는 것이다.

그러므로 사람은 언제나 본성으로 돌아가 자기와 우주의 일체관一體觀에 젖어 만물일체萬物一體의 상념에 몸을 맡기지 않으면 안 된다. 그것이야말로 후천적인 작위作爲를 초월하는 천성의 모습인 것이다.

滿方寸[1]渾成[2]一箇德性 無分毫私欲 便是一心之仁 六尺[3]渾成一箇沖和[4] 無分毫病痛 便是一身之仁 滿六合[5]渾成一箇身軀 無分毫間隔 便是合天下以成其仁 仁是全體 無毫髮欠欸 仁是純體 無織芥瑕疵 仁是天成 無些子造作 衆人分一心爲吳越[6] 聖人會天下以成其身 愚嘗謂 兩間無物我 萬古一呼吸[7]

※

1 滿方寸(만방촌): 마음의 구석구석까지 미침.

2 渾成(혼성): 혼연渾然히 성취하다. 기계적으로 끌어 모은 것이 아니고, 전체에 혈맥이 통하면서 원만하게 완성된다.

3 六尺(육척): 여섯 자. 곧 인간의 신체.

4 沖和(충화): 깊이 조화를 이루는 모양.

5 滿六合(만육합): 온 우주에 가득 차다. 육합六合은 동서남북 상하.

6 吳越(오월): 춘추전국시대에 있었던 적대국인 오吳와 월越의 두 나라.

7 萬古一呼吸(만고일호흡): 영원한 시간을 순간으로 집약하여 체험하는 일.

5. 호연浩然의 기를 길러야 한다

맹자는 이르기를 "호연浩然의 기氣를 기르라."고 했는데 호연의 기는 공자孔子에게도 없지 않았을 것이다.

다만 그 쓰는 방법이 절묘絶妙했을 뿐이다. 맹자가 한평생 동안 받아 쓴 것은 순전히 이 호연浩然이라는 두 글자이다.

나는 일찍이 이렇게 말했었다.

맹자는 이 호연의 기를 쓰고 공자는 이 혼연의 기를 쓴 것이다. 혼연은 호연이 돌아가 머무를 곳이요, 호연은 이 혼연이 작용作用할 곳이다.

애석하도다! 맹자는 아직 혼연渾然의 경지에까지는 이르지 못한 것이다.

◉ 호연지기浩然之氣는 『맹자孟子』 공손추 상편(公孫丑上篇)에 자세히 언급되어 있다. 이는 하늘과 땅 사이에 가득 차 있는 강건剛健하고 성대盛大한 기운이다.

맹자에게서는 아직 그 굳고 당당한 힘을 이야기한 그대로 나타나 있으나, 공자에게서는 그것을 초월한 자연의 덕용德容이 함께 융화되어 있다는 것이다.

浩然之氣 孔子非無 但用的妙耳 孟子一生受用[1] 全是這兩字 我嘗云 孟子是浩然之氣 孔子是渾然之氣[2] 渾然是浩然的歸宿 浩然是渾然的 作用 惜也 孟子未能到渾然耳

※

218

1 受用(수용): 받아 쓰다.
2 渾然之氣(혼연지기): 중후하여 깊숙하고 온연溫然과 융화融和된 기운.

6. 민생을 구원하고자 한 것이다

어떤 사람이 질문했다.

"공자와 맹자는 천하를 주류周流하면서 이르는 곳마다 자신들이 품고 있는 도道를 행하고자 했습니다.

그것은 자신들이 기량을 발휘해 시험해 보려고 안달한 것과도 같은 것이지요?"

나는 그 말에 대해 다음과 같이 대답했다.

"성인聖人이나 현인賢人들이 자신의 분수 능력을 보면 진정으로 하늘이 태어나게 하여 우리에게 오게 한 것이다.

그에게 천고불멸의 제왕의 도술道術을 가슴에 안고, 하늘을 돌리고 땅을 운전하는 수단을 갖게 한 것이다. 다만 움직이지 않고 집안에 들어앉아 있는 것은 매우 자신의 사명을 어기게 되는 것이다.

널리 천하를 돌면서 자기의 신념信念을 실행할 만한 군주를 만나고자 구하는 것이다. 그런데 천하의 어느 곳을 가서도 단 한 사람도 자기와 견해를 같이 하는 군주를 만나지 못했다.

그래서 『논어』에 "오랑캐의 땅에 살고 싶다."거나 "뗏목에 앉아 바다에 떠다니고 싶다."라고 하는 생각이 있었다.

그리고 공산불요公山弗擾나 필힐佛肸 같은 악인惡人의 초청招請에도 응하고자 했던 것인데 공자가 어찌 진실로 이와 같이 하고자 했겠는가?

다만 우리의 도道가 난세亂世를 소생시킬 힘을 가지고 있었고 천하에
는 죽어 가면서도 어떻게 해서라도 살고 싶다고 열망熱望하는 백성들이
있었다. 그들을 위해서는 반드시 뛰어난 군주를 만나는 것만이 그
방법을 베풀 수 있는 것이었다.

비유컨대 남의 어린 아기가 기어 다니다가 우물 속으로 들어가려
하는 것은 자신과는 아무런 관계가 없는 일이지만 우물가에 이르렀는데
어린 아기를 구원할 방법을 알고 있다면 어찌 팔짱을 끼고 바라보고만
있겠는가?"

或問 孔孟周流¹ 到處欲行其道 似技癢²的 曰 聖賢自家看的分數³ 眞天
生出我來 抱千古帝王道術 有旋乾轉坤手段 只兀兀⁴家居 甚是自負 所
以徧行天下 以求遇夫可行之君 旣而天下皆無一遇 猶有九夷⁵浮海⁶之
思 公山⁷佛肸⁸之往 夫子豈眞欲如此 只見吾道有起死回生⁹之力 天下有
垂死欲生之民 必得君而後術可施也 辟¹⁰之他人孺子¹¹入井 與己無干
旣在井畔 又知拯法 豈忍袖手¹²

※

1 周流(주류): 여러 나라를 찾아다니는 일.
2 技癢(기양): 자신의 능력을 발휘할 수 없어서 안달하다.
3 分數(분수): 하늘이 준 재능의 정도. 타고난 천분天分.
4 兀兀(올올): 움직이지 않고 있는 모양.
5 九夷(구이): 많은 오랑캐. 여러 미개 민족. 천하를 주유周遊하다가 절망한
  공자가 "구이九夷에 살고자 한다."라고 탄식한 일이 있다.『논어』자한편子罕
  篇에 나오는 말.
6 浮海(부해): 바다에 뜸. 공자는 "도가 행하여지지 않으니 뗏목을 타고 앉아

바다에 뜨고 싶다.”라고 했다. 『논어』 공야장편公冶長篇에 나오는 말.

7 公山(공산): 공산불요公山弗擾가 비費라는 고을에 웅거하여 반역할 때 공자가
  그의 초청에 응하고자 했으나 그의 제자인 자로子路가 그것을 막았다. 『논어』
  양화편陽貨篇에 나오는 말.

8 佛肸(필힐): 필힐佛肸이 중모中牟라는 고을에서 반기叛旗를 들었을 때 공자가
  그의 부름에 따르고자 한 일이 있었다. 『논어』 양화편에 나오는 말.

9 起死回生(기사회생): 죽음에 이르렀다가 다시 소생함.

10 鐴(벽): 피로도 발음하며 비譬와 같이 비유하다의 뜻.

11 孺子(유자): 어린 아기.

12 袖手(수수): 팔짱을 끼고 바라봄. 아무 방법도 쓰지 않고 있음.

7. 군자는 억지로 순응하지 않는다

성인聖人은 어떤 일에 부딪치면 거기에 순응順應한다. 중인衆人도 또한
어떤 일에 부딪치면 거기에 순응한다.

성인이 순응하는 방법은 환히 트여 공명정대公明正大하다. 그러므로
말로써 사람을 응대하는 것이 메아리가 되돌아오듯 하고 당연한 말의
이치도 딱 들어맞다. 행동하는 것이 사물에 응대함에도 궁 안에서
법도를 따르는 것과 같이 마땅한 이치에 부합한다.

중인이 순응하는 방법은 감정이나 사의私意의 움직이는 것에 기반을
두고 있다. 그러므로 말로써 사람을 응대하는 것이 좋은 말과 나쁜
말들이 입에서 나와 도리에 합당한 것들이 적다. 일로써 사물에 응대함
에는 좋고 나쁜 것에 따라 하고자 하여 이치에 합당한 것이 적게 된다.

군자君子는 이와는 다르다. 만약 순응할 수가 없으면 억지로 순응하지

않는다. 충분히 의논한 뒤에 말을 하더라도 그 발언에 그래도 아직 결함이나 있지 않을까 두려워한다. 충분히 헤아리고 난 뒤 행동을 하면서도 그 행동하는데 그래도 여전히 후회가 따르지 않을까 두려워한다. 도리어 자신의 본심을 기르고 자신의 언행을 반성하는 데에 따른다.

아아! 지금 어떤 일에 부딪쳐 거기에 순응하는 자들은 사람 사람마다 자신이 잘 한다고 한다. 과연 성인聖人들인가? 가히 애처로울 따름이다.

聖人是物來順應[1] 衆人也是物來順應 聖人之順應也 從廓然大公來 故言之應人如響 而脗合[2]乎當言之理 行之應物也 如取諸宮中 而脗合乎當行之理 衆人之順應也 從任情信意來 故言之應人也 好萋[3]自口 而鮮與理合 事之應物也 可否惟欲 而鮮與理合 君子則不然 其不能順應也 不敢以順應也 議之而後言[4] 言猶恐尤也 擬之而後動 動猶恐悔也 却從存養省察[5]來 噫 今之物來順應者 人人是也 果聖人乎 可哀也已

※

1 物來順應(물래순응): 어떤 일에 부닥치면 거기 순응함.

2 脗合(문합): 딱 들어맞아 합치合致됨.

3 好萋(호유): 호好는 좋은 말, 곧 선언善言. 유萋는 나쁜 말, 곧 악언惡言. 『시경』 소아小雅 정월편正月篇에 나오는 말.

4 議之而後言(의지이후언): 의논한 뒤에 말함. 『역경』 계사상전繫辭上傳에 나오는 말.

5 存養省察(존양성찰): 존양은 본심을 보존하고 정신을 기르다. 곧 정신을 수양하다. 성찰省察은 자신의 언행을 반성하는 일.

8. 마음을 관상觀相하라

나의 관상을 보는 자가 있었다. 내 얼굴 여러 곳에 많은 귀貴해질 상相이 보인다고 하면서 여기저기를 손가락으로 가리켰다.

그래서 나는 다음과 같이 말했다.

"근심하는 것은 이 얼굴에 있지 아니하오. 그대는 내 마음의 상을 보아 주시오. 마음은 천하의 이理를 휩싸지 않으면 안 되기 때문이오. 내 두 어깨의 상을 보아 주시오. 천하의 일을 짊어지지 않으면 안 되기 때문이오. 내 두 다리의 상을 보아 주시오. 모든 일을 확실하게 밟아 나가지 않으면 안 되기 때문이오.

비록 귀해지지 않더라도 내 어찌 근심하겠소. 내가 지적한 것과 같지 않다면 나는 나의 얼굴에 부끄러움이 있을 뿐이요."

◉ 인간의 상相은 외부로 나타난 상像보다 보이지 않는 심상心像이 가장 중요하다고 했다. 심心은 곧 자신의 주인主人이기 때문이다.

有相¹予者 謂面上部位多貴 處處指之 予曰 所憂不在此也 汝相予一心
要包藏得天下理 相予兩肩 要擔當得天下事 相予兩脚 要踏得萬事定
雖不貴 予奚憂 不然 予有愧於面也

※

1 相(상): 인상人相을 봄. 관상觀相.

9. 공자孔子의 종심從心이란

공자는 말하기를 "나이 70세가 되어 마음의 하고자 하는 바에 따라 행동해도 일정한 법도를 벗어나는 일이 없어졌다"고 했다.

이는 69세 때에는 아직 마음의 하고자 하는 바에 따르지 못한 것이다. 그런데 중인衆人은 공자의 70년에 걸친 노력의 내용을 무시하고 한평생을 오로지 마음의 하고자 하는 바에 따르고 있다. 이처럼 마음의 하고자 하는 바에 따르는 것이 어떻게 좋은 결과를 가져올 것인가?

성인의 가르침은 매우 두려워하고 조심하면서 다만 하나의 따르고자 하는 것을 항복시킨 것이다. "경계하고 삼가며 두려워하고 두려워하다."라고 말하지 않고 곧 "근심하고 괴로워하고 삼가고 힘쓰다."라고 한 것은 그 하고자 하는 바에 따르는 것을 막는 것이다.

어찌 성인이라고 즐거운 때가 없겠는가? 즐거움이란 다만 이 하늘을 즐거워하는 것이다. 중인의 즐거움이란 이와는 다르다. 중인이 자신의 마음대로 하더라도 도道에서 멀어지지 않는다고 여긴다면 성인과 현인의 성품도 중인들과 함께 다르지 않은 것인데 무엇 때문에 성인이나 현인들은 이와 같이 노력하는 것일까?

孔子七十而後從心[1] 六十九歲未敢從也 衆人一生只是從心 從心安得好 聖學戰戰兢兢 只是降伏一箇從字 不曰戒愼恐懼[2] 則曰憂勤惕勵[3] 防其從也 豈無樂時 樂也只是樂天 衆人之樂則異是矣 任意若不離道 聖賢性不與人殊 何苦若此

※

1 七十而後從心(칠십이후종심): 공자는 자기 학문의 발전 과정을 말했는데, 그 맨 마지막 단계가 칠십이종심소욕불유규(七十而從心所欲不踰矩: 70세가 되어 마음의 하고자 하는 바에 따라 행동해도 법도에 어긋나는 일이 없다)이다. 곧 마음먹은 대로 행동해도 그것이 궤도軌道에서 벗어나지 않고 일정한 규범에 합치合致한다는 뜻.

2 戒愼恐懼(계신공구): 계신은 경계하고 삼가다. 공구는 두려워하다.

3 憂勤惕勵(우근척려): 우근은 근심하고 괴로워하다. 척려는 삼가고 힘쓰다.

제8장

지조志操와 성품

천하의 대사를 말을 만한 사람은
지혜는 깊고 용기는 신중하며
정신이 안정安靜되고 의기가 안정되어 있다.
말을 하면 반드시 이치에 맞고
일을 하면 반드시 목적을 이룬다.
재능을 과시하는 일이 없고
공명功名을 노리는 따위의 짓을 하지 않는다.

1. 자신의 공로를 자랑하지 말라

도덕성道德性이 풍요로운 사람은 자신의 공로를 자랑하지 않는다. 자신의 공로를 자랑하는 것은 도덕성이 부족하기 때문이다.

마음에 얻는 것이 풍요로운 자는 보고 들은 것을 자랑하지 않는다. 보고 들은 것을 자랑하는 것은 마음에 얻은 것이 부족하기 때문이다.

문장의 재주가 스스로 많다고 하는 것은 부박浮薄한 마음이다. 부귀富貴를 스스로 뽐내는 것은 비열卑劣한 견해이다. 이상과 같은 두 사람들을 모두 가엾게 여길 것이다.

그중에서도 부귀를 영웅처럼 여기는 자를 다시는 대장부라고 여기지 못할 것이다. 저들이 추운 겨울에도 열기를 내뿜고 분별없이 행동하는 성대한 태도는 모든 군자들이 구역질하고자 하는 것들이다. 그러나 저들은 뜻을 교만해하고 득의양양하니 그 비루한 것이 이 무엇보다 심할 것인가?

富於道德者 不矜事功 猶矜事功 道德不足也 富於心得[1]者 不矜聞見 猶矜聞見 心得不足也 文藝自多 浮薄之心也 富貴自雄 卑陋之見也 此二人者 皆可憐也 而雄富貴者 更不數於丈夫行[2] 彼其冬烘[3] 盛大之態 皆君子之所欲嘔[4]者也 而彼且志驕意得 可鄙孰甚焉

※

1 心得(심득): 스스로 마음에 흡족하게 여김. 자득自得함.

2 丈夫行(장부항): 남자 패거리. 남자 축. 行은 열列과 같은 뜻으로서 여기서
　는 항으로 발음함. 패, 동아리, 축 등의 뜻.

3 冬烘(동홍): 분별없이 흥분함. 겨울인 동冬에는 추울 것이건만 열기熱氣를
　느낀다는 뜻.

4 嘔(구): 토吐함. 구역질나는 것. 싫은 기분을 가짐.

2. 테두리 밖의 일을 처리하는 사람

일정한 테두리 안에서 실질적인 일을 주관하는 것은 어진 사람이라면
가능한 것이다. 일정한 테두리 밖에서 큰일을 주관하는 것은 영웅호걸
이 아니면 가능하지 않다.

　어떤 사람이 말했다.

　"테두리 밖에서의 일을 주관할 수 있겠습니까?"

　나는 대답했다.

　"세상에서 이른바 테두리 밖이란 것을 이에 성인이나 현인들이 이르
는 바는 타고난 성품의 안에 있다는 것이다. 사람이란 하나의 관직을
지키고 관직에 알맞도록 구하는 것으로 안이나 밖이 모두 이러한 사람과
같다면 천하는 거의 다스려질 것이다. 이른바 이것이 테두리 안의
실질적인 일을 주관하는 것이다.

　마음으로는 간절하게 세상을 근심하고 뜻은 시대를 광정함에 있어
진실로 천하를 이롭게 하는 것이라면 법령에 구애받지 않는다. 진실로
성공을 계획하는 것이라면 뒤에 남는 형적形迹을 피하지 않고 테두리
밖의 거대한 일을 주관하는 것이다.

　그 식견識見은 천고千古에 우뚝 솟고, 그 사려思慮는 우주에 고루

미친다. 말세의 쇠퇴한 풍속을 다시 일으키고 선왕先王의 바른 도道를 되돌리고 천하의 모든 사람을 다시 진秦나라와 한漢나라 시대 이전의 덕정德政의 혜택惠澤을 입도록 하는 일은 역시 규격 이상의 인물이 하는 것이다. 만약 이 세상에 이와 같은 인물이 있다면 나는 장차 함께 감격의 눈물을 흘리면서 그에게 협력할 것이다.

주변머리 없는 중인衆人의 견해를 익히고, 두려워 쩔쩔매면서 낡은 법규를 따르고, 위의威儀의 문장이 찬연히 빛나 가히 관찰하고, 부지런 하고 삼가고 겸손하고, 침묵하여 거연居然히 허물이 적은 이러한 사람 은 다만 고관高官이 되는 데에 걸맞을 뿐이다. 세상의 도道에 어찌 의지하겠는가!"

圈子[1]裏幹[2]實事 賢者可能 圈子外幹大事 非豪傑不能 或曰 圈子外可幹 乎 曰 世俗所謂圈子外 乃聖賢所謂性分內也 人守一官 官求一稱 內外 皆若人焉 天下可庶幾矣 所謂圈子內幹實事者也 心切憂世 志在匡時 苟利天下 文法[3]所不能拘 苟計成功 形迹所不必避 則圈子外幹大事者 也 識高千古 慮周六合 挽末世之頹風[4] 還先王之雅道[5] 使海內復嘗秦漢 以前[6]之滋味 則又圈子以上人矣 世有斯人乎 吾將與之共流涕矣 乃若 硜硜[7]狃衆見 惴惴[8]循弊規 威儀文辭燦然可觀 勤愼謙默 居然[9]寡過 是人 也 但可爲高官耳 世道奚賴焉

※

1 圈子(권자): 일정한 범위. 일정한 규격.

2 幹(간): 처리함.

3 文法(문법): 법령, 법규.

4 穨風(퇴풍) : 퇴폐한 풍속. 쇠퇴한 풍속.

5 雅道(아도) : 올바른 도리.

6 秦漢以前(진한이전) : 진秦나라, 한漢나라 이전의 시대. 중국 고대사古代史의
   요堯·순舜시대와 삼대三代 곧 하夏·은殷·주周의 세 왕조의 시대를 말함. 이
   시대에는 요임금·순임금과 하의 우왕禹王, 은의 탕왕湯王, 주의 문왕文王·무
   왕武王·주공周公, 춘추春秋시대의 공자 등의 성현들이 출현했음.

7 硜硜(갱갱) : 주변머리 없는 소인의 모양.

8 惴惴(췌췌) : 두려워서 쩔쩔매는 모양.

9 居然(거연) : 사물에 움직이지 않는 모양.

3. 소인도 군자의 명성을 얻게 된다

기개氣慨나 절조節操가 사실은 일반인의 수준에 지나지 않으면서도
한때의 흥분에 휘몰리면 소인小人이라도 군자다운 일을 도둑질하는
일이 있게 된다. 그리고 한 번 남의 것을 표절하겠다는 생각을 두게
되면 소인이라도 군자의 명성名聲을 얻을 수 있다.

또 처음에는 매우 힘을 쏟지만 얼마 지나는 동안 본성을 드러내어
바른 절조를 굽히는 자도 있고, 위기에 처해서는 능히 분발하다가도
편안해지게 되면 평탄한 삶을 상실하는 자도 있게 된다.

이러한 것은 모두가 학식을 넓혀서 심성을 닦는 속으로부터 하지
않았기 때문이다. 성인이나 현인의 학문은 죽음에 이르러도 다시는
파탄되는 일이 없다.

氣節信不過人 有出一時之感慨[1] 則小人能爲君子之事 有出於一念之

剽竊² 則小人能盜君子之名 亦有初念甚力 久而屈其雅操³ 當危能奮
安而喪其平生者 此皆不自涵養⁴中來 若聖賢學問 至死更無破綻

※

1 感慨(감개) : 여기서는 흥분興奮의 뜻.
2 剽竊(표절) : 남의 시詩나 문장 등을 훔쳐 자신이 지은 것처럼 꾸미는 것.
3 雅操(아조) : 바른 절조節操.
4 涵養(함양) : 학식을 넓혀 심성心性을 닦다.

4. 학문에 근거한 지식이어야 한다

근본에 바탕한 절개와 지조가 없게 되면 주정꾼이 사람을 때린 것과
다름이 없다. 술에 취해 있을 때는 용감하지만 술이 깬 뒤에는 멋쩍어져
털끝만큼의 기력도 없게 된다.

학문에 근거한 식견識見이 없게 되면 요리사가 아궁이에 불을 때는
것과 다름이 없다. 면전面前에서는 분명하게 보이지만 뒤와 좌우편은
전혀 되돌아 볼 수가 없는 것이다.

그렇건만 무지無知한 자는 그 일시적인 용기를 기리고, 그 한쪽으로
치우친 것에 미혹迷惑되어 언제나 손을 치고 감탄하면서 그것을 종신토
록 믿는다. 아아! 말하기가 어렵도다!

無根本底氣節 如酒漢毆人 醉時勇 醒時索然¹ 無分毫氣力 無學問底識
見 如庖人²煬竈 面前明 背後左右 無一些照顧 而無知者賞其一時 惑其
一偏 每擊節³嘆服 信以終身 旴 難言也

※

1 索然(삭연): 흥미가 없어짐. 멋쩍어짐.

2 庖人(포인): 요리사料理師.

3 擊節(격절): 박자拍子를 맞춤. 손을 두드림.

5. 인자仁者는 악도 반드시 살핀다

많은 사람들이 나쁘다고 하더라도 과연 그 사람이 악인惡人인가 어떤가를 자기 나름대로 관찰觀察하는 것은 인자仁者의 마음 자세姿勢이다.

불인不仁한 자는 남의 악평惡評을 들으면 기뻐서 그것을 화제話題로 삼고, 경박輕薄한 자는 남의 악평을 들으면 그것을 깊이 믿고 의심하지 않는다.

오직 인자만이 나쁜 평판이 쉽게 사람을 더럽히게 되고, 나쁜 짓을 만들기를 좋아하는 자가 선으로 꾸민다는 것을 알고 있다. 이미 남들이 미워하는 자는 어떤 사람인가를 살피고 또 말하고 다니는 자들이 어떤 마음인가를 살피고 또 악에 이르는 것들이 어떤 이유에서인가를 살펴서 참고 마음에 두어 홀로 그 진실을 얻는다.

그 악평을 듣는 사람이 과연 관직官職에 있다면 신임하여 의심하지 않고, 만약 관직을 가지고 있지 않더라도 관직에 추천해서 등용하여 의심하지 않으며, 만약 그 사람이 세인世人으로부터 중상中傷을 받고 있다면 반드시 힘써 도와 구제할 것이다. 아 아! 이러한 도道가 밝혀지지 않은지 오래이다.

衆惡必察[1] 是仁者之心 不仁者聞人之惡 喜談樂道 疎薄者聞人之惡 深信不疑 惟仁者知惡名易以汚人 而作惡者之好爲誣[2]善也 旣察爲人所惡者何人 又察言者何心 又察致惡者何由 耐心留意[3] 獨得其眞 果在位也 則信任不疑 果不在位也 則擧辟[4]無貳 果爲人所中傷也 則扶救必力 嗚呼 此道不明久矣

※

1 衆惡必察(중악필찰): 많은 사람들이 나쁘다고 하면 반드시 살핌. 곧 대중大衆
　의 호오好惡에 가벼이 따르지 않는다는 말.『논어』위령공편衛靈公篇에 나오
　는 말.
2 誣(무): 꾸미다.
3 耐心留意(내심유의): 인내하고 마음에 두다.
4 擧辟(거벽): 관직官職에 추천하다.

6. 영웅은 습속習俗에 익숙하지 않다

세상이 무너지는 파도 속에서는 그것을 당연히 고쳐야 한다는 것을 확실하게 알고 있는데도 모든 이들이 익숙하여 모두들 행하게 되면 감히 움직이려 하지 않는다.

　사업에서 정의를 실현하고자 하여 그것을 당연히 시행하여야 한다는 것을 알고 있으면서도 모든 이들이 익숙하여 모두들 하고자 하지 않으면 감히 움직이려 하지 않는다. 이러한 사람들은 보통 사람일 따름이다.

　어린아이는 한 덩이의 떡을 손에 쥐고서도 곧바로 먹으려 하지 않는다. 그의 어머니가 맛보며 입에 넣는 것을 보고 나서야 따라서 입에 넣는다. 그것이 먹을 수 있는 것인가 어떤가를 알지 못하기 때문

이다.

이미 알게 되었다면 오히려 여러 사람들이 행동을 중지할까 가히 부끄러워한다.

대저 영웅호걸만은 습관과 풍속에 따라서 잘못된 것에 만족하지 않고 습관과 풍속을 거역하고 도에 맡긴다. 대저 이것을 『역경易經』에서는 독복(獨復: 홀로 되돌아오다)이라고 한다.

아아! 그렇지만 이 범인凡人이나 교활한 슬기를 가진 선비들은 이른바 일을 만들어 내고 이상한 것들을 좋아하는 자들이라고 하는 것이다.

世之頹波¹ 明知其當變 狃於衆皆爲之 而不敢動 事之義擧² 明知其當爲 狃於衆皆不爲 而不敢動 是亦衆人而已 提抱之兒³ 得一果餠⁴ 未敢輒食 母嘗之而後入口 彼不知其可食與否也 旣知之矣 猶以衆人爲行止 可愧也 夫惟英雄豪傑 不徇習以居非 能違俗而任道 夫是之謂獨復⁵ 嗚呼 此庸人智巧之士 所謂生事而好異者也

※

1 頹波(퇴파): 무너지는 물결. 사물이 조락凋落하는 형세.
2 義擧(의거): 정의를 실현하고자 계획함.
3 提抱之兒(제포지아): 어머니의 손에 이끌리거나 어머니 품에 안기거나 하는 어린 아기. 유아幼兒.
4 果餠(과병): 떡.
5 獨復(독복): 홀로 돌아옴. 『역경』 복괘復卦 육사六四효에 나오는 말.

7. 선비의 기개와 오만한 기氣

선비(士)는 기개가 없지 않지만 오만한 기氣를 가져서는 안 된다.

선비의 기개는 남과 나의 한계를 분명하게 밝히는 것이다. 정의를 지키며 무조건 남에게 추종追從하지 않는다.

오만한 기개는 위와 아래의 등급에 어둡고, 높은 것만을 좋아하며 자신의 본래 위치에 만족하지 못한다. 스스로 거처할 때에는 매양 남에게 오만한 것으로써 선비의 기개로 여긴다. 남을 관찰할 때에는 매양 선비의 기개로써 남에게 오만하게 한다. 슬퍼할 일이다.

그런 까닭으로 오직 선비의 기개를 가진 자만이 자신에게 겸손하고 남에게 자세를 낮출 수 있는 것이다.

저 오만한 자들이 밤에는 남모르게 권문세가權門勢家에 드나들면서 애걸哀乞하더라도 혹은 가히 알지 못할 것이다.

士氣不可無 傲氣不可有 士氣者 明於人己之分[1] 守正而不詭隨[2] 傲氣者 昧於上下之等 好高而不素位[3] 自處者 每以傲人爲士氣 觀人者 每以士 氣爲傲人 悲夫 故惟有士氣者 能謙己下人 彼傲人者 昏夜乞哀[4] 或不可 知矣

※

1 人己之分(인기지분): 남과 자기의 한계. 자기와 마찬가지로 남에게는 남의
  본분이 있다는 것을 인정하고 오만한 짓을 하지 않음.
2 詭隨(궤수): 맹종하는 것. 무조건 남에게 추종함.
3 素位(소위): 현재 위치에서 해야 할 일을 함. 『중용』 제14장에 나오는 말.

4 昏夜乞哀(혼야걸애): 오만한 사람은 결국 스스로 멸망하는 길을 따라 갈
  뿐이므로, 남모르게 동정을 구걸하기에 이를 것이라는 뜻.

8. 천하의 대사를 맡을 사람이란

신체는 풀리고 정신은 혼미하며 의지는 흩어지고 기개는 꺾인 사람에게
는 천하의 대사를 맡기는 것이 옳지 않다.

　소매를 걷어 붙이고 손뼉을 치며 뜻이 곧고 마음을 분발시키는 사람에
게도 천하의 대사를 맡기는 것은 옳지 않다.

　천하의 대사를 맡을 만한 사람은 지혜는 깊고 용기는 신중하며 정신이
안정安靜되고 의기가 안정安定되어 쓸데없는 말은 하지 않지만 말을
하면 반드시 이치에 맞고, 쓸데없는 짓은 하지 않지만 일을 하면 반드시
목적을 이룬다. 또한 스스로 좋아해도 재능을 과시하는 일이 없고,
경솔하게 힘을 시험하여 요행을 바라는 공명功名을 노리지 않는다.

　이런 인물을 진정한 재인才人이라 이를 수 있다. 그러나 세상에서는
그것을 알아내기가 아주 드물다.

　근자에는 오직 앞에서 말한 두 가지 유형類型의 사람들뿐이다. 서로가
비방이나 하고 있으니 식자識者들은 서로 비웃을 뿐이다.

體解神昏 志消氣沮 天下事 不是這般 人幹底 攘臂抵掌 矢志奮心 天下
事 也不是這般人幹底 幹天下事者 智深勇沈 神閑氣定 有所不言 言必
當 有所不爲 爲必成 不自好而露才 不輕試以倖功 此眞才也 世鮮識之
近世惟前二種人 乃互相譏 識者胥笑之

※

1 這般(저반): 이와 같음. 여차如此의 속어俗語.

2 攘臂抵掌(양비지장): 양비는 소매를 걷어붙임. 두 팔을 옆으로 폄. 지장은 손뼉 치며 이야기하다.

3 倖功(행공): 요행으로 얻어지는 공명功名을 노림. 우연히 이루어지는 공명을 세우고자 함.

9. 인품이란 권세나 지위와는 별개이다

현인군자賢人君子란 저 한 종류의 무리 속에 정해져 있는 것이 없다. 그리고 비부소인鄙夫小人도 저 한 종류의 무리 속에 정해져 있는 것이 없다.

그런데 세상 사람들은 모두 관작官爵의 위계位階에 따라 인품을 정하고, 마음이 올바르냐 아니냐 하는 것은 도리어 그 다음으로 간주하고 있다.

지금 여기에 노비奴婢나 걸인乞人이 있다. 그들이 특별히 충효와 절의節義의 행동을 하고, 온 세계를 위하여 위대한 도의道義의 표본을 세운다면 나는 머리를 숙여 그 사람을 스승으로 섬기며, 훌륭한 벼슬아치나 귀인들이라도 고개를 숙이고 그들의 아랫자리에 있는 것처럼 여겨질 것이다.

이러한 것들로 논단을 함에 이른다면 저 부귀영달富貴榮達과 이 충효절의忠孝節義를 비교하는 것이 태산太山과 홍모鴻毛의 경중輕重의 차이보다도 더욱 클 것이다.

그런즉, 평범한 필부필부匹夫匹婦라고 가벼이 여겨서는 안 될 것이며,

하급 관리나 가난한 선비라고 그들 자신을 하찮게 여겨서는 안 될 것이다.

그러므로 세력의 분수에서 논한다면 관문을 지키는 정도의 낮은 관직에 있는 사람이라도 지위가 낮은 대로 그 존엄성尊嚴性을 발휘할 수 있는 것이다.

또 타고난 성품에서 논한다면 요임금과 순임금과 같은 성인과 길 가는 나그네가 한 자리에 마주앉아 대등하게 예를 나눌 수도 있는 것이다.

마음을 논하고 도를 이야기한다면 누가 귀하고 누가 천하며 누가 높고 누가 낮겠는가? 그러므로 하늘과 땅 사이에는 오직 도만이 귀한 것이요, 하늘과 땅 사이에는 오직 도를 체득體得한 사람만이 귀한 것이다.

◉ 사람이란 노력하며 자신이 갖는 마음의 자세가 어떠하냐에 따라 현인도 되고 군자도 되며 소인도 되며 평범한 사람도 될 수 있다는 것을 말한 것이다.

또 작위나 지위와는 아무런 상관이 없다는 것을 강조한 것이다. 오직 사회에 덕을 쌓는 자만이 진실한 현인군자이고 그밖에는 그저 보통 사람일 뿐이다.

많은 시대를 거쳐 오면서 수많은 인재들이 이 세상을 거쳐 갔지만 그들이 역사에 남긴 족적을 보면 이 글의 뜻하는 바를 알 것이다.

賢人君子 那一種人裏沒有 鄙夫小人 那一種人裏沒有 世俗都在那爵位 上定人品 把那邪正 却作第二着看 今有僕隷乞丐之人[1] 特地做忠孝節

義之事 爲天地間立大綱常² 我當北面師事之 環視達官貴人 似傀首居

其下矣 論到此 那富貴利達與這忠孝節義比來 豈直太山鴻毛³哉 然則

匹夫匹婦未可輕 而下士寒儒 其自視 亦不可渺然⁴小也 故論勢分 雖抱

關之吏⁵ 亦有所不以伸其尊 論性分 則堯舜與途人 可揖讓⁶於一堂 論心

談道 孰貴孰賤 孰尊孰卑 故天地間惟道貴 天地間人惟得道者貴

※

1 乞丐之人(걸개지인): 걸식乞食하는 사람. 거지. 걸인乞人.

2 綱常(강상): 삼강三綱과 오상五常. 오상五常은 오륜五倫과 같음. 삼강오륜三綱
  五倫. 삼강三綱은 군위신강君爲臣綱, 부위자강父爲子綱, 부위부강夫爲婦綱.
  오상五常은 부자유친父子有親, 군신유의君臣有義, 부부유별夫婦有別, 장유유
  서長幼有序, 붕우유신朋友有信. 곧 윤리倫理의 기본이 되는 것.

3 太山鴻毛(태산홍모): 태산과 홍모. 태산太山은 지극히 무거운 것이고 홍모鴻
  毛는 지극히 가벼운 것으로, 무게의 경중輕重을 비교하는 극단적인 예로서
  인용되는 말. 홍모鴻毛는 기러기의 깃이라는 뜻으로 지극히 가벼움을 이르
  는 말.

4 渺然(묘연): 미세微細한 모양.

5 抱關之吏(포관지리): 관문關門을 지키는 사람. 문지기. 낮은 지위.

6 揖讓(읍양): 두 손을 마주잡고 정중하게 인사를 드림. 예의.

10. 관리들이 행동해야 할 자세

오늘날의 사대부들이 모여서 서로 이야기를 나눌 때에는 "우리가 바쁘
게 설치면서 분주하게 부지런히 힘쓰는 것은 천하와 국가를 위해 세상을
구제하고 민생을 안정시키고자 하는 것인가, 아니면 자기 한 몸과
한 집안 그리고 처자를 위해 관직을 높이고 수입을 늘리고자 하는

것인가?"라는 것을 묻고 있다.

세상의 다스리고 어지러워지는 것과 백성의 삶과 죽음과 나라의 안전하고 위태한 것 등의 양단간에 어느 것을 생각 속에 두느냐에 따라 정해지는 것이다.

아아! 우리 관리들의 수가 날로 늘어남에 따라 세상이 더욱 괴로워지고, 우리 관리들의 지위가 날로 귀해짐에 따라 백성들이 더욱 곤궁해진다면 세상 사람들이 무엇 때문에 우리들을 귀하게 여길 것인가!

而今士大夫聚首時 只問我輩奔奔忙忙[1] 熬熬煎煎[2] 是爲天下國家欲濟世安民乎 是爲身家妻子欲位高金多乎 世之治亂 民之死生 國之安危 只於這兩箇念頭定了 嗟夫 吾輩日多而世益苦 吾輩日貴而民益窮 世何貴於有吾輩哉

※

1 奔奔忙忙(분분망망): 바쁘게 설치고 다님.
2 熬熬煎煎(오오전전): 물건을 볶듯이 몸과 마음을 들들 볶아 심히 부리는 일.

11. 천하의 난국을 헤쳐 나갈 사람이란

편안하고 무게가 있으며 침착하고 묵직한 것, 이러한 것이 제일 아름다운 바탕이다. 천하의 중대한 난국難局을 헤쳐 나갈 수 있는 것은 이런 사람이다. 천하의 거대한 사업을 처리할 수 있는 것도 이런 사람이다. 또 강직하고 명민明敏하여 용기 있게 결단하는 사람은 그 다음이다.

240

그밖에는 가볍게 나서기를 좋아하고 마음대로 하기를 좋아하며 능력을 뽐내고 스스로 기뻐하며 말만큼의 실행이 따르지 않는 사람들이다. 곧 그들에게 실무實務를 담당시킨다면 그들은 계획 없이 되는 대로 처리하여 도리어 일을 망치고 만다. 이러한 사람들은 말로만 떠벌리는 무리에 끼어두면 될 것이다.

安重深沈[1] 是第一美質 定天下之大難者此人也 辯天下之大事者此人也 剛明果斷[2]次之 其他浮薄好任 翹能[3]自喜 皆行不逮者也 卽見諸行事而施爲無術 反以償事 此等只可居談論之科[4]耳

※

1 安重深沈(안중심침): 안중은 편안하고 무게가 있다. 심침은 침착하고 묵직하다.
2 剛明果斷(강명과단): 강명剛明은 강직하고 명민하다. 과단果斷은 용기 있게 결단하다.
3 翹能(교능): 능력을 뽐내고 실적은 없는 것.
4 科(과): 축. 부류部類.

12. 어려울 때는 파탄자를 기용한다

작은 일에도 치밀하게 마음을 쓰는 선비나 정해진 길을 굳게 지키는 사람은 태평한 시대에 어느 한 지방을 다스리게 하고, 어떤 한 가지 일을 처리하게 하면 무척 잘 해낼 것이다.

그러나 만약 난국難局을 헤쳐 나가기 위해 결단을 내리고, 돌발突發 사건에 대응하여 모험冒險을 무릅쓸 단계에 이르면 흠잡을 데 없는

인물을 쓰기보다는 차라리 깨지고 찢기고 열등의식이 있는 파탄자破綻
者를 써야 한다.

　오직 사나운 패거리의 두목이나 호협한 기개의 우두머리만이 사람들
을 마음대로 부리는 방법이 있어서 그들을 조종하면 기묘한 공로를
세우고 큰 사업을 성취시킬 것이다. 아! 한쪽으로만 쏠려 꽉 막힌
자들과 도道를 함께하기는 어려울 것이다.

小廉曲謹之士¹ 循塗守轍之人² 當太平時 使治一方理一事 儘能奉職
若定難決疑 應卒³蹈險 寧用破綻人⁴ 不用尋常人 雖豪悍之魁任俠⁵之雄
駕御有方 更足以建奇功成大務 噫 難與曲局者⁶道

　　　　　　　　　　　　※

1 小廉曲謹之士(소렴곡근지사): 작은 잘못도 저지르지 않으려고 세밀한 데까
　지 꼼꼼하게 마음을 쓰는 사람.
2 循塗守轍之人(순도수철지인): 종전부터 정해진 노선路線을 지키는 자.
3 卒(졸): 창졸간倉卒間에 생긴 일. 갑자기 일어난 일.
4 破綻人(파탄인): 깨지고 찢긴 사람. 불량배.
5 任俠(임협): 호협한 기개. 협기俠氣.
6 曲局者(곡국자): 주먹처럼 묶인 부인의 머리털. 여기서는 한쪽으로만 뭉쳐져
　있다는 뜻.

13. 과거는 용서해야 한다

사람의 인품人品을 관찰할 때에는 그 사람의 마음을 분명하게 헤아려야
한다. 마음에 각별한 문제가 없다면 그의 지난날의 행적 따위는 모두

242

대범하게 용서해 주어야 한다.

　부하 직원이 대접에 예를 갖추지 못했다거나 예를 취하는 것을 소홀히 했다면 이것이 어찌 찬찬하지 않고 오만한 뜻이 있는 것이겠는가? 상관에게 찬찬하지 않고 오만하게 굴어 문책을 당하는 따위의 짓은 아무리 어리석은 자라도 하지 않는 것이다. 그런 일로 어찌 화를 내는 것이 있으랴! 반대로 대접을 극진히 하고 예절이 지나칠 정도로 저자세인 것이라고 이것이 어찌 나를 공경하는 것이겠는가? 장차 나의 기분을 맞추어 줌으로써 자신이 영달榮達하기 위한 수단으로 삼을 뿐이다. 어찌 그러한 자를 고맙게 여길 필요가 있겠는가.

觀人只諒其心 心苟無他 迹皆可原 如下官之供應未備 禮節偶疎 此豈有意簡傲乎 簡傲上官以取罪 甚愚者不爲也 何恕之有 供應豊溢 禮節卑屈 此豈敬我乎 將以悅我爲進取之地也 何感之有

※

1 諒(량) : 사정을 잘 살펴 앎.
2 原(원) : 용서함. 놓아주다.
3 供應(공응) : 대접함. 접대함.
4 簡傲(간오) : 마음이 치밀하지 않고 오만함.

14. 중용의 도가 상실되었다

중용中庸의 도道가 밝게 되지 않으면서부터 인간끼리 서로 비방하는 일이 끝없을 따름이었다.

완고한 고집쟁이는 침착하고 안존한 사람을 비방하여 연약軟弱하다한다. 침착하고 안존한 사람은 완고한 고집쟁이를 비방하여 마음이비뚤어진 심술쟁이라 한다.

솔직한 사람은 신중한 사람을 비방하여 내숭하고 우악하다 한다.신중한 사람은 솔직한 사람을 비방하여 난폭하다고 한다.

차근차근한 사람은 대범한 사람을 비방하여 희미하다 한다. 대범한사람은 차근차근한 사람을 비방하여 인정없고 쌀쌀하다 한다.

이러한 것들을 공자孔子에게 질문하게 된다면 나는 반드시 명확한판단을 내릴 것이라고 여긴다. 공자는 모든 성인聖人을 한 몸에 합치고온갖 선善을 한마음에 모아 사물에 순응順應하여 적절한 때에 나와사람 사람을 따라서 변화에 통달했다. 원신圓神이 응결되지 않았고자연의 변화에 따라 제재함이 끝이 없다. 그것은 스스로 되는 것이요,이러한 것은 사람을 가르치는 것은 아니다.

왜냐하면 그것은 말로 전달할 수 없기 때문이다. 그리고 사람이하는 일을 보더라도 결함이 없도록 완벽하게 요구하지는 못한다. 왜냐하면 서두른다고 교화되는 것은 아니기 때문이다.

自中庸之道不明 而人之相病無終已 狷介¹之人 病和易²者爲熟軟³ 和易之人 病狷介者爲乖戾⁴ 率眞⁵之人 病愼密者爲深險 愼密之人 病率眞者爲鑿疎⁶ 精明之人 病渾厚者爲含糊⁷ 渾厚之人 病精明者爲苛刻⁸ 使質於孔子 吾知其必有公案⁹矣 孔子者 合千聖於一身 萃萬善於一心 隨事而時出之 因人而通變之 圓神不滯 化裁¹⁰無端 其所自爲 不可以教人者也何也 難以言傳也 見人之爲 不以備責¹¹也 何也 難以速化也

※

1 狷介(견개) : 완고하고 고집이 세어 남에게 협조하지 않음.

2 和易(화이) : 부드러워 정 붙이기가 쉬움. 침착하고 안존함.

3 熟軟(숙연) : 세상일에 익숙하여 연약軟弱함.

4 乖戾(괴려) : 성질이 순직하고 못하고 비꼬임. 심술스러움.

5 率眞(솔진) : 솔직하여 겉과 속이 다르지 않음.

6 麤疎(추소) : 대범함. 범연함. 난폭함.

7 含糊(함호) : 희미함. 좋고 나쁜 구별을 분명하게 하지 않음.

8 苛刻(가각) : 냉혹함. 인정이 없이 쌀쌀함.

9 公案(공안) : 공문서公文書. 그것은 일단 재결裁決되면 법적으로 권위를 가진
다는 데서 절대적인 기준基準 또는 판정判定을 공안公案이라고 함.

10 化裁(화재) : 자연의 변화에 따라 재결裁決하여 다스림.

11 以備責(이비책) : 이것저것 다 완전하게 갖추어지도록 요구함.

15. 보통 사람과 독서인讀書人

세상 사람들이 악惡을 행하는 것은 그래도 변명할 여지가 있다. 그러나
독서인讀書人만은 악을 행해서는 안 되는 것이다. 독서인이 악을 행한다
면 다시는 그것을 가르쳐 인도할 사람이 없어지기 때문이다.

세상 사람들이 법에 어긋나는 짓을 하는 것은 그래도 변명할 여지가
있다. 그러나 관직을 맡고 있는 사람만은 법에 어긋나는 짓을 해서는
안 되는 것이다. 관직에 있는 사람이 법에 어긋나는 짓을 한다면 다시는
그것을 단속할 사람이 없어지기 때문이다.

◉ 우리의 조선왕조에서도 과거제도를 시행하여 인재를 등용했었다.

또 중국에서는 과거科擧라고 하는 관리官吏 채용을 위한 시험제도가 있었다. 먼저 각 지방에서 예비 시험을 행했다. 거기서 합격된 자들은 중앙에서 치르는 본시험에 참가할 자격이 주어졌다.

이 예비시험에 합격한 것(우리나라에서는 초시初試라고 했다)만으로도 일반 서민과는 다른 자격이 인정되어 각별한 대우를 받았다. 그들은 시험을 치르기 위해 많은 독서의 경험을 쌓아 풍부한 교양을 몸에 지니고 있었다. 이들은 독서인이라 불렸으며 서민과 구별되는 사회계층을 형성하고 있었다.

一切人爲惡 猶可言也 惟讀書人不可爲惡 讀書人爲惡 更無敎化之人矣
一切人犯法 猶可言也 做官人不可犯法 做官人犯法 更無禁治之人矣

16. 사사로운 뜻을 없애지 못하는 학문이란

욕망欲望이 없는 데로는 도달할 수가 있지만 사사로운 뜻이 없는 데에는 좀처럼 도달하기가 어렵다.

불교와 도교道敎는 능히 정욕情欲을 없애는 데는 능하지만 사사로운 뜻을 없애는 데는 능하지 못하다.

사사로운 뜻을 없애는 것과 욕망을 없애는 것은 유학儒學과 불교와 도교의 세 가지 가르침의 명분을 바르게 하는 것이다.

이 가운데에서 마음에 두고 깨달아 아는 것이 가장 중요한 것이며 듣고 본 것이나 문장의 글귀에서 익혀 능히 깨달은 바는 아닌 것이다.

◉ 정욕을 없애는 일은 불교와 도교에서 힘쓰는 일이고 사사로운 마음을

없애는 것은 유학儒學에서 성인聖人으로 이르는 길이기도 하다. 이러한
일은 유儒와 불佛과 도道교에서 깨달음을 얻어야 가능한 것이다.

無欲底有 無私¹底難 二氏能無情欲 而不能無私 無私無欲 正三敎²之所
分也 此中最要留心理會 非狃於聞見章句³之所能悟也

※

1 私(사): 사의私意. 자신의 사사로운 뜻. 공심公心의 반대.

2 三敎(삼교): 유학儒學과 불교佛敎와 도교道敎. 도교는 노자老子를 교조敎祖로
　받드는 중국의 종교로써, 노자·장자의 무위자연無爲自然을 주지主旨로 하고,
　신선神仙사상을 가미加味하여 장생불로長生不老의 술術을 구함. 선교仙敎라
　고도 함.

3 章句(장구): 문자로 기록된 문장을 해석할 뿐으로, 그 내용의 깊이를 체득하
　려고 하지 않는 형식적인 학문을 말함.

17. 불교의 돈문頓門과 점문漸門

많이 배워서 그것을 깨닫는다고 하는 것은 본래 중간 정도 이하의
소질素質을 가진 자에게 걸맞은 학문이다.

　그래서 공자는 스스로 『논어』의 술이편에 "많이 들어 착한 것을
가려 따르고 여러 가지를 많이 보고 그것을 알아 두어라."라고 했다.
또 자장子張의 물음에 답해서는 "많이 들어서 의심나는 것은 버리고
많이 보아서 분명하지 않은 것은 버려라."라고 했다. 또 "학문함에
널리 글을 배워라."라고 했고, 안회顔回에게도 "널리 학문을 닦으라."고
했으며, 다만 하나로 꿰뚫는 지위에 이르지 않게 했다. 마침내 이

법의 지극함을 성취하지 못했다.

그러므로 돈교頓敎와 점교漸敎라는 두 개의 문門에서 각각 그들의 자질에 따라야 하지만 지금 사람들은 하나로 꿰뚫는다는 일관一貫으로 문하에 들어갔다. 상등의 자질을 가진 사람은 스스로 깨닫게 되지만 중간 정도의 사람들은 바랄 바가 아니다. 그 후진의 학자들을 그르치게 하여 자세하지 못하게 되는 것이다.

◉ 많이 배우는 것은 중요한 일이지만 그것만으로는 잡학雜學으로 끝날 위험성이 있다. 그러므로 그것들을 통일적으로 파악하는 일관一貫된 지위에까지 이르지 않으면 결국 구극究極의 목적을 이루지 못한다.

구극에 이르려면 널리 그리고 많이 쌓아 거듭해 가는 점진적인 방법과 불쑥 근원적인 일관성一貫性을 파악해 빠르게 몰아가는 방법이 있다고 해도 그 점漸과 돈頓에는 낫고 못함이 없이 그것을 실천하는 자의 소질에 따른 것이다.

점진적인 방법에는 그 나름대로의 의미가 있어서 그것을 가볍게 보아서는 안 된다. 그런데 오늘날의 사람들은 대개 불쑥 하나로 꿰뚫을 것을 목표로 삼는 것을 입문入門의 방법이라고 생각한다. 급수가 높은 소질의 소유자는 그것으로 깨달음을 얻을 수 있겠지만 중간 정도의 소질의 소유자에게는 걸맞지 않는 방법이다. 이와 같은 무리를 강행强行하는 것은 적지 않게 후학後學을 실패하게 하는 결과가 된다.

돈頓과 점漸은 본래 불교佛敎에서 나온 말로써 실천론實踐論에 있어 두 가지 행하는 방법을 말한다.

출발점에서부터 한 걸음 한 걸음 밟아 굳혀 나가며 오랜 세월에 걸쳐 욕망을 해소解消해 가면서 목적지에 도달하는 것이 점문漸門이다.

　출발점과 목적지는 본래 일체로서 떨어져 있는 것이 아니라는 신념에 기초를 두고 단숨에 사람의 욕망을 없애기로 하여 목적지에 비약적으로 달려들려고 하는 것이 돈문頓門이다.

　점문은 시간이 걸리지만 착실한 실천법이라 할 수 있다. 그러나 돈문은 자기의 실력을 과신過信하여 헛된 깨달음에 만족할 위험이 있다. 그 도달점은 서로 다르지 않다고 하더라도 점문의 방법이 안정된 방법이라고 보고 있는 것이다.

多學而識¹ 原是中人以下一種學問 故夫子自言 多聞擇其善²而從之 多見而識之 敎子張³ 多聞闕疑⁴ 多見闕殆 敎人博學於文⁵ 敎顔子⁶博之以文⁷ 但不到一貫⁸地位 終不成究竟 故頓漸兩門 各緣資性 今人以一貫爲入門 上等天資 自是了悟 非所望於中人 其悞後學不細

※

1 多學而識(다학이식): 많이 배워서 앎. 『논어』 위령공편衛靈公篇에 나오는 말.

2 多聞擇其善(다문택기선): 많이 들어서 그 좋은 것을 가림. 『논어』 술이편述而篇에 나오는 말.

3 子張(자장): 공자의 제자.

4 多聞闕疑(다문궐의): 많이 들어서 의심나는 것을 버림. 『논어』 위정편爲政篇에 나오는 말.

5 博學於文(박학어문): 학문함에 있어 널리 글을 배움. 『논어』 옹야편雍也篇에 나오는 말.

6 顔子(안자): 공자의 수제자. 성은 안顔, 자字는 자연子淵, 이름은 회回. 안자顔子는 그를 높여 이르는 말.

7 博之以文(박지이문): 널리 학문을 닦음. 『논어』 자한편子罕篇에 나오는

말. 박문약례博文約禮라고도 한다.

8 一貫(일관): 하나로 꿰뚫음. 『논어』위령공편에 "나의 도는 하나로써 그것을 꿰뚫음"이라는 말이 있음.

제 9 장

국가를 경영하는 요체要諦

후세의 백성들이 자칫 죽을죄를 범하는 것은
윗자리에 있는 사람의 우유부단한 애정愛情이
꼭 죽여야 할 사람을 죽이지 않았기 때문이다.
이렇게 해서는
세상이 평화롭고자 해도 평화로울 수가 없는 것이다.

1. 실용적인 것을 구하라

천하의 모든 사업이나 모든 사물은 어느 것이나 모두 실용적實用的인 것을 구하는 것이 된다. 실용이라는 것은 나의 몸과 마음과 함께 하여 손해와 이익이 관계되는 것이다.

무릇 일체 급하지 않은 사물들은 귀와 눈의 진귀한 노리개로 제공되더라도 모두가 실용되는 것은 아니었다.

어리석은 자들은 매우 실질적으로 사용되는 것들을 상실하고 쓸데없는 것들을 구하는 데 이르렀다.

슬프다! 이런 까닭으로 밝은 임금이 천하를 다스림에 있어서는 반드시 먼저 화려하기만 한 문장文章을 뜯어 고치고 교묘하게 눈가림하여 꾸민 문장을 엄하게 단속할 뿐이다.

◉ 문장文章이라는 것은 그 의사를 간단명료하게 전달하면 되는 것이다. 그런데 불필요한 수식어를 되는 대로 구사驅使함으로써 도리어 그 내용이 흐려지게 하는 것은 문장의 본뜻에서 벗어나는 것이 된다.

명나라 말기에 있어서는 문화가 찬란하게 숙달됨과 동시에 예의의 응하고 접대함이 나날이 빈번해졌다.

이에 따라 겉보기만의 미사여구美辭麗句가 유행하여 문장은 문장대로 홀로 가고 그 논지論旨는 도리어 흐려지는 폐해가 발생했다. 저자는 그것을 근본적으로 바로잡아야 한다는 주장이다.

天下萬事萬物 皆要求箇實用 實用者 與吾身心 關損益者也 凡一切不
急之物 供耳目之玩好¹ 皆非實用也 愚者甚至喪其實用以求無用 悲夫
是故 明君治天下 必先盡革靡文² 而嚴誅淫巧³

※

1 玩好(완호): 진귀한 노리개.
2 靡文(미문): 화려한 문장. 허식이 많은 문장.
3 淫巧(음교): 교묘하게 눈가림하여 꾸미다. 지나친 기교技巧.

2. 건의서는 간단명료해야 한다

세상을 다스리고 백성을 구제하고자 하는 선비가 한 번 언관(言官: 諫官)에 있게 되면 한 건의 건의서建議書를 아뢰게 된다. 이러한 사람은 월등하게 뛰어난 상등인이다. 이들이라면 침묵이나 하고 지위를 보존이나 할 자들을 멀리 제거할 것이다. 다만 이 다스림이 묵혀지지는 않는 것이다.

또 지난날 사람들의 의논이 정일하지 아니치 못했다면 지금의 사람들이 행동을 추진하는 데도 힘을 다하지 아니할 것이다.

시험삼아 옛날의 서찰들을 생각해 보면 오늘날의 내가 말한 것들이 옛날 사람들이 일찍이 말했던 것이 아니었는가?

만약 다만 한 편의 문장으로 사업이 마쳐진다면 비록 군주에게 올리는 문장들이 산더미처럼 쌓일지라도 다만 종이나 붓으로 재앙과 액운이나 만들 뿐이고 서가의 위에 올려놓아 쥐들의 먹이가 될 뿐이다.

대저 사대부가 건의서를 올리는 것이 어찌 문장으로 여러 대에 전하고

자 할 것이겠는가? 간하는 말이 행해지기를 바라고 백성들이 그 혜택을
입게 되기를 바랄 뿐인 것이다.

오늘날 천자의 명령이 중앙이나 지방으로 두루 발포發布되면서도
백성들의 괴로움은 조금도 나아지는 것이 없다. 마땅히 그 까닭을
찾아야 한다.

그 까닭은 실상에 맞는 정치가 행해지지 않고 허식의 문장이 가로
막고 있기 때문이다. 사건의 본말本末을 종합적으로 조사하는 것을
힘쓰지 않는다면 그 죄가 장차 누구에게 돌아갈 것인가?

經濟¹之士 一居言官² 便一建白 此是上等人 去緘默³保位者遠 只是治不
古 若非前人議論不精 乃今人推行不力 試稽舊牘 今日我所言 昔人曾
道否 若只一篇文章了事 雖奏牘⁴如山 只爲紙筆作孽障⁵ 架閣上添鼠食
耳 夫士君子建白 豈欲文章奕世⁶哉 冀諫行而民受其福也 今詔令刊布
徧中外 而民間疾苦自若⁷ 當求其故 故在實政不行 而虛文搪塞⁸耳 綜核⁹
不力 罪將誰歸

※

1 經濟(경제): 세상을 다스리고 백성을 구제함. 경세제민經世濟民.
2 言官(언관): 임금에게 정치상의 모든 문제에 대하여 잘못된 점을 바로잡도록
  건의建議하고 충고하는 벼슬아치. 곧 간관諫官.
3 緘默(함묵): 침묵沈默.
4 奏牘(주독): 임금에게 올리는 문장.
5 孽障(얼장): 재앙과 액운. 재액災厄.
6 奕世(혁세): 역대歷代.
7 自若(자약): 조금도 변하지 않는 모양.

8 搪塞(당색): 통하지 않다.

9 綜核(종핵): 사건의 본말本末을 조사해 자세히 밝히다.

3. 정치는 세상을 교화하는 것이다

정치를 하는 데에 있어서는 먼저 서로 돕는 것으로써 세상을 교화시킨다
는 것을 중심으로 삼아야 한다. 윗자리에 있는 자는 그의 하나하나의
동작에 있어서 세상의 가르침의 성하고 쇠함과 풍속의 아름다움과
추악한 것들에 관계가 되는 것이다.

만약 정치의 큰 근본을 어떻게 한다는 것은 관계하지 않고 일시적인
편견偏見에 사로잡힌다면 비록 눈앞의 일은 잘 처리될지언정 풍속의
교화는 매우 큰 손상을 입게 된다.

이것을 난상(亂常: 떳떳한 도리를 어지럽힌 것) 정치라고 이르는 것이다.
앞서 간 어진 왕들은 이런 일들을 신중하게 했던 것이다.

◉ 정치의 덕목이란 윗자리에 앉아 있는 관리의 행동 하나하나에 따라서
풍속의 교화가 이루어진다는 것을 의미한 것이다. 지도자들은 항상 명심
해야 할 사항이다.

爲政 先以扶持世教¹爲主 在上者 一擧措²間 而世教之隆汚³ 風俗之美惡
係焉 若不管⁴大體何如 而執一時之偏見 雖一事未爲不得 而風化所傷
甚大 是謂亂常⁵之政 先王愼之

※

1 世教(세교): 교육과 정치의 힘으로 풍습을 잘 교화敎化시킴. 덕德으로 백성을

교화함. 풍화風化.

2 一擧措(일거조): 일거일동一擧一動. 일거수일투족一擧手一投足. 하나하나의 동작.

3 隆汚(융오): 성하고 쇠함. 융성하고 혼란되는 것.

4 管(관): 고려考慮함.

5 亂常(난상): 상도常道를 어지럽힘.

4. 중요한 법령은 만세에 보이는 것이다

중요한 법령을 공포하는 것은 대저 천하의 만세에 시범을 보이는 것이다. 가장 야비한 방법으로 따르도록 하지 않아야 한다. 처음부터 야비한 방법으로 따르게 하면 시행할 때에 반드시 걸리고 막힌다.

가장 애매모호하지 않아야 한다. 애매모호하게 만들면 그것을 집행하는 자가 법문法文을 마음대로 해석할 수가 있다.

가장 적당하게 만들지 않아야 된다. 적당하게 만들어 시행하게 되면 법령의 적용범위 밖에서 튕겨져 나온 것들은 처리할 근거가 없어지게 되고 그것을 집행하는 자가 자기의 독단獨斷으로 전행專行할 수 있게 된다.

◉ 법령을 제정할 때에는 심사숙고하고 애매모호한 것이 없어야 한다는 것이다. 애매모호한 법령이 있게 되면 관리들이 임의대로 적용하게 된다는 것을 경계한 것이다.

著令甲[1]者 凡以示天下萬世 最不可草率 草率則行時必有滯礙 最不可含糊[2] 含糊則行者得以舞文[3] 最不可疎漏[4] 疎漏則出於吾令之外者 無以

憑藉[5] 而行者得以專輒[6]

※

1 令甲(영갑): 중요한 법령.

2 含糊(함호): 애매모호曖昧模糊함. 흐릿하여 분명하지 않음.

3 舞文(무문): 법령을 마음대로 남용하는 일. 또는 문서를 마음대로 뜯어
 고치는 일. 무문곡필舞文曲筆.

4 疎漏(소루): 적당히 함. 차근차근하게 생각하지 못함.

5 憑藉(빙자): 바탕이 되는 곳. 근거根據. 남의 힘에 의지함.

6 專輒(전첩): 독단전행獨斷專行함. 마음대로 행동함.

5. 백성들을 분발시키는 정치란

성인이 천하를 다스림에는 언제나 천하 백성으로 하여금 정신을 분발奮
發시키고 의식意識을 긴장시켰다.

정신을 분발시키면 백성은 자신들의 생업을 포기하는 일이 없고
군비軍備와 식량도 충족되고 정의의 기풍氣風이 넘쳐흐르게 된다. 그렇
게 되면 평소에는 나라 일에 힘쓰고 일단 유사시有事時에는 한 몸을
나라에 바친다.

의식을 긴장시키면 모든 백성은 사특한 행동을 행하지 않고 자신과
한 집안을 지키는 데 신중히 하며 명예와 절의節義를 닦게 된다. 이에
세상이 다스려지면 예법禮法이 잘 실행된다. 또 나라가 쇠쇠衰해도 도둑떼
가 일어나지 않는다.

그런데 후세의 백성들은 게으르고 제멋대로 하는 것이 너무 심하다.
관리와 백성들이 게으르고 제멋대로 하는 것은 현명한 군주의 근심거리

인 것이다.

聖人治天下 常令天下之人 精神奮發 意念斂束[1] 奮發則萬民無棄業[2]
而兵食足 義氣充 平居可以勤國 有事可以損軀 斂束則萬民無邪行 而
身家重 名檢[3]修 世治則 禮法易行 國衰則姦盜不起 後世之民 怠惰放肆[4]
甚矣 臣民而怠惰放肆 明主之憂也

※

1 斂束(염속): 긴장시키다. 단속하다.
2 棄業(기업): 직업을 버리고 돌아보지 않음.
3 名檢(명검): 명예와 절의節義.
4 放肆(방사): 야무지지 못함. 제멋대로 함.

6. 동포애同胞愛의 정치가 없다

민포물여民胞物與, 곧 백성과 나는 같은 뱃속에서 태어난 형제와 같고
만물과 나는 모두 함께 하는 친구라고 한 것은 장자후張子厚라는 현인의
가슴속에 뭉쳐 내려서 백성이나 사물에 대해 아픔과 가여움을 부딪쳐
느끼는 마음이 있었기 때문에 바야흐로 이러한 말을 토로吐露한 것이다.
  그렇지 않다면 입으로만 하는 하나의 농담을 만들어 낸 것과 매한가지
일 뿐이다.
  비록 통곡痛哭을 배워서 하고 웃음을 배워서 흉내낸다 하더라도
매우 기쁘게 하고 슬프게 함이 있다. 그러므로 천하의 사업은 무엇보다
도 마음이 진실해야 한다.

옛날의 성천자聖天子인 이제二帝나 삼왕三王이 친한 이를 친근親近하게 하고 백성에게 인仁을 베풀고 만물을 사랑한 것은 남에게 배워서 그렇게 한 것도 아니었고 또한 그렇게 하는 것이 도리에 합당하다고 생각해서 한 일도 아니었다.〔선천적先天的으로, 그리고 자연적으로 그러한 애정에 끌렸던 것이다.〕

친親이라든가 인仁이라든가 애愛라든가 하는 것들은 어떠한 마음씨에서 나오는 것일까? 저것들을 차츰차츰 염두에 두면 간절하고 친절하고 지성스럽고 절실한 동정심에서 나오는 것이다. 비유컨대 자애로운 어머니가 그 아기를 사랑함에 있어 자신을 본위로 하지 않고 아기를 기르고 사랑하는 방법을 둔 것과 같은 것이다.

슬프다! 이러한 현실이 있지 않으니 통곡할 노릇이다.

民胞物與¹ 子厚²胸中合下³有這段着痛着痒心 方說出此等語 不然只是
做戲的⁴一般 雖是學哭學笑 有甚悲喜 故天下事 只是要心眞二帝三王⁵
親親仁民愛物 不是向人學得來 亦不是見得道理當如此曰親 曰仁 曰愛
看是何等心腸 只是這點念頭 懇切慇濃⁶ 至誠惻怛⁷ 譬之慈母愛子由不
得自家⁸ 所以有許多生息愛養之政 悲夫 可爲痛哭也已

※

1 民胞物與(민포물여): 民與同胞物吾與也민여동포물오여야의 준말이며, 북송
北宋 때의 학자인 장횡거張橫渠의 저서인 『서명西銘』에 있는 말. 『서명』은
가족적인 동포애를 호소한 명저名著로서 널리 읽혀진 책이다.

2 子厚(자후): 북송의 학자인 장횡거의 자字. 이름은 재載. 『정몽政蒙』, 『동명東
銘』, 『서명西銘』 등의 저서가 있으며, 이정二程과 어깨를 나란히 한다.

3 合下(합하): 합하여 하나 같은 모양.

4 做戲的(주희적): 거짓을 꾸미는 것.

5 二帝三王(이제삼왕): 이제二帝는 요임금과 순임금. 즉 제요帝堯와 제순帝舜.
삼왕三王은 하夏의 우왕禹王, 은殷의 탕왕湯王, 주周의 문왕文王과 무왕武王을
함께 이르는 말이다. 모두 고대 중국의 성왕.

6 慇濃(은농): 친절하고 자상함.

7 惻怛(측달): 절실한 동정심.

8 由不得自家(유부득자가): 자기중심으로만 생각하지 않음.

7. 정치는 인정人情에 적응해야 한다

인정人情이라는 것은 천하고금天下古今을 통해서 통일된 것이다. 성인
은 그것이 제멋대로 흐르는 것을 우려하여 특히 중용의 도를 표준으로
세워 그것을 막았다.

　그러므로 백성들이 따르기 간편했다. 그런데 일부러 도道를 어지럽히
는 자가 있어 제멋대로 고치고 천하고금에도 사람들이 하기 어려운
일을 만들어서 명성名聲을 높이려고 한다.

　지식이 없는 사람들은 서로 더불어 놀라고 괴이하게 여기며 그것을
추어올려 천하의 모든 사람을 거기에 따르게 한다. 대저 인간의 정에도
가깝지 않으며 모두가 도道의 적이라는 사실을 알지 못한다.

　그러므로 법령을 정할 경우에는 너무 과격하게 해서는 안 되며,
예법을 제정할 경우에는 너무 엄격해서는 안 된다. 사람의 책임을
추궁할 때는 지나치게 따져서도 안 된다.

　그렇게 하는 것이야말로 모든 사람이 함께 도道로 돌아갈 수 있는
것이다. 그렇지 않으면 이것은 사람들을 몰아서 도리어 배반하게 하는

것이다.

人情 天下古今所同 聖人懼其肆 特爲之立中[1]以防之 故民易從 有亂道
者 從而矯之 爲天下古今所難爲之事 以爲名高 無識者 相與駭異[2]之
崇獎之 以率天下 不知凡於人情不近者 皆道之賊也 故立法不可太激
制體不可大嚴 責人不可太盡[3] 然後可以同歸於道 不然 是驅之使畔也

※

1 中(중): 중정中正한 표준.

2 駭異(해이): 놀라 괴이하게 여김.

3 太盡(태진): 피할 길이 없도록 따져 묻는 일.

8. 입법의 근본 뜻을 알라

관직을 많이 설치하여 자주 직책을 바꾸고 국사國事를 허다하게 의논議
論하여 자주 변경하거나 하면, 백성들의 재앙이 언제 끝날지를 알지
못하게 된다.

옛사람들은 관직에 걸맞은 인물을 신중하게 선택하면, 선택한 사람
이 오랜 기간 동안 그 부서部署를 맡게 했다. 또 신중하게 정책을
세우게 하고 오랜 기간 동안 그것을 행하게 했다.

일 년이 지나도 고치지 않았고, 백년이나 천년이 되어도 전과 같이
하게 했다. 시대가 변하지 않으면 정치를 바꾸지 않았고, 정무에 폐해가
생기지 않으면 법령을 바꾸지 않았다. 그러므로 모든 관리官吏는 한결같
이 법을 잘 지켰다. 가히 총명한 군주가 일어나더라도 멋대로 법을

바꾸어 베풀지 않았다.

백성들의 눈과 귀도 한결같아져 법령을 듣고도 어지러워지는 데 이르지 않았으며 정치의 명령에 괴이쩍어 하지 않았다.

날마다 법령에 익숙해지고 달마다 젖어 들어서 국가의 기강이나 법도를 따르지 않는 이가 없었다.

그 자신을 깨끗하게 하고 국가의 정사와 교령과 명령에 익숙해졌다.

백성들의 습속이 성취되는 것은 비유컨대 추위와 더위가 바뀌는 것도 느끼지 못하고, 사업을 일으키는 자들은 해마다 계절을 따라서 행동함이 있었다. 도로도 바뀌지 아니하므로 왕래하는 자들도 해마다 멀고 가까운 것들을 알게 되었다.

이 사람들은 어떻게 그렇게 안정시켰으며, 어떻게 그렇게 일정하게 변하지 않았으며, 어떻게 서로 편안하게 했으며, 어떻게 그렇게 손쉽게 했으며, 어떻게 그렇게 수고로운 비용을 줄일 수 있었는가?

어떤 이가 말했다.

"법이란 오래되면 쓸모가 없어지는데 어찌 해야 합니까?"

대답하여 말했다.

"법을 세운 기본 뜻을 살펴보면 한쪽을 구제하고 피해를 보충하는 것입니다. 훌륭한 의사는 그 병의 원인을 제거하고 오장五臟을 고치지 않으며 기본 장기臟器만을 치료하고 네 개의 장기에는 미치지 않게 합니다.

보수를 잘하는 자는 그 파손된 곳만을 고치고 나머지 완전한 곳은 잘라내지 않으며 그 더러워진 곳만을 세탁하고 본래의 의복의 제도를 고치지는 않는 것입니다."

官多設而數易 事多議而屢更 生民之殃 未知所極 古人愼擇 人而久任
愼立政而久行 一年如是 百千年亦如是 不易代 不改政 不弊事 不更法
故百官法守[1]一 不敢作聰明 以擅更張[2] 百姓耳目一 不至亂聽聞 以乖政
令 日漸月漬 莫不遵上之紀綱法度 以淑其身 習上之政敎號令 以成其
俗 譬之寒暑不易 而興作者 歲歲有持循[3]焉 道路不易 而往來者 年年知
遠近焉 何其定靜 何其經常 何其相安 何其易行 何其省勞費 或曰 法久
而弊奈何 曰尋立法之本意 而救偏補弊耳 善醫者 去其疾 不易五臟[4]
攻本臟 不及四臟[5] 善補者 縫其破 不剪餘完 澣其垢 不改故製

※

1 法守(법수): 법도에 의해 스스로 지킴.

2 更張(경장): 고쳐 베풂. 여기서는 제멋대로 법령을 확대·해석하는 것.

3 持循(지순): 따라서 행함.

4 五臟(오장): 간肝, 심心, 폐肺, 비脾, 신腎의 다섯 장기를 말함.

5 四臟(사장): 심장心臟, 신장腎臟, 간장肝臟, 비장脾臟의 네 장기. 또는 신장
  대신 폐장肺臟을 말하기도 함.

9. 낡은 정치는 개혁해야 한다

국가 창업創業의 군주는 천하의 눈과 귀가 기울이고 듣는 때, 천둥이
치고 세찬 바람이 부는 것과 같은 일체의 법령을 제정한다. 그러므로
법령의 시행을 물이 흐르듯 순조롭게 하여 모든 백성이 법령에 따르는
것을 소리에 메아리가 울리듯이 한다.

이에 태평한 세월이 계속되고 법률과 제도가 세상의 형편에 맞지
않게 되면 사람의 마음은 수렴되지 않고, 게으름을 피워 진작되지

않고, 고루하여 정신이 흐리터분해진다.

예를 들어 말한다면 깊이 잠들어 있는 사람과 같아 수백 번을 불러도 귀머거리와 같이 눈을 뜨지 않는다. 오랜 피로에 지친 몸처럼 일어나더라도 두 다리를 절룩거리는 것과 같다. 이들은 도둑에게 쫓긴다거나 물에 휩쓸리거나 불 속에 들어 다급해지면 혹은 황급하게 깨어나 정신을 차리고 죽을힘을 다해 도피逃避하는 것이다.

그런 까닭으로 조령(詔令: 임금의 명령)이 전혀 행해지지 않고 정치가 쇠퇴해지게 된다. 상주문上奏文을 올리는 자가 난잡하게 이어지고 되풀이하여 경계하는 것들이 연이어 계속된다. 그것을 듣는 자는 듣고 아는 것이 없는 것과 같이 여기고, 다만 많은 상소문을 올린 자들만이 수고롭게 하고 종이와 붓만을 낭비시킬 뿐이다.

나아가서는 그 중심인물인 한 사람을 불러내 처형한다. 그래도 숙연해지거나 생각을 바꾸어 살펴서 쉽게 들으려 하지 않는다는 것을 알지 못한다.

그런데도 낡아빠진 선비들은 아직도 말하기를 "중요한 것은 따뜻하게 함이 마땅하다. 과격하게 해서는 안 된다."라고 한다. 아, 슬프다! 천하의 화근禍根을 기르고 천하의 폐해를 증폭增幅시키는 것은 반드시 이러한 보수적인 인물들이다.

물품들이 때가 묻었으면 세탁을 하고, 많이 더러워졌으면 고쳐 만들어야 한다.

집이 기울어지면 지주로 받치고, 그것이 심하면 헐고 새로 지어야 한다. 이와 마찬가지로 중흥中興의 군주가 명목名目과 실태實態를 총점검하여 기강紀綱을 바로잡는 것은 창업의 군주와 같이 그렇게 해야만 잘 행해지는 것이다.

創業之君 當海內屬目傾聽[1]之時 爲一切雷厲風行[2]之法 故令行如流 民
應如響 承平日久 法度疎闊[3] 人心散而不收 惰而不振 頑而不爽 譬如熟
睡之人 百呼若聾 久捲之身 兩足如跛 惟是盜賊所迫 水火所迫 或可猛
醒而急奔 是以詔令 廢格[4] 政事頹靡[5] 條上[6]者紛紛 申飭[7]者累累[8] 而聽之
者若罔聞知 徒多書發之勞 紙墨之費耳 卽殺其尤者[9]一人以號召之 未
知肅然改視易聽否 而迂腐[10]之儒 猶曰宜崇長厚[11] 勿爲激切 嗟夫 養天
下之禍 甚天下之弊者 必是人也 故物垢則澣 甚則改爲 室傾則支 甚則
改作 中興之君 綜核名實 整頓紀綱 當與創業等而後可

※

1 屬目傾聽(속목경청): 이목耳目을 집중하여 주의注意함.
2 雷厲風行(뇌려풍행): 천둥소리가 요란하고 바람이 세차게 불어 닥치는 것처
  럼 명확하게 결단을 내리는 모양.
3 疎闊(소활): 현실과 떨어져 있음. 꺼려서 머뭇거림.
4 廢格(폐격): 실행되지 않음.
5 頹靡(퇴미): 퇴폐頹廢함. 쇠퇴함.
6 條上(조상): 조목조목 열거하여 올리는 상주문上奏文.
7 申飭(신칙): 되풀이하여 경계하고 깨우쳐 줌.
8 累累(루루): 연이어 계속되다. 횟수를 거듭함.
9 尤者(우자): 중심인물. 주동자主動者.
10 迂腐(우부): 옛 투에서 벗어나지 못하는 자. 낡은 생각을 가지고 있는
   자. 진부陳腐.
11 長厚(장후): 온후溫厚.

10. 국가가 망하는 원인이란

대저 백성들이 대단한 노여움을 품고 감히 범하지 못할 법령을 두려워하면서 어느 쪽으로 붙을까 하는 윗사람의 틈을 타려고 벼르고 있다. 이와 같이 민심이 이반離反되어 있는데도 위에서 군림하는 관원官員은 변함없이 포학暴虐한 짓을 거침없이 하고 있다.

이것이 옛날 하夏나라의 걸왕桀王이나 은殷나라의 주왕紂王이 망한 원인이었다.

이 때문에 현명賢明한 제왕帝王은 자신이 가지고 있는 심정心情을 널리 미루어 같은 모양의 마음을 가진 것을 마음속에 두게 한다. 자기에게 순종하는 자의 동정動靜을 상대로 하지 않고 자기에게 무관심한 자의 참마음을 얻고자 한다. 그리하여 그들의 하고자 하는 뜻을 체득하고 그것을 배반하지 않으려 한다. 민심民心을 아는 것은 그것이 그대로 얼굴이나 목소리로 표면에 다 보이지 않고 눈에 보이지 않고 숨어 있어서 알기 어려운 면이 있기 때문이다.

이러한 것들이 굳게 맺어져 깊고 두터워지면 제왕의 자손대에 이르기까지 언제까지나 백성에게 의지할 수 있는 것이다.

夫民懷敢怒之心 畏不敢犯之法 以待可乘之釁 衆心已離 而上之人且恣 其虐以甚之 此桀紂¹之所以亡也 是以明王推自然之心² 置同然之腹³ 不恃其順我者之迹⁴ 而欲得其無怨我者之心 體其意欲而不忍拂 知民之 心 不盡見之於聲色 而有隱而難知⁵者在也 此所以固結深厚⁶ 而子孫終 必賴之也

※

1 桀紂(걸주): 하夏나라의 걸왕桀王과 은殷나라의 주왕紂王을 병칭竝稱하는
　말. 두 왕 모두 고대 중국의 이대 폭군二大暴君으로 알려짐. 하의 걸왕이
　포악했으므로 은나라의 탕왕湯王에게 추방되었으며, 은의 주왕도 포악했으
　므로 주周나라 무왕武王에게 멸망되었다.

2 自然之心(자연지심): 자신이 본래 갖추고 있는 동정심同情心.

3 同然之腹(동연지복): 같은 모양의 감수성感受性을 가지는 마음.

4 迹(적): 형적形迹. 동향動向.

5 隱而難知(은이난지): 표면에 드러나지 않아 그 정체를 알기 어려운 것.

6 固結深厚(고결심후): 굳게 결부結付됨.

11. 성인聖人들도 용납하기 어려운 정치란

아무리 권력이 있는 간신奸臣에게 맡겨 국정國政을 담당하도록 하더라
도 몇 사람인가의 선인善人을 등용登用하여 공정한 도를 실행할 수도
있고 또한 몇 가지인가의 선정善政을 행하여 민심을 수습하기도 한다.

그 뒤를 계승하여 담당하는 자는 먼저 사람이 한 것을 고쳐 스스로가
높아지려고 한다. 지난날에 등용되어 온 인재들은 모두 면직免職을
시키며, 지난날에 행해 온 정치는 일체를 모두 다시 바꾸려 한다. 소인小
人들은 아첨하고 등용되기를 구하여 그의 뒤를 따라 교묘하고 그럴듯한
말로 비위를 맞추며, 공정한 법령들을 완전히 바꾸어 악법으로 되돌려
버린다.

그들의 이와 같은 생각은 나라를 위하고 백성을 위하는 것인가,
아니면 자기 자신을 위해서 하는 것인가?

만약 나라를 위하고 백성을 위하는 것이라면 그의 식견識見은 처음부터 귀머거리와 소경이 하는 것과 같은 짓이다. 만약 자기 자신을 위해 하는 짓이라면 그러한 방법은 요임금이나 순임금과 또는 우왕이나 탕왕이나 문왕과 같은 성군聖君들도 용납하지 않을 것이다. 다시 무슨 업적을 말하겠는가!

任¹是權奸²當國 也用幾箇好人做公道 也行幾件好事收人心 繼之者 欲矯前人以自高 所用之人 一切罷去 所行之政 一切更張 小人奉承³以干進⁴ 又從而巧言附和 盡改良法 而還弊規⁵焉 這箇念頭爲國爲民乎 爲自家乎 果曰爲國爲民 識見已自聾瞽⁶ 果爲自家 此之擧動 二帝三王之所不赦者也 更說甚麼事業

※

1 任(임) : 아무리.
2 權奸(권간) : 권세를 쥐고 있는 간신奸臣.
3 奉承(봉승) : 아첨하여 받듦.
4 干進(간진) : 벼슬자리에 나갈 것을 구함. 간干은 구求와 같은 뜻.
5 弊規(폐규) : 폐해弊害가 있는 법규法規. 악법惡法.
6 聾瞽(농고) : 벙어리와 장님. 곧 식견이 좁은 것을 말함.

12. 공적인 것과 사적인 것들

공公과 사私의 두 글자는 이 우주에 있어서 인간과 귀신과의 관계이다.
만약 위로는 조정朝廷에서부터 아래로는 시골 마을에 이르기까지 공公인 글자를 얻어 자신이 꽉 잡아 지킨다면 곧 스스로 하늘은 맑고 땅은 편안해져 정치는 깨끗해지고 분쟁이 없어질 것이다.

　다만 한 점의 사사로운 것이라도 있게 되면 시끄럽고 혼란하여 세계가 정돈되지 않을 것이다.

◉ 공공적인 것과 사사로운 것이 인간 사회에는 존재하고 있다. 이 두 가지를 없앨 수도 없는 것인데 저자가 이것을 이야기한 것은 도가道家의 맥락에서 이야기한 것 같다.

公私¹兩字 是宇宙的人鬼關 若自朝堂以至閭里 只把持得公字定 便自天淸地寧 政淸訟息 只一箇私字 擾攘²的不成世界

※

1 公私(공사): 자기의 욕망을 펴지 않고 남과의 공조성公調性을 존중하는 것이 공公이요, 이에 반해 사리사욕을 억지로 밀고 나가려는 것이 사私다.
2 擾攘(요양): 옥신각신하고 어수선한 모양.

13. 지도자는 멋대로 해서는 안 된다

군주에게는 천하 백성의 기쁨과 슬픔이 걸려 있는 것이다. 군주가 한 생각이라도 게으름을 피우고 거칠게 한다면 온 천하에는 반드시 피폐해지고 해이해지게 되는 일이 생긴다. 군주가 한 생각이라도 제멋대로 한다면 천하에는 반드시 살아갈 방도를 잃는 백성이 생기게 된다.

　그러므로 항상 하루에도 몇 번씩 천하의 일을 궁리해도 천하의 백성들에게는 오히려 자기들의 마음이 군주에게 전달되지 않는다는 한탄이 있게 마련이다.

진실로 군주된 자가 민심의 동향을 미루어 살피지 않고 오직 자신의 욕망만을 위해 이에 멋대로 하는 것이 옳겠는가? 오호라! 가히 두려운 일인 것이다.

人君者 天下之所依以忻戚[1]者也 一念怠荒 則四海必有廢弛[2]之事 一念縱逸 則四海必有不得其所之民 故常[3]一日之間 幾運心思于四海 而天下尙有君門萬里之嘆[4] 苟不察群情之向背 而惟己欲之是恣 嗚乎 可懼也

※

1 忻戚(흔척): 기뻐하기도 하고 슬퍼하기도 함.

2 廢弛(폐이): 피폐하고 해이해지는 것.

3 故常(고상): 평상平常. 평소.

4 君門萬里之嘆(군문만리지탄): 군주의 문이 만리의 먼 거리에 있다고 하는 한탄. 곧 백성의 뜻이 쉽게 군주에게 도달하지 않는다는 탄식.

14. 지도자와 백성은 일체一體다

성인은 천하의 모든 사람을 연결지어 자기의 한 몸으로 삼고 천하의 한 마음으로 운용하는 것이다.

대저 팔과 다리와 인체의 모든 관절과 오장五臟과 육부六腑는 어느 것이나 다 나의 신체이다. 그러므로 어느 부분의 약간의 아픔이나 가려움이라도 깨달아 느끼지 못함이 없고 그것을 돌아보지 아니함이 없다. 이와 마찬가지로 온 천하 백성의 아픔이나 가려움을 어찌 천하를 다스리는 제왕帝王이 가벼이 보아 넘겨서야 되겠는가!

대개 좁쌀만 한 손가락의 부스럼이라도 사람의 목숨이 걸릴 수 있는 것이다. 〔결국 그 원인은 눈에 보이지 않는 곳에 있는 것이다.〕 국가의 존망도 그 원인이 눈으로 보고 귀로 들을 때에 있는 것은 아니다. 눈으로 보고 귀로 들을 때는 벌써 때 늦은 것이다.

이러한 것은 백성의 이해利害라는 것을 말한 것이다. 만약 한 몸이 마비麻痺되어 자신의 신체이면서 자기 마음대로 할 수 없는 처지가 되면 그것은 자기의 몸이면서도 자신의 몸이 아닌 것과 같은 것이다.

군주란 천하 백성의 군주이며, 천하란 군주의 천하이다. 천하와 군주의 혈기가 서로 통하지 않고 마음과 지혜가 서로 미치지 않는다면 어찌 하늘이 군주를 세운 뜻이 되겠는가?

◉ 군주와 천하는 한 몸체와 같은 것으로 천하를 자신의 몸과 같이 여겨야 참다운 지도자라는 뜻이다. 또 이것이 하늘이 군주를 세운 의미이기도 하다는 뜻이다.

聖人聯天下爲一身 運天下於一心 今夫四肢[1]百骸[2] 五臟六腑[3] 皆吾身也 痛痒之微 無有不覺 無有不顧 四海之痛痒 豈帝王所可忽哉 夫一指之 疔[4]如粟 可以致人之死命 國之存亡 不在耳目聞見時 聞見時則無及矣 此以利害言之耳 一身麻木[5]若不是我 非身也 人君者天下之人君 天下 者人君之天下 而血氣不相通 心知不相及 豈天立君之意耶

　　　　　　　　　　　　　※

1 四肢(사지): 두 팔과 두 다리.

2 百骸(백해): 몸을 이루는 모든 뼈.

3 六腑(육부): 뱃속의 여섯 가지 기관器官. 곧 담膽, 위胃, 대장大腸, 소장小腸,

삼초三焦, 방광膀胱.

4 疔(정): 부스럼의 한 가지. 악성惡性의 부스럼.

5 麻木(마목): 마비麻痹. 감각이 없어짐.

15. 관리官吏는 태도를 조심해야 한다

공자孔子는 노魯나라에 있어서 중대부中大夫의 신분일 뿐이었다. 하대부下大夫와는 같은 동료의 처지였으며 그들과 말할 때는 강직하게 했다.

오늘날의 감찰관監察官은 부하 관리를 만나 볼 때에 조그마한 은혜를 베푸는 듯이 경망스러운 태도로 어린아이나 부녀자를 상대하듯이 온정溫情을 쏟고 있다.

그들에게 가까스로 체통을 차리라고 하면 번번이 이르기를 "되지도 않는 소리."라고 하며 남에게 난감하게 한다. 또 가까스로 사건의 본말을 찾아 자세히 하자고 하면 곧바로 말하기를 "사람을 대접하기를 가혹하게 한다."라고 한다.

상관은 길이 두터운 태도를 힘써 자신의 사람으로 심으려고 부하의 비위를 맞추어 장차 자기의 문하門下로 만들고자 한다.

그리고 아랫자리에 있는 자는 되도록 헛되이 꾸민 문장으로 상관의 귀와 눈을 속여 가며 그날그날 사무를 처리하고 있다.

이렇게 하고서는 관리들의 다스림을 어떻게 닦아 효과를 올릴 것이며, 정치가 잘 되어 나갈 것인가. 어떻게 백성의 생활이 편안할 것인가. 때와 세상을 근심하는 자는 마음 아파하고 서러워해야 할 것이다.

孔子在魯 中大夫耳 下大夫僚儕[1]也 而猶侃侃[2] 今監司[3]見屬吏 煦煦沾
沾[4] 溫之以兒女子之情 纔正體統[5] 輒曰 示人以難堪 纔尙綜核 則曰
待人以苛刻 上務以長厚悅下官之心 以樹他日之桃李[6] 下務以彌文[7]塗
上官耳目 以了今日之薄書[8] 吏治安得修擧[9] 民生安得輯寧[10] 憂時者傷
心慟之

※

1 僚儕(요제): 동료同僚.

2 侃侃(간간): 강직한 모양. 『논어』 향당편鄕黨篇에 나오는 말.

3 監司(감사): 관리의 근무 태도를 감독하는 직책職責. 감찰관監察官.

4 煦煦沾沾(후후첩첩): 후후는 조그마한 은혜를 베푸는 모양. 첩첩은 경망한
모양.

5 體統(체통): 체면體面. 체재體裁. 태도.

6 桃李(도리): 문인門人. '도리문桃李門이 차다'라고 하면, 우수한 인재가 문하門
下에 모이는 것을 이름.

7 彌文(미문): 수식修飾을 많이 한 문장.

8 薄書(박서): 공문서公文書.

9 修擧(수거): 효과를 올림. 효과를 거둠.

10 輯寧(집녕): 편안함. 안녕. 평온平穩.

16. 지나치게 꾸미지 않은 것이 없다

눈에 보이는 모든 것은 이 세상에서 하나의 물건이라도 지나치게 꾸미지
않은 것이 없다. 이렇게 지나치게 꾸민 것은 소모적인 것이다.

세상에서 많고 적은 것들이 생성되는 밑바탕에서 재화財貨를 소모消

274

耗시키는 잘못을 알고 세상에서 많고 적은 재화를 만들어 내는 밑바탕의 공부가 되는 것이다.

지나치게 꾸미는 것을 처벌하지 않고 재정財政을 잘 운영하려고 강론코자 하는 것은 모두 구차한 임시변통臨時變通의 의논인 것이다.

◉ 교묘하게 눈을 가리는 식의 장식이나 문장의 허식들은 모두가 재화를 낭비하는 수단이라는 뜻이다. 그러나 세상은 모두가 풍요하면 풍요할수록 허식과 과장이 지배하게 되는 것이다.

滿目所見 世上無一物不有淫巧¹ 這淫巧耗了 世上多少生成底財貨愰了 世上多少生財底工夫 淫巧不誅 而欲講理財 皆苟且²之談也

※

1 淫巧(음교): 심하게 꾸민 것. 장식이 지나친 것.
2 苟且(구차): 임시변통臨時變通. 미봉책彌縫策.

17. 법이 엄하지 않으면 안 된다

간사한 짓을 막기 위한 법령은 필경 그것을 아무리 세밀하게 만들어도 결국 간사한 짓을 하는 자는 간사한 방법으로 빠져나가는 것이다.

저 간사한 짓을 하는 자들 중에서 서투른 자는 거짓으로 속여서 법망法網을 빠져 나가고, 능란한 자는 법령에 따라 빠져나가려는 폐단을 만들어 낸다. 이렇게 되면 애써 만든 법령이 있어도 폐해弊害를 제거하기는커녕 도리어 그 폐해를 보태는 것이 된다.

저들이 간사한 짓 열 가지를 만들어 내어도 그것이 법에 저촉되는 것은 한 가지일 뿐이다. 또 거기다가 범죄자의 죄罪를 가볍게 하면 죄를 범하지 않은 자에게도 권장하게 된다.

어떻게 법령이 지켜지고 행해지겠는가? 그러므로 법령을 엄격하게 집행執行하지 않으려면 차라리 법령이 없는 것만 같지 못한 것이다.

防奸之法 畢竟疎於作奸之人 彼作奸者 拙則作僞以逃防 巧則就法以生 弊 不但去害 而反益其害 彼作者十而犯者一耳 又輕其罪以爲 未犯者 勸 法奈何得行 故行法不嚴不如無法

18. 세상을 흐리게 하는 세 종류의 인간

세상 사람들이 지켜야 할 도덕에는 세 가지의 부류를 문책함이 있어야 한다. 권세 있고 높은 지위에 있는 사람을 책責하고, 학식이 있는 사람을 책하고, 기강紀綱을 어지럽힌 중심인물을 책하는 일이다. 이 세 가지 종류의 사람에게 책임을 추궁해야만 세상 사이의 도의를 정상으로 돌이킬 수 있다.

권세 있고 지위 높은 사람은 풍속과 교화敎化를 좌우할 실권을 쥐고 있다. 그럼에도 불구하고 솔선해서 그것을 깨뜨리고, 일반 서민庶民들을 앞장 세워 이끌면 서민들은 모두 그것을 보고 따른다.

학식이 있는 사람은 풍속과 교화의 도를 밝힐 위치에 있다. 그럼에도 불구하고 자신이 그것을 깨뜨리고 학식이 없는 자를 이끌어 가면 학식이 없는 자는 모두 그것을 보고 따른다. 이 두 종류의 사람에게 책임을 추궁하는 것을 근본을 바로잡는 것이라고 한다.

다음으로 풍속과 교화가 깨져 버리면 그것을 제거하기 위해 모두를 다 처벌할 수는 없다. 그러므로 그중에서 가장 중심이 되는 자를 가려 천하의 본보기로 징계懲戒를 한다. 이것을 말단末端을 바로잡는 것이라고 한다.

이와 같이 근본과 말단을 함께 바로잡으면 3년을 넘기지 않는 동안에 온 천하의 모양이 일변一變할 것이다. 그런데 오늘날에는 권세 있고 지위 높은 사람과 학식이 있는 사람은 교화와 풍속을 파괴하는 원흉元兇이 되어 있다. 그렇건만 그들의 체면만을 중요하게 여기고, 책임을 추궁하기는커녕 도리어 그들을 너그럽게 봐준다. 조금만 심하게 다루게 되면 "냉혹하게 다루어 사대부士大夫의 체면을 손상시킨다."고 불평을 한다.

저 상고시대의 요임금이나 순임금의 시대나 우왕이나 탕왕이나 문왕의 시대에도 이러한 불평을 들을 수 있었을까? 세간의 교화가 쇠퇴하고 인심人心이 어두워져 이러한 무리들의 견문과 지식이 어느 곳에서 왔는지를 깨닫지 못하겠다.

이른바 옳지 않은 인간들이 도당徒黨을 꾸며 서로 변호하면서 그 결함을 숨겨 주는 것이다. 이것은 도의와 법도法度의 두 가지가 다 병든 것이다. 천하가 어찌하여 파괴되고 또 어지러워지지 않겠는가!

世道有三責 責貴 責賢 責壞綱亂紀之最者 三責而世道可回矣 貴者握風俗敎化之權 而首壞以爲庶人倡[1] 則庶人莫不象[2]之 賢者[3]明風俗敎化之道 而自壞以爲不肖者倡 則不肖者莫不象之 責此二人此謂治本 風敎旣壞 誅之不可勝誅[4] 故擇其最甚者 以令天下 此謂治末 本末兼治 不三

年而四海內光景自別 乃今貴子賢者 爲敎化風俗之大蠹⁵ 而以體面寬
假⁶之 少嚴則日 苛刻以傷士大夫之體 不知二帝三王曾有是說否乎 世
敎衰微 人心昏醉 不知此等見識何處來 所謂淫朋比德⁷ 相爲庇護 以藏
其短 而道與法兩病矣 天下如何不敝且亂也

※

1 倡(창): 앞장서서 이끎. 주창자主唱者.

2 象(상): 흉내를 냄. 보고 익힘. 보고 따름.

3 賢者(현자): 여기서는 학식이 있는 사람을 가리키는 말이다.

4 不可勝誅(불가승주): 한 건 한 건을 끊어 나갈 형편이 되지 않음.

5 大蠹(대두): 해충의 한 가지. 두蠹는 나무를 갉아먹는 벌레의 이름.

6 寬假(관가): 관대하게 다룸. 너그럽게 보아줌.

7 淫朋比德(음붕비덕): 옳지 않은 인간들이 도당徒黨을 지음.

19. 관직은 사사로운 것이 아니다

오늘날의 온 세상에는 하나의 커다란 미혹된 것이 있다. 진秦나라나
한漢나라 시대 이래 사람들은 깨달음이 없다.

관직이 높고 권력이 무거운 것은, 본래 이것은 큰 것에 의지하여
어려운 것을 잊게 되는 것이다. 비유컨대 3천 근의 무거운 짐을 짊어지려
면 모름지기 오획烏獲과 같은 이를 찾아 짊어지게 해야 하며, 구름에
연결될 만한 거대한 집을 지으려면 모름지기 거대한 나무를 사용해
기둥으로 사용해야 하는 것과 같은 것이다.

이에 조정에서는 어진 인재를 구하고 이름난 기물을 빌려 중요한
임무를 맡기는 것은 조정에서 사사로운 은혜를 하라는 것이 아니고,

278

권세를 빌려주어 남들을 영광스럽게 하기 위한 것이었다.

지금의 높은 지위와 무거운 지위에 등용된 자들은 남에게 영광스럽게 해야 하거늘, 그들이 친한 자에게는 주는 것을 무겁게 하고 그들이 소원한 자에게는 인색함을 굳게 하여 그들의 어질고 어질지 않는 것을 논하지 않는다.

그 등용된 자들은 자신의 영광으로 여기고 얻지 못한 자는 눈이 움푹 들어가고 입에는 침을 흘리면서 남에게 구한다.

이미 얻으면 몸을 버리고 뼈가 부서지도록 노력하여 감지덕지하고 그의 임무를 감당할 수 있는가 없는가는 계산하지 않는다.

곁에서 관찰하는 자들은 그의 관직이 알맞은가 알맞지 않는가, 그 사람의 인품이 마땅한가 마땅하지 않는가는 논하지 않는다. 다만 자질이 천박한데도 갑작스레 승진을 의논하고 자격이 낮은데도 갑작스런 승진을 의논한다. 천박한 곳에 이르렀는데 상식에서 벗어난 승진을 의논한다. 모두가 관직을 부와 귀함을 얻는 물건으로 여기고 부하고 귀한 것들이 어디에 쓰이고자 하는 것인지를 알지 못하고 있다.

이것이 과연 조정에서는 천하를 위하여 사람을 구하는 것인가? 또한 군주와 재상이 선비를 위해 관직을 선택하는 것인가?

이상에서 말한 등용하는 자와 등용되는 자와 곁에서 보고 있는 세 사람은 모두 애처로울 뿐이다. 말세末世의 세상에 태어난 사람들의 그 견문과 지식이 진실로 이와 같으니 가소로울 뿐이다.

而今擧世有一大迷 自秦漢[1]以來 無人悟得 官高權重 原是投大遺艱[2] 譬如百鈞重擔 須尋烏獲[3]來擔 連雲大廈 須用大木爲柱 乃朝廷求賢才

借[4]之名器以任重 非朝廷市私恩 假之權勢以榮人也 今也崇階重地[5] 用
者以爲榮人 重以予其所愛 而固以各於所疎 不論其賢不賢 其用者以爲
榮己 未得則眼穿涎流以干人 旣得則損身鏤骨[6]以感德 不計其勝不勝
旁觀者不論其官之稱不稱 人之宜不宜 而以資淺[7]議驟遷[8] 以格卑議冒
進[9] 皆視官爲富貴之物 而不知富貴之也欲以何用 果朝廷爲天下求人
耶 抑君相爲士人擇官耶 此三人者 皆可憐也 叔季之世[10]生人 其識見固
如此 可笑也

※

1 秦漢(진한) : 고대 중국 전국시대戰國時代에 어지러웠던 천하의 주周나라와
  여섯 제후국諸侯國을 멸망시키고 중국을 통일했던 진제국秦帝國과 진나라의
  뒤를 이어 다시 어지러워진 천하를 통일한 한제국漢帝國의 두 나라.

2 投大遺艱(투대유간) : 큰일을 의지하여 간난艱難을 잇다.

3 烏獲(오획) : 고대 중국에서 힘이 세기로 유명했던 인물.

4 借(차) : 빌림. 대貸와 같은 뜻.

5 崇階重地(숭계중지) : 높은 위계位階와 무거운 지위.

6 損身鏤骨(연신루골) : 몸을 아끼지 않고 힘씀. 분골쇄신粉骨碎身.

7 資淺(자천) : 자질이 천박하다.

8 驟遷(취천) : 갑자기 높은 지위로 영전榮轉됨.

9 冒進(모진) : 상식에서 벗어난 영진榮進. 함부로 나아가다.

10 叔季之世(숙계지세) : 말세末世. 쇠세衰世.

20. 국민들은 서서히 이끌어야 한다

갑작스럽게 백성들에게 제재를 가하면 하찮은 자들도 달라붙어서 복종하지 않지만 점진적으로 하면 천하에 호걸이 없더라도 모두가 나에게 고삐를 잡힌 것같이 나아가게 된다.

드러내놓고 제재하면 어리석은 자라도 또한 이 핑계 저 핑계의 마음을 대지만 묵묵히 제재하면 천하에는 재주 부리는 사람이 없어도 모두가 나의 범위 안으로 들어오게 되는 것이다.

이러한 것들은 오랑캐들을 통제하고 소인을 대접하는 하찮은 술수이다. 이것을 군자가 사용하면 지혜로운 술책이 되고 소인이 사용하게 되면 교활한 슬기인 것이다. 또 이러한 것을 놓아두고는 능히 구제할 수가 없는 것이다.

어떤 이가 말했다.

"어찌하여 지극한 정성으로 행동하지 않는 것입니까?"

나는 대답했다.

"이러한 것이 어찌 일찍이 지극한 정성이 아니겠는가? 다만 얕게 드러내고 경솔하지 아니할 따름이다. 공자孔子께서 이르기를 '기밀한 일은 신중하지 않으면 해로움이 이른다.'라고 했는데 이러한 것을 이른 것이다."

驟制則小者未必貼服[1] 以漸則天下無豪傑皆就我羈靮[2]矣 明制則愚者亦生機械[3] 默制則天下無智巧[4]皆入我範圍矣 此馭夷狄待小人之微權[5] 君子用之則爲術知[6] 小人用之則爲智巧 舍是未有能濟者也 或曰 何不

以至誠行之 曰 此何嘗不至誠 但不淺露輕率⁷耳 孔子曰 機事⁸不密則害
成 此之謂與

※

1 貼服(첩복) : 얌전하게 복종함.

2 羈靮(기적) : 말의 자갈과 고삐. 곧 자유를 제약하는 것.

3 機械(기계) : 교묘하게 속이는 마음.

4 智巧(지교) : 남을 속이고 나쁜 짓을 하는 재주. 간지奸智.

5 微權(미권) : 임기臨機의 방편.

6 術知(술지) : 사람을 인도하기 위한 계략.

7 淺露輕率(천로경솔) : 얕으면서도 경솔함.

8 機事(기사) : 기밀한 일. 이것은 『한서漢書』 왕망전王莽傳에 나오는 말인데, 다만 이와 비슷한 생각이 『역경』 속에서도 보이므로 공자의 말이라고 했을 것임.

21. 법령은 시대에 따라 바꿔야 한다

사업이 관리들의 사사로움에 편리함이 있는 것들이 백대百代 동안 떳떳이 행해지고 온 천하에 통행된다면, 혹은 날로 왕성해지고 달마다 왕성해져 널리 퍼짐에 이르게 되면 구제할 방법이 없다.

만약에 자신의 사사로움에는 불편하고 비록 천하와 국가에서는 지극히 편안함으로 여겨 자주 알아듣도록 타이르더라도 매양 행해지지는 않을 것이다. 곧 잠시는 행해져도 또한 오래하지는 못할 것이다. 이것은 국가에도 등지고 백성에도 등질 것이므로 우리들의 책임이 큰 것이다.

◉ 관리官吏가 눈앞에 닥친 일만 생각하고 아무렇게나 만들어낸 법령이

282

백대百代의 오랜 세월을 두고도 변함없이 시행된다면 천하의 백성들이 그 화禍를 입게 된다. 또한 까딱하면 더욱 심각해지며 널리 번져나가 손을 쓸 방법이 없는 데로 이른다.

만약 법령으로 인하여 백성들의 생활하는 형편이 나빠진다면, 아무리 권력자 측에서 편리하고 지극히 당연하다고 생각되어 때때로 백성들에게 훈령訓令을 내린다 해도 그것을 시행할 수 없다. 일시적으로는 행해지더라도 오래 계속될 수도 없다.

이렇게 되면 결과적으로는 국가나 백성들의 기대에 어긋나는 것이 되므로 우리 관료官僚의 동지가 책임져야 한다는 것이다.

事有便於官吏之私者 百世常行 天下通行 或日盛月新 至瀰漫¹而不可
救 若不便於己私 雖天下國家以爲極便 屢加申飭² 每不能行 卽暫行亦
不能久 負國負民 吾黨之罪³大矣

                                        ※

1 瀰漫(미만) : 만연하다. 널리 퍼짐.
2 申飭(신칙) : 되풀이하여 훈계함.
3 罪(죄) : 책임責任.

22. 유사시에 무능하게 되는 공무원들

태평한 시대에는 문관이나 무장들이 게으르고 긴장이 풀리는 데 익숙해
진다. 앞서간 선인들이 남긴 말을 주워 고담준론高談峻論이나 하면서
진실한 참재능이 있는 듯하다. 이에 점점 어려운 대사大事가 손에 이르게

되면 허둥거리고 당황하여 한 줄기의 구제할 술책이 없다. 가히 한탄스럽고 가히 한스러울 뿐이다.

사군자士君子는 평일에도 사사건건 강론을 구하고 이곳저곳 체험을 하며 임시라도 다만 10분의 3이나 10분의 5라도 판단을 한다. 만약에 전연 깨달음이 없다면 다만 어린아이 소꿉장난의 종이배나 사금파리와 같을 뿐이다.

● 무사태평無事太平한 시절에는 문관文官이고 무관武官이고 게으른 버릇에 익숙해진다. 오직 선인先人들이 남긴 말을 주워 모아 잘난 듯이 의론議論이나 하여 어느 정도의 재능이 있는 듯 보일 뿐이다. 그러나 약간이라도 귀찮은 일이 눈앞에 발생하게 되면 허둥거리고 당황할 뿐 전혀 처리할 방법을 모른다. 이러한 추태醜態는 한심스럽기도 하고 분하기도 하다.

관료官僚는 평소에 이것저것 연구하고 여러 가지 체험을 쌓았더라도 막상 무슨 일이 있을 때에는 그 10분의 3이나 10분의 5 정도밖에 처리할 수 없게 된다. 얼마만큼의 연구와 체험을 쌓고도 이런 형편일진대, 만약에 아무것도 체득體得한 것이 없다고 한다면 소꿉장난에 사용되는 종이배나 사금파리와 하등의 다를 것이 없게 된다. 곧 아무짝에도 쓸모가 없다는 것이다.

太平之時 文武將吏 習於懶散[1] 拾前人之唾餘[2] 高談闊論[3] 儘似眞才 乃稍稍艱大事到手 倉皇迷悶[4] 無一幹濟之術 可嘆可恨 士君子 平日 事事講求 在在體驗 臨時只辦得三五分 若全然不理會[6] 只似紙舟[7]塵飯[8]耳

※

1 懶散(나산): 게으르고 긴장이 풀려 있음.

2 唾餘(타여): 튀겨지는 침방울. 쓸데없는 말.

3 高談闊論(고담활론): 잘난 듯이 떠벌이는 말.

4 倉皇迷悶(창황미민): 허둥거리고 당황함.

5 幹濟(간제): 잘 처리함.

6 理會(이회): 체득體得함.

7 紙舟(지주): 소꿉장난에 쓰는 종이로 만든 배. 종이배.

8 塵飯(진반): 소꿉장난에 흙을 담아 밥이라고 하는 것.

23. 한 사람을 죽여 수만 명을 살리는 길이란

성인이 사람을 죽이는 것은 살인을 중지시키기 위한 것이다. 죽일 때에는 과감하게 하고 머뭇거리지 않는다. 그러므로 죽이는 자는 한두 사람이지만 살리는 사람은 수천만 명이 된다.

후세에서 사람을 죽이지 않는 것은 죽이는 것을 불어나게 하는 것이다. 차마 한두 사람을 죽이지 못하여 천하의 간사한 사람들을 기르는 것이다. 그러므로 그 당연히 죽을 자를 살려서 살아있는 자를 죽음으로 숱하게 빠지게 했다.

오호라! 후세의 백성들이 많이 죽음을 범한 것은 사람의 지도자 된 자가 부인婦人의 인仁을 행했기 때문이다. 세상이 다스려짐을 얻겠는가?

◉ 성인聖人이 사람을 죽이는 것은 대량大量의 살인을 미연未然에 방지하기 위한 수단이었다. 그러므로 결심하여 죽이고 나서는 다시는 마음에 두지 않는다. 따라서 한 사람이나 두 사람을 죽일 뿐이며 그리하여 천만인의

많은 사람의 목숨을 구제한 것이다.

그런데 후세에서 사람을 죽이지 않는 것은 도리어 죽임을 당할 인간을 늘리는 결과가 되었다. 한두 사람을 차마 죽일 수 없다하여 천하의 악인惡人을 살아남게 했다. 그러므로 죽여야 할 사람을 살리고 살아야 할 사람이 대량으로 죽임을 당하는 결과가 되었다.

이에 후세의 백성들이 자칫 죽을죄를 범하는 것은 윗자리에 있는 사람의 우유부단優柔不斷한 애정愛情 때문으로, 꼭 죽어야 할 사람을 죽이지 않았기 때문이다. 이렇게 해서는 세상이 평화롭고자 해도 평화로울 수 없는 것이라는 한탄이었다.

聖人之殺 所以止殺也 故果[1]於殺 而不爲姑息[2] 故殺者一二 而所全活者千萬 後世之不殺 所以滋殺也 不忍於殺一二 以養天下之奸 故生其可殺 而生者多陷於殺 嗚呼 後世民多犯死 則爲人上者 婦人之仁[3]爲之也 世欲治得乎

※

1 果(과): 과단(果斷). 결단력이 있는 것.
2 姑息(고식): 결단력이 없는 것. 우물쭈물함.
3 婦人之仁(부인지인): 눈앞의 애정에 사로잡히는 인仁.

24. 법에는 감정이 적용되지 않아야 한다

내가 사구司寇에서 보좌관輔佐官으로 있을 때의 일이다. 그 죄상罪狀은 지극히 밉지만 어디에도 적용할 법률이 없는 죄인이 있었다. 사법관司法

官은 무리하게 중죄重罪를 적용하고자 했다. 나는 거기에 찬성하지 않았다.

사법관이 말했다.

"사적私的으로 미워해서가 아니다. 이렇게 함으로써 악인惡人을 징계懲戒하고자 할 따름이다."

나는 이에 대하여 이렇게 대답했다.

"사적으로 미워해서가 아니라는 말씀은 진실로 그러할 것이라고 여깁니다. 그러나 미워하는 감정이 일어나지 않았다고 이르는 것은 가하겠습니까?

만약 사법관께서 공적公的인 미움으로 하여 법의 경중輕重을 결정하신다면 어찌 뒷날 사적인 미움으로 법의 경중을 결정하는 사람이 없다는 것을 알겠습니까? 사구(司寇: 刑部)에는 다만 법法이라는 글자가 있을 뿐이고, 사법관에게는 그것을 집행執行하는 집행이라는 글자만이 있을 뿐입니다. 사법관께서는 신중하게 하십시오."

余佐司寇¹日 有罪人情極可恨 而法無以加者 司官曲擬重條 余不可 司官曰 非私惡²也 以懲惡耳 余曰 謂非私惡誠然 謂非作惡可乎 君以公惡³輕重法 安知他日 無以私惡輕重法者乎 刑部只有個法字 刑官只有個執字 君其愼之

※

1 司寇(사구): 사법司法과 경찰警察의 일을 모두 관장하는 관청의 높은 벼슬.
2 私惡(사오): 개인적으로 미워하는 것.
3 公惡(공오): 공적公的인 처지에서 미워하는 것.

25. 법률은 근본을 바꾸지 않아야 한다

법률을 고칠 경우에는 시세時勢에 따르는 정도로만 고쳐야지 도道 그 자체를 고칠 것은 아니다. 곧 그 지엽적枝葉的인 것은 고치더라도 근본적인 것을 고쳐서는 안 된다.

내가 이해할 수 없다고 생각하는 것은 대저 후세에 법률을 논의하는 사람들이 우연한 자기들의 의견이 있으면 망령되이 자신의 총명을 상쾌하게 하기만을 위하고, 선인先人들이 법률을 제정할 때에는 천 번 생각하고 만 번을 생각한 끝에 결정한 것이라는 사실을 모르고 있다는 것이다.

후세의 사람들이 새로운 발상發想이라고 기뻐하는 것들은 다 선인들이 이미 깊이 생각한 끝에 버린 것들이다. 어찌 선인들의 식견이 여기에 이르지 못했을 것인가?

變法者 變時勢不變道 變枝葉不變本 吾怪夫後之議法者 偶有意見 妄逞聰明 不知前人立法 千思萬慮而後決 後人之所以新奇自喜 皆前人之所以熟思[1]而棄者也 豈前人之見不及此哉

※

1 熟思(숙사): 깊이 생각함. 숙려熟慮. 숙고熟考.

26. 영웅호걸을 포용하는 방법

태평한 세상에서는 예의범절이 올바르고 진실한 인물을 등용登用한다.
쇠퇴衰退한 세상에서는 평범한 인물을 등용한다. 속되고 어지러운 세상
에서는 부정不正하면서 말만 번지르르한 인물을 등용하는 것이다.

부정하면서도 말만 번지르르한 인물이 세력을 얻으면 영웅호걸英雄
豪傑들은 뜻을 펴지 못한다. 뜻을 펴지 못하게 되면 오래도록 불만이
쌓이고 오래도록 쌓인 것을 그들이 한번 펴게 되면 마침내 천하를
멸망시키기에 이른다.

그러므로 영명英明한 군주가 지위에 있으면 반드시 먼저 천하의
민정을 살펴 불평이 없도록 한다. 장차 영웅과 호걸들을 마음으로
기쁘게 복종하도록 하여 나의 굴레의 지배하支配下에 두고, 그 불만이
오래도록 쌓여 있지 않게 하려고 그들을 단속한다.

治世用端人正士[1] 衰世用庸夫 俗于亂世用憸夫佞人[2] 憸夫佞人盛而英
雄豪傑之士不伸 夫惟不伸也 而舊于一伸 遂至于亡天下 故明主在上
必先平[3]天下之情 將英雄豪傑 服其心志 就我羈靮[4] 不蓄其舊而使之逞

❋

1 端人正士(단인정사): 예의범절이 바르고 진실한 인물.
2 憸夫佞人(험부녕인): 부정不正하면서 말만 번지르르한 인물.
3 平(평): 평정平靜하게 함. 불만이 없도록 함.
4 羈靮(기적): 제약制約. 지배가 미치는 범위.

27. 관직이 높아지면 눈과 귀가 가려진다

관직이 더욱 높아지면 더욱 귀가 멀고 눈도 소경이 되는데 그것은 그의 앞에서 가리는 자가 많기 때문이다.

관직이 더욱 낮으면 낮을수록 귀가 총명해지고 눈도 더욱 밝아지는데 그것은 직접 보고 듣는 것들이 진실한 것이기 때문이다.

그러므로 보고 듣는 것을 논論한다면 군주의 지식은 재상宰相에게 미치지 못하고, 재상의 지식은 감사監司에게 미치지 못하고, 감사의 지식은 수령守令에게 미치지 못하고, 수령의 지식은 백성에게 미치지 못한다.

눈과 귀를 가리는 순서를 논한다면 수령은 감사의 눈과 귀를 가리고, 감사는 재상의 눈과 귀를 가리고, 재상은 군주의 눈과 귀를 가린다.

아깝다! 더욱 낮은 관리들이 보는 진실한 백성들의 정을 관직이 더욱 높아지므로 듣지 못하는 것들이여!

愈上則愈聾瞽 其壅蔽[1]者衆也 愈下則愈聰明 其見聞者眞也 故論見聞 則君[2]之知不如相[3] 相之知不如監司[4] 監司之知不如守令[5] 守令之知不如民 論壅蔽 則守令蔽監司 監司蔽相 相蔽君 惜哉 愈下之眞情 不能使愈上者聞之也

※

1 壅蔽(옹폐): 듣고 보는 것을 가리고 방해하는 것.

2 君(군): 군주. 곧 임금.

3 相(상): 재상宰相. 임금을 도와 모든 관료를 지휘 감독하는 지위에 있는

벼슬아치.

4 監司(감사): 관찰사觀察使. 곧 도지사道知事에 해당함.

5 守令(수령): 지방 각 고을의 우두머리 벼슬. 곧 지금의 군수에 해당함.

28. 백성들의 사정을 억압해서는 안 된다

백성의 심정心情을 너무 억압해 답답하게 하면 안 된다. 제방에 답답하게 갇혀 있는 물은 한번 둑이 터져 무너지면 집을 떠내려가게 하고 산도 무너뜨린다. 대포에 불을 재어 두어 불이 답답하게 되어 한번 폭발하게 되면 돌을 깨뜨리고 나무를 부러뜨린다.

포학暴虐한 군주였던 하夏나라의 걸왕桀王과 은殷나라의 주왕紂王은 백성의 심정을 답답하게 억압했으므로 나라가 멸망했다.

현명한 군주였던 은殷나라의 탕왕湯王이나 주周나라의 무왕武王은 백성의 심정을 자유로이 뻗어나가게 했으므로 나라를 일으켰던 것이다.

이것은 국가의 존망存亡이 걸린 중대한 근본 원인이다. 천하를 다스리는 사람은 밤낮으로 정성을 다해야 한다.

民情甚不可鬱[1]也 防[2]以鬱水 一決則漂屋推山 砲以鬱火 一發則碎石破木 桀紂鬱民情 而湯[3]武[4]通之 此存亡之大機也 有天下者之所 夙夜[5]孜孜[6]者也

※

1 鬱(울): 막음. 억압抑壓함.

2 防(방): 둑. 제방.

3 湯(탕): 탕왕. 하나라의 걸왕이 폭군이었으므로 그를 추방하고 은나라를
   세웠음.

4 武(무): 무왕. 은나라의 주왕이 폭군이었으므로 그를 멸망시키고 주나라를
   세웠음.

5 夙夜(숙야): 아침저녁. 조석朝夕. 조야朝夜.

6 孜孜(자자): 일에 열중하여 힘쓰는 모양.

29. 지도자는 백성을 위해 있는 것이다

하늘이 백성을 이 지상地上에 나게 한 것은 군주를 위한 것은 아니다.
하늘이 이 지상에 군주를 세운 것은 백성을 위한 것이다. 어찌하여
내가 백성들을 고통스럽게 할 것인가?

  대저 군주가 해야 할 도는 다른 것이 없다. 천지자연의 이로운 것을
따라 백성을 위하여 그것을 개발開發하고 조절하는 것이다. 인간 고유固
有의 본성에 따라 백성을 위하여 그것을 솔선하고 제재하는 것이다.

  모두가 하고자 하는 것을 만족시키는 것이며 모두가 싫어하는 것을
제거하여 모든 민생民生을 안정시키고 사는 곳을 잃지 않게 하는 것이
세상에서 군주를 세운 뜻을 끝마치는 것이다.

  어찌 군주 한 사람을 위해 백성들의 위에서 방자하게 하고 천하에서
백성들에게 뜯어내서 스스로를 받들게 함이겠는가?

  오호라! 요임금이나 순임금만이 이러한 것을 알맞게 하는 것인져!

◉ "천하는 한 사람의 천하가 아니고 천하의 천하다."라는 말이 있다.
천하의 모든 백성은 군주 한 사람의 사유물이 아니라고 하는 생각은

예로부터 있어 왔다.

　군주 한 사람을 백성들 위에 받들어 백성들에게 착취한 물건으로 군주의
사생활을 이롭게 하라는 것은 아니었다. 그러나 역사에는 군주 개인을
위한 방편으로 백성들을 자주 이용해 왔다. 이러한 것은 옛날뿐만 아니라
현실의 국가 지도자들도 많이 자각하고 음미해 볼 말이다.

天之生民非爲君也 天之立君以爲民也 奈何以我病百姓 夫爲君之道
無他 因天地自然之利 而爲民開導 樽節¹之 因人生固有之性 而爲民倡
率²裁制之 足其同欲³ 去其同惡⁴ 凡以安定之 使無失所 而後天立君之意
終矣 豈其使一人肆于民上 而剝⁵天下以自奉哉 嗚呼 堯舜⁶其知此
也夫

※

1 樽節(준절): 조절하다.
2 倡率(창솔): 앞장서서 주장함. 수창首唱함.
3 同欲(동욕): 모두가 한 가지로 하고자 하는 것.
4 同惡(동오): 모두가 한 가지로 싫어하는 것.
5 剝(박): 뜯어 냄. 벗겨 냄. 착취함.
6 堯舜(요순): 요임금과 순임금. 중국 상고시대의 이상적理想的인 성군聖君임.

30. 공평은 천하태평의 길이다

평平이라는 한 글자에는 지극한 의미가 있다. 지극히 다스려지는 세상을
만드는 것으로 다만 천하태평을 말하는 것이다.
　어떤 사람이 말했다.

"물이란 높고 낮은 구별이 없고 한번 지나가 흘러 쏟아지면 공평한 것을 얻지 않는 곳이 없습니다."

나는 말했다.

"이것은 한결같이 공평하게 미친 것이다.

세상에는 온갖 인종과 온갖 사물과 온갖 양태의 일들이 각각의 분량이 있고 용모에는 차등이 있다. 다만 각각이 그의 자리에 편안하고 털끝만큼의 착오나 위화감이나 불안함이 없어야 이것이 곧 태평이다.

그대가 말한 것과 같은 것은 높고 낮고 귀하고 천하고 작고 큰 것들을 균등하게 하여 가지런히 하는 것이다. 평화롭지 않은 것이 이러한 것보다 큰 것은 없는 것이다."

平之一字 極有意味 所以至治之世 只說個天下平 或言 水無高下 一經流注 無不得平 曰 此是一味¹平了 世間千種人 萬般物 百樣事 各有分量 容有差等 只各安其位 而無一毫拂戾²不安之意 這便是太平 如君說 則是等尊卑貴賤小大而齊³之矣 不平莫大乎是

※

1 一味(일미) : 한결같음.
2 拂戾(불려) : 서로 어울리지 않음. 위화감違和感.
3 齊(제) : 가지런함. 굴곡屈曲이 없어짐.

31. 법률을 사사롭게 쓰지 말라

법法이란 세상을 운용하고 사물을 관장하는 신비스런 도구이다. 군주는 천리天理와 인정人情에 근본하여 안정시키는 것이고, 군주가 사사로운 뜻을 참여시키지는 못한다.

사람의 신하된 자는 법률을 천하 만세萬世를 위해 지켜야 할 것이며 신하된 자도 자신의 사사로운 뜻을 참여시키지는 못한다.

비유컨대 조정朝廷에 의식儀式이 있을 때 쓰는 규圭나 부절符節과 같은 것이다. 그것을 오직 공손하게 받들 따름이요, 자신의 물건은 아닌 것이다. 자신이 어떻게 감히 사물私物로 삼을 것인가.

그런데 오늘날에는 그렇지 않다. 사람이 법률을 방패로 삼아 사사로운 이利를 추구하고 뇌물賂物을 공공연히 청탁한다면 이쪽에서도 또한 법률을 방패로 삼아 은혜를 베풀어서 소리가 울리면 메아리가 울리듯이 서로 공모共謀한다.

또 말을 교묘하게 하고 정치를 어지럽게 하는 무리들이 법률을 방패로 삼아 길이 두텁게 하라 하고, 인자仁慈하라 하고, 덕德에 대하여 보답報答하라 하고, 윗사람을 존경하라고 한다.

대저 '길이 두텁게 하라', '인자하라'는 것은 법을 범하지 않는 것에 베푸는 것이 마땅한 것이다.

'덕에 보답하라', '윗사람을 높이라' 하는 것은 자신이 할 수 있는 범위 안에서 구하는 것이 마땅한 것이다.

조정의 공정한 법으로써 인정人情에 타협妥協시켜 자기의 사사로운 뜻을 펴고자 하는 것인가? 이것은 공정한 것을 크게 해치는 도적인 것이다.

法者御世宰物¹之神器² 人君本天理人情而定之 人君不得與³ 人臣爲天下萬世守之 人臣不得與 辟之執圭⁴捧節⁵ 奉持惟謹而已 非我物也 我何敢私 今也不然 人藉之以濟私 請托⁶公行 我藉之以市恩 聽從如響 而辯言亂政⁷之徒又借 曰長厚 曰慈仁 曰報德 曰崇尊 夫長厚慈仁 當施於法之所不犯 報德崇尊 當求諸己之所得爲 奈何以朝廷公法 狥人情伸己私哉 此大公之賊也

※

1 宰物(재물): 사물을 관장管掌함. 사물을 처리함.

2 神器(신기): 귀중한 도구道具.

3 人君不得與(인군부득여): 임금이라도 자기의 뜻을 삽입시킬 수가 없음.

4 圭(규): 제후諸侯로 임명될 때 천자天子에게서 받는 구슬.

5 節(절): 왕명王命을 받아 다른 나라로 파견된 자가 신표信表로 삼는 것. 부절符節.

6 請托(청탁): 뇌물. 회뢰賄賂.

7 辯言亂政(변언난정): 교묘한 말로 사람을 조종해 정치를 어지럽히는 것.

32. 지도자는 바른 도리를 행하라

정치를 맡아 함에 있어 사사로운 것을 따르게 되어 비방은 더욱 보태지고 도를 어기고 명예를 간구하는 것을 첫째 부끄러움으로 삼는 것이다.

　백성의 윗사람이 된 자는 스스로 응당히 행해야 할 도리가 있는 것이다. 그 행할 도리와 합당하면 행동하고 합당하지 않으면 버리고 떠나는 것이다.

만약에 왜곡되게 견강부회하여 맞추고 이익을 계산하고 해로운 것만을 생각하려면 자신이 물러나는 것만 같지 못하다.

맹자가 이르기를 "한 자를 굽혀서 여덟 자를 곧게 하는 것도 옳지 않다."라고 했는데, 미루어 헤아려야 한다.

비록 한 치를 굽혀서 1천 자(尺)를 곧게 한다 하더라도 아마도 또한 옳지 않을 것이다.

어떤 이가 말했다.

"군주와 어버이를 섬기는 사이에 처해서는 아마도 당연히 굽혀야 할 곳이 있을 것입니다."

대답하여 말했다.

"당연히 굽혀야 하는 것은 굽힌다고 이르지 못할 것이다.

이러한 것을 임시방편으로 떳떳하게 행하는 것이라고 이르는 것이다. 이것은 곧은 도道로써 행동하는 것이라고 하는 것이다."

爲政以狥私彌謗 違道干譽 爲第一恥 爲人上者 自有應行道理 合則行
不合則去 若委曲遷就[1] 計利慮害 不如奉身而退 孟子謂 枉尺直尋[2]不可
推起來[3] 雖枉一寸直千尺 恐亦未可也 或曰 處君親之際 恐有當枉處
曰 當枉則不得謂之枉矣 是謂權以行經[4] 畢竟是直道而行[5]

※

1 委曲遷就(위곡천취): 왜곡되게 견강부회하여 맞추다.
2 枉尺直尋(왕척직심): 척尺은 한 자, 심尋은 여덟 자. 한 자를 굽혀서 여덟

자를 곧게 함. 곧 작은 것을 희생시켜 큰 것을 살린다는 뜻. 『맹자』 등문공편하
藤文公篇下에 나오는 말.

3 推起來(추기래): 미루어 헤아림.

4 權以行經(권이행경): 경經은 영구불변의 상도常道, 권權은 그때 상황에
따라서 대응하는 길. 권權을 교묘하게 조종하는 것에 의해 경經을 행함.

5 直道而行(직도이행): 똑바른 도로 행함. 『논어論語』 위령공편衛靈公篇에
나오는 말.

33. 나쁜 폐단은 가차 없이 끊어라

나쁜 폐단의 단서端緖는 절대로 열어 놓아서는 안 된다. 나쁜 폐단을
수반隨伴하는 풍습도 절대로 이루어지게 해서는 안 된다. 나쁜 폐단의
단서가 아직 열리기 전에 이를 못하게 하기는 쉬운 일이지만 나쁜
폐단을 수반하는 풍습이 이미 이루어진 뒤에 이를 바로잡아 돌이키기는
어렵다.

나쁜 폐단의 단서를 보고서 그것을 끊어 버리는 것은 지혜로운 자가
아니면 못하는 일이고, 악풍惡風을 미워하여 그것을 바로잡아 돌이키는
일은 용감한 자가 아니면 못한다.

성왕聖王이 재위在位해서 나쁜 폐단의 단서를 여는 자를 잡아내어
처형處刑하고 천하의 본보기로 삼아 따르게 한다면 나쁜 풍습은 저절로
개혁될 것이다.

弊端[1]最不可開 弊風最不可成 禁弊端于未開之先易 挽弊風于旣成之
後難 識弊端而絕之 非知者不能 疾弊風而挽[2]之 非勇者不能 聖王在上

誅開弊端者 以狗³天下 則弊風自革矣

※

1 弊端(폐단): 나쁜 폐단의 단서端緒.
2 挽(만): 만회挽回함. 되돌림.
3 狗(순): 본보기로서 처단處斷함.

34. 정치는 백성들을 편안하게 하는 것이다

정치를 하는 요체는 백성 모두를 서로 편안하게 하는 것이다.

그 거대한 이익이나 큰 해로운 것들을 일으켜 고치는 것이란 10분의 1에 지나지 않는다. 이 밖의 것들은 평온무사하게 행하는 것이 마땅하다.

이름을 나타내고 공로를 세우는 것에 뜻을 두고 밝게 빛나는 명예만을 구하려고 해서는 안 된다.

그러므로 군자가 제왕에게 의견을 아뢰는 건의서에는 지혜로운 이름이나 용맹스런 공로가 없는 것을 제일로 삼는다.

우레가 요란하고 큰 바람이 불어오는 시대에 이르게 되면 등용되지 아니치 못하는 것이다.

비유컨대 하늘의 도가 그러한 것과 같은 것이다. 하늘의 도는 온화하고 침착한 것으로써 떳떳한 것을 삼는 것이며, 빠른 바람이나 맹렬한 우레는 간혹 사용되는 것일 뿐이다.

爲政要使百姓大家相安 其大利害當興革者 不過什一¹ 外此只宜行所無事² 不可有意立名建功 以求烜赫³之譽 故君子之建白 以無智名勇功

爲第一 至于雷厲風行⁴ 未嘗不用 譬之天道然 以沖和鎭靜⁵爲常 疾風迅
雷間用之而已

※

1 什一(십일): 십분의 일. 십什은 십十과 같다.

2 行所無事(행소무사): 일이 없는 곳으로 가게 함. 곧 자연의 흐름에 따라
물이 흘러가도록 인도한다는 뜻으로, 평온무사平穩無事하게 일을 처리한다
는 말.『맹자』이루편離婁篇에 나오는 말.

3 烜赫(훤혁): 밝게 빛나는 모양. 세력이 왕성한 모양.

4 雷厲風行(뇌려풍행): 우렛소리가 요란하고 세찬 바람이 불어 닥침. 곧 과격한
수단을 취하는 일.

5 沖和鎭靜(충화진정): 온화하고 침착함.

35. 법령法令의 변경을 신중하게 하라

법을 갑작스럽게 변경하려고 하지 않아야 한다. 갑작스럽게 변경하고
자 하면 비록 아름답다 할지라도 세상 사람들의 귀와 눈을 놀라게
하고 가지가지의 의논의 촉매가 되는 것이다.

법을 무리하게 변경하려고 하지 않아야 한다. 무리하게 변경하고자
하면 비록 아름답다 할지라도 사람들의 마음과 뜻을 거슬러 서로 바로잡
으려고 일어나는 빌미가 되는 것이다.

그러므로 법을 변경하려면 자세히 살피고자 하고, 점진적으로 하고자
하고, 감정에 치우치지 않아야 하고, 백성들의 마음과 함께 하고자
하여 그들과 함께 의논하는 것을 반복해야 한다.

또 그들의 마음의 행적이 맑은 하늘의 태양과 같고자 해야 하고,

홀로 책임지고 몸으로 행하여 주위의 좌우에게 명예를 빌려 마음대로 하지 못하게 해야 한다.

개인적인 행동으로 명확하고 또 정확하게 하고자 하고, 애매모호하여 사람들이 이렇게도 가하고 저렇게도 가하다는 해석을 가지는 것으로써 무겁고 가벼운 것을 삼아서도 안 된다.

변경할 법을 착실하게 거행하고 효과를 거두는 기약이 있어야 한다. 겉으로만 그럴듯한 문구로 체면치레하는 법이 되고 도리어 실지로는 해를 끼치는 일이 없어야 한다.

반드시 이와 같은 뒤에야 법을 변경하는 것이 옳은 것이다. 그렇지 않다면 차라리 옛 관습 그대로 이어서 적당히 가감하여 완성시켜 사물에 변화를 가져와 기뻐하는 일은 없어야 한다. 사물에 변화를 가져와 기뻐하는 일은 백성들의 윗사람이 된 자들의 수치스러운 것이다.

◉ 희사喜事란 곧 법을 변경하여 어느 한 편에서만 기뻐하는 일이 발생하는 것으로, 법을 만든 자가 천하에 죽일 놈이라는 치욕적인 명예를 얻는다는 뜻이다.

法不欲驟變 驟變雖美 駭人耳目 議論之媒[1]也 法不欲硬[2]變 硬變雖美 拂人心志 矯抗之藉[3]也 故變法欲詳審 欲有漸 欲不動聲色 欲同民心 而與之反覆其議論 欲心迹如靑天白日 欲獨任躬行[4] 不令左右借其名 以行胸臆[5] 欲明且確 不可含糊 使人得持兩可[6] 以爲重輕 欲著實擧行 期有成效 無虛文[7]搪塞[8] 反貽實害 必如是而 後法可變也 不然 寧仍舊 貫[9] 而損益修擧[10]之 無喜事[11] 喜事人上者之僇[12]也

※

1 議論之媒(의론지매): 가지가지의 의론이 들끓게 되는 원인이 됨.

2 硬(경): 무리하게. 억지로.

3 矯抗之藉(교항지자): 더욱 서로 다른 의견을 가지고 싸우게 하는 것이 됨.

4 獨任躬行(독임궁행): 홀로 책임을 지고 스스로 실행함.

5 胸臆(흉억): 개인적인 생각. 객관성이 없는 구상構想.

6 持兩可(지양가): 이것도 좋다 저것도 좋다고 하는 정견定見이 없는 태도.

7 虛文(허문): 실효實效를 수반하지 않으면서 겉치레뿐인 법문.

8 搪塞(당색): 한때의 체면치레.

9 舊貫(구관): 종래의 관행慣行.

10 修擧(수거): 훌륭하게 완성됨.

11 喜事(희사): 사물에 일부러 변화를 가져오게 하는 것을 기뻐함.

12 僇(륙): 부끄러움.

36. 이 세상에는 세 가지 권력이 있다

이 우주 안에는 세 가지 권력이 있다. 하늘이 갖는 권력은 재앙과 복록이라 하고, 군주가 갖는 권력은 형벌과 포상이라 하고, 천하 만민萬民이 갖는 권력은 칭찬과 폄론貶論이라고 한다.

　재앙과 복록을 어그러뜨리지 않는 것을 '하늘의 도가 맑고 공평하다.'라고 하는 것이다. 그러한 것을 다하지 못한 것이 있는 것은 운수에 빼앗겼기 때문이다.

　형벌과 포상을 어그러뜨리지 않는 것은 '군주의 도가 맑고 공평하다.'라고 하는 것이다. 그러한 것을 다하지 못한 것이 있는 것은 보고 듣는 지식의 한계이며 기쁘고 성냄에 가려졌기 때문이다.

칭찬과 폄론을 속이지 않는 것은 '사람의 도의 맑고 공평함이다.'라고 하는 것이다. 그러한 것을 다하지 못한 것이 있는 것은 사랑하고 미워함에 편벽되고 평판의 소리가 잘못되었기 때문이다.

칭찬과 폄론이란 하늘이 믿는 것으로써 재앙과 복록으로 삼는 것이다. 『서경』의 태서泰書에 이르기를 "하늘이 보는 것을 우리 백성들이 보는 것으로부터 보고, 하늘이 듣는 것을 우리 백성들이 듣는 것으로부터 듣는다."라고 했다. 군주가 믿는 바이며 형벌과 포상으로 삼는 것이다.

그러므로 『대학』 제10장에는 "사람들이 미워하는 것을 좋아하고 사람들이 좋아하는 것을 미워하는 것은 이것을 인간의 본성에 역행하는 것이다."라고 했다.

칭찬과 폄론을 가히 조심하지 아니치 못할 것이다.

이러한 것은 하늘의 도와 군주의 도가 사용되는 바이다. 한번이라도 사사롭게 좋아하고 미워함을 만드는 것이 있다면 이것을 하늘의 죄인이 되고 군주에게 죽임을 당하는 백성이라고 이르는 것이다.

◉ 세상 사람들은 사실이 어떠하든 남의 말에 추종追從하여 타인을 평가評價하는 경향이 있다. 그래서 정의의 인사가 세상의 악평惡評을 뒤집어쓰고, 뱃속 검은 인간이 명예로운 평판을 받는 예도 적지 않다. 이러한 잘못된 평가들은 하늘의 뜻이나 국법國法 본래의 뜻에도 어긋난다. 또 인간이 선善을 지향하는데 그의 뜻을 말살하는 것이 되기도 한다.

그것을 피하기 위해서는 경솔하게 세상의 평판에 동조同調하지 말고, 냉정하게 인품人品을 잘 살피는 능력이 요구되는 것이다.

宇內有三權 天之權曰禍福 人君之權曰刑賞 天下之權曰褒貶 禍福不爽
曰天道之淸平[1] 有不盡然者 奪於氣數[2] 刑賞不忒 曰君道之淸平 有不盡
然者 限於見聞 蔽於喜怒 褒貶不誣 曰人道之淸平 有不盡然者 偏於愛
憎 誤於聲響 褒貶者 天之所恃以爲禍福者也 故曰 天視自我民視[3] 天聽
自我民聽 君之所恃以爲刑賞者也 故曰 好人之所惡[4] 惡人之所好 是謂
拂人之性 褒貶不可以不愼也 是天道君道之所用也 一有作好作惡 是謂
天之罪人 君之戮民[5]

※

1 淸平(청평) : 청렴하고 공평公平함.

2 氣數(기수) : 운명. 운수運數. 운세運勢.

3 天視自我民視(천시자아민시) : 『서경』 태서泰書 상편에 있는 말. 하늘이
   보는 것은 우리 백성들에 의해 봄. 자自는 종從과 같은 뜻으로서 따르다,
   의하다의 뜻.

4 好人之所惡(호인지소오) : 사람의 미워하는 바를 좋아하다. 『대학大學』 제10
   장에 나오는 말.

5 戮民(육민) : 죽임을 당하는 백성. 곧 죄인.

제10장

인정人情과 널리 아는 것

나쁜 폐단은 그 근원의 하나를 바로잡으면
천 가지 만 가지의 폐단을 골고루 제거할 수 있다.
정치도 그의 근원인 하나를 다스리면
천 가지 만 가지의 문제가 단번에 처리될 수 있다.

아무런 보람 없이 먹어만 대는 것은
참새나 쥐의 종류요,
마구 피해를 주면서 먹어대는 것은
호랑이나 승냥이의 종류다.

1. 충고忠告를 잘 받아들여야 한다

세상 사람들은 남의 과실過失을 들으면 대체로 기뻐하는 것처럼 이야기하고 그것을 이야깃거리로 즐기기도 한다.

그러나 남이 자기의 과실에 대해서 바로잡아 주려고 하는 말을 들으면 이미 이러니저러니 하는 변명을 늘어놓는가 하면, 또 그 사람을 지독하게 미워한다.

또 남이 자기를 칭찬하는 말을 들으면 대체로 크게 기뻐하면서 그것을 과장하여 늘어놓는다.

그러나 남이 타인의 선善한 행동을 칭찬하는 것을 들으면 이런 소리 저런 소리를 해 가면서 그것을 덮어 감추려고 하고, 또 그의 흠을 들추어내려고 애쓴다.

살펴보라. 이런 마음씨의 생각을 가진 자가 군자君子겠는가, 소인小人이겠는가!

世之人 聞人過失 便喜談而樂道之 見[1]人規己之過 旣掩護[2]之 又痛疾[3]之 聞人稱譽 便欣喜而誇張之 見人稱人之善 旣蓋藏[4]之 又搜索之 試思這箇[5]念頭 是君子乎 是小人乎

※

1 見(견): 들음. 문聞과 같은 뜻으로 풀이됨.
2 掩護(엄호): 해명解明함. 변명辯明함.

3 痛疾(통질): 매우 미워함.

4 蓋藏(개장): 덮어서 감춤. 깎아내림.

5 這箇(저개): 이러한. 이와 같은. 두 자 아울러서 차此와 같음.

2. 인정人情의 변화를 탓하지 말라

높은 관직에 있는 어느 한 사람이 관직에서 물러나 집으로 돌아가 있었다.

집안은 관직에 있을 때와 같지 못했다. 그는 낙심하여 마음이 즐겁지 않아서 말했다.

"세상 인정의 변화가 이와 같은 것인가? 사람들은 어떻게 감당하는 것인가?"

나는 말했다.

"그대가 인정이 후하다 박하다 여기는 마음으로부터 기인한 것이지 유독 세상의 과실만은 아닌 것입니다. 평소에 담박淡泊하고 검소하게 지내는 것이 나의 본래의 일이요, 왁자지껄하고 화려하게 지내는 것은 평소에 놀던 것에서 온 것입니다. 그대는 부하고 귀한 것에 미련이 있는 것은 당연하게 여길 것이고, 가난하고 천한 것을 싫어하는 것은 우연으로 여길 것입니다. 무엇이 인정이 있고 무엇이 인정이 없는 것과 같습니까? 세상의 인정을 탄식할 겨를이 있겠습니까?"

◉ 한 사람의 대관大官이 관직에서 물러나 고향으로 돌아가 있었다. 찾아오는 사람도 별로 없고 집안의 모양이 현직現職에 있을 때와는 완전히 달라졌다. 여기서 의기소침意氣銷沈해진 구관舊官은 이렇게 말했다.

"세태인정世態人情의 변천變遷이 이렇게도 냉정할 수가 있는가. 도저히 참을 수 없다"

이 말을 듣고 나는 말했다.

"당신의 마음 그 자체가 달라진 것이지 세태인정이 잘못된 것만은 아닙니다. 평상시平常時에 담박하고 검소하게 살아가는 것은 우리들 본래의 모습이요, 왁자지껄하고 화려하게 사는 것은 우리들의 우연偶然한 모습입니다.

그런데 당신께서는 부귀富貴에 미련이 남아 그것을 당연한 것이라 생각하시고, 빈천貧賤을 싫어하시어 불행한 우연이라고 생각하십니다. 이보다 더한 마음의 변천이 또 어디 있겠습니까? 이렇게 생각하신다면 애초에 세태인정의 변천을 한탄할 겨를이 없을 것입니다."

一巨卿[1]還家 門戶不如做官時 悄然不樂曰 世態炎凉[2]如是 人何以堪
余曰 君自炎凉 非獨世態之過也 平常淡素 是我本來事 熱鬧紛華[3] 是我
倘來事[4] 君留戀[5]富貴 以爲當然 厭惡[6]貧賤 以爲遭際[7] 何炎凉如之 而暇
嘆世情哉

※

1 巨卿(거경): 대관大官. 높은 벼슬아치. 고관대작高官大爵.

2 炎凉(염량): 인정이 후한 것과 박한 것.

3 熱鬧紛華(열뇨분화): 왁자지껄하고 화려한 것.

4 倘來事(상래사): 평소에 놀던 관례에서 오는 일.

5 留戀(유연): 생각을 딱 끊지 못함. 미련未練.

6 厭惡(염오): 미워하고 싫어함.

7 遭際(조제): 우연히 만남.

3. 아첨하는 것은 공손함이 아니다

의義와 예禮를 잘 지키는 자를 지금의 사람들은 오만하다고 한다. 남에게 붙어서 아첨하는 자를 지금의 사람들은 겸손하다고 한다.

　온 세상에서 고귀한 신분이나 높은 관직에 있는 자들이 스스로 선비의 부류라고 호칭하는데 또한 정신이 헷갈려 어지럽게 하며 서로를 책망하면서도 깨닫지 못한다. 대단히 가소로운 일이다.

守義禮者 今人以爲倨傲[1] 工諛佞者 今人以爲謙恭[2] 擧世名公達官[3] 自號儒流 亦迷亂相責而不悟 大可笑也

　　　　　　　　　　※

1 倨傲(거오): 오만傲慢함. 거만倨慢함.
2 謙恭(겸공): 겸손謙遜함. 공순恭順함.
3 名公達官(명공달관): 명공은 귀한 직위. 달관은 관직이 높은 사람. 곧 공경公卿과 대작大爵의 뜻.

4. 믿을 사람이 없는 세상이란

옛날 사람들은 서로 함께 하면 눈을 밝게 뜨고 가슴을 열어 일을 하고 자신의 마음을 미루어 남의 마음속에 두었다. 그러므로 말하지 않으면 먼저 의심함이 없었고 그가 말을 해도 뒤에 생각함이 없었다.

　지금 사람들이 서로 함께 하면 소심한 것으로 숨을 죽이고 마음을 감추고 얼굴을 꾸미며 그가 말하지 않으면 의심하고 두려움을 품고,

그가 이미 말을 하면 재앙의 기틀에 부딪친다.

슬프다! 어떻게 심지가 광명한 군자를 얻어 함께 진정을 토로하고 마음속을 논하겠는가?

슬프다! 저들 또한 남에게 광명을 보이면서 사람들을 함정에 빠뜨리고 있으니 말이다.

◉ 옛날 사람들은 서로 동료同僚가 되면 거리낌 없이 심중心中을 털어놓으며 성의를 다해 접촉했다. 무엇이라고 말하기 전부터 상대방을 의심하지 않았고, 무엇이라 말했다 하더라도 무슨 불안한 생각을 갖지 않았다.

지금 사람들은 서로 동료가 되면 공연히 겁을 먹어 숨을 죽이고 본심을 감추면서 겉으로만 꾸민다. 무엇이라고 말하기 전부터 상대방을 의심하고, 무엇이라고 말하면 재화災禍가 닥쳐온다.

슬픈 일이다. 어떻게 하든 심중이 빛나는 군자를 우연히 만나 그 사람과 진정眞正을 토로吐露하여 거리낌 없이 서로 이야기를 나누고 싶은 것이다. 그러나 더욱 슬픈 일은 그와 같이 보이는 사람이라도 빛남을 보일 뿐으로, 실은 함정을 파 놓고 사람을 그 속으로 떨어뜨리려고 할 뿐이다.

古人之相與也 明目張膽[1] 推心置腹[2] 其未言也無先疑 其旣言也無後慮 今人之相與也 小心屛息[3] 藏意飾容 其未言也懷疑畏 其旣言也觸禍機[4] 哀哉 安得心地光明之君子 而與之披情愫[5]論肝膈也 哀哉 彼亦示人以 光明 而以機阱[6]陷人也

※

1 明目張膽(명목장담): 아무 두려울 것 없이 용기를 내어 분발奮發하는 것.
2 推心置腹(추심치복): 나의 거짓 없는 참된 마음을 미루어 남의 마음속에

두는 것. 성의를 가지고 남에게 접촉하는 것.

3 小心屛息(소심병식): 상대방의 기분을 상하게 하지 않으려고 겁을 먹으면서 숨을 죽임.

4 禍機(화기): 재화災禍의 기틀. 재화의 빌미.

5 披情愫(파정소): 진정을 토로하여 거리낌 없이 서로 이야기하는 것.

6 機阱(기정): 함정陷穽.

5. 상대가 박정薄情하다고 나도 박정해서야…

저들이 박정하고 사납게 하더라도 나는 두터운 도로써 두텁게 대우한다면 박정하고 사납게 한 자는 반드시 부끄럽게 생각할 것이다. 이에 정이 좋아지고 더욱 두터워질 것이다.

만약에 그가 박정하고 사납게 하는 것을 따라서 또한 박정하고 사납게 보답한다면 그와 나는 함께 그른 것이다.

그 하는 방법이 먼저 하고 뒤에 하는 잘못으로 나뉠 뿐이다.

필경 어느 때에 감정이 풀리겠는가? 이러한 것은 보통 사람들의 행동이며 군자가 말미암을 것은 아닌 것이다.

◉ 상대하는 사람이 박정薄情하더라도 이쪽에서 융숭한 방법으로 정성껏 응대한다면, 상대방은 반드시 부끄럽게 여기고 우정友情은 점점 두터워질 것이다.

만약 상대가 박정하다고 해서 이쪽에서도 박정한 태도로 응대한다면, 어느 쪽이고 다 같이 잘못된 것으로서 다만 그 하는 방법에 선후先後의 잘못이 있을 뿐이다. 그렇게 되면 언제까지라도 감정의 응어리는 없어지

312

지 않는다.

이것은 범인凡人이나 할 짓으로서 군자가 취할 방법은 아니라는 뜻이다.

任彼薄惡¹ 而吾以厚道敦之 則薄惡者必媿感² 而情好愈篤 若因其薄惡
也 而亦以薄惡報之 則彼我同非 特分先後耳 畢竟何時解釋³ 此庸人⁴之
行 而君子不由也

＊

1 薄惡(박악): 경박輕薄하고 마음씨가 나쁨. 박정薄情.
2 媿感(괴감): 부끄럽게 생각함.
3 解釋(해석): 풀림. 감정의 얽힘이 풀림.
4 庸人(용인): 평범한 사람. 범인凡人.

6. 획일적인 사고를 하지 말라

한 사람이 벽돌 한 장씩을 나른다면 그 발걸음은 빠르다. 한 사람이
한 번에 벽돌 석 장씩을 나른다면 그 발걸음은 더디 행해질 것이다.
또 이번에는 두 사람이 함께 벽돌 열 장씩을 수레에다 싣고 나른다면
그 속도는 더욱 느릴 것이다. 그런데 저녁나절에 일을 마치고 계산을
해 보면 이 네 사람이 나른 수효는 결국 같다.

이 세상의 모든 일이란 진실로 편리한 방법에 따라 목적을 달성할
수 있는 일이라면 일률적一律的으로 할 필요는 없다. 일률적으로 하면
사람은 반드시 고통스럽게 여길 것이다.

그래서 선왕先王은 사람이 편리하다고 생각하는 것을 고통스럽게

여기지 않도록 하고 내가 일에 나아가는 것을 일률적으로 하지 않도록 하고 또 일을 괴롭게 여기지 않도록 했던 것이다.

一人運一甓[1] 其行疾 一人運三甓 其行遲 又二人共輿十甓 其行又遲 比暮而較之 此四人者 其數均 天下之事 苟從其所便 而足以濟事[2] 不必 律之使一也 一則人情必有所苦 先王不苦人所便 以就吾之一 而又病 於事[3]

※

1 一甓(일벽): 한 장의 벽돌.
2 濟事(제사): 일을 완성함. 목적을 달성함.
3 病於事(병어사): 일을 고통스럽게 함. 일을 망치게 함.

7. 옛날의 성인聖人과 마주하는 법

나는 두세 사람의 도의道義의 벗이 있다. 수일 동안 떨어져 있으면 곧 서로를 생각하게 된다. 세상 풍속의 생각이려니 여기면 한 번 이별에 문득 생각이 나고, 친후한 정이려니 하면 한 번 이별에 문득 성기어진다.

나는 이렇게 말했다.

"그대의 이 말은 매우 정취가 있다. 술을 즐기며 맺은 벗이나 허물이 없는 벗들과는 그 정겨운 맛이 판이하게 같지 않다. 다만 참맛이 깊지 않을 뿐이다.

공자孔子나 맹자孟子나 안자顔子나 자사子思와 같은 분들과는 우리들이 평생 동안 어찌 일찍이 한 번이나 접했겠는가? 다만 지금 그들의 저서나 읽고 그분들의 행동을 마음속으로 납득하는 사이에 마치 아침저녁으로 함께 방에 앉아 대화를 하는 것과 같고 마치 집안에서 아버지와 아들이 서로 의지하는 것과 같기도 하다. 왜냐하면 마음이 사귀고 정신이 맺어져서 천년의 세월도 한 시간이고 만 리의 거리도 한 몸체이기 때문이다.

오래되면 저와 나도 또 없는데 무엇이 떠나고 무엇이 합하며 무엇이 친하고 무엇이 성기겠는가?

만약 서로 함께 할 때는 선한 생각이 나고 서로 떨어져 있으면 욕심이 자라나고자 한다면 이것은 곧 아침저녁으로 살아있는 동안에 무슨 일을 이룰 수 있겠는가?"

◉ 저자인 여곤呂坤에게는 도의道義로써 맺은 두세 사람의 참다운 벗이 있는 것이다. 그들은 며칠 동안 만나지 못하면 서로 궁금해 하지만, 그래도 일단 헤어지고 나면 세속적世俗的인 생각으로 인해 친애親愛의 정이 엷어지는 것이라고 생각하고 있었다.

그래서 여곤이 이렇게 말한 것이다.

자네들의 그 말은 매우 의미심장意味深長하다. 적당히 사귀며 지내는 벗들과는 그 정다운 맛이 훨씬 다르다. 다만 진미眞味가 깊지 않을 뿐이다. 진미를 깊게 하려면 어떻게 해야 할 것인가.

공자나 맹자나 안연顏淵이나 자사子思 같은 분들과는 평소에 단 한 번도 얼굴을 대한 일이 없다. 다만 오늘날 그분들의 저서著書나 그분들이 남긴 말들을 읽고 들으면서 그것을 마음으로 깊이 인정하는 동안에 마치 아침저녁으로 같은 방에 앉아 대화를 나누는 것과 같은 느낌이 들기도 한다. 또는 아버지와 자식 사이에 무릎을 마주대고 있는 것과 같은 느낌이 들기도 한다.

왜냐하면 서로의 마음과 마음이 융합融合되어 천년의 세월도 바로 눈앞에서 응축되고, 만 리의 거리도 한 몸에 체현體現되기 때문이다.

이렇게 얼마를 지내면 그동안에 그들과 자기와의 구별조차 없어진다. 이렇게 되면 시대적인 거리라든가 친숙한 정도 같은 것은 완전히 소멸消滅되고 만다.

만약 자네들의 말과 같이 함께 지낼 때는 좋은 생각이 생기고 헤어져 있으면 욕심이 생긴다고 한다면, 하루를 헤어져 있어도 한평생을 헤어져 있는 것과 마찬가지여서 아무런 쓸모가 없다는 것이다.

有二三道義之友 數日別便相思 以爲世俗之念 一別便生 親厚之情 一別便疎 余曰君此語甚有趣向 與淫朋[1]狎友[2] 滋味逈然[3]不同 但眞味未深耳 孔孟顏思[4] 我輩平生何嘗一接 只今誦讀體認間 如朝夕同堂對語 如家人父子相依 何者 心交神契 千載一時[5] 萬里一身[6]也 久之彼我且無孰離孰合 孰親孰疎哉 若相與而善念生 相違而欲心長 卽旦暮一生[7] 濟得甚事

※

1 淫朋(음붕) : 주색으로 맺은 벗.

2 狎友(압우) : 허물없이 친해져 예절에 구애되지 않는 벗.

3 逈然(형연) : 아득하게.

4 孔孟顏思(공맹안사) : 공자孔子, 맹자孟子, 안연(顔淵 : 顔子), 자사子思. 안연은 안자를 이르는 말로서 이름은 회回, 자字는 연淵. 공자의 수제자. 사思는 자사를 이르는 말로서 이름은 급伋, 자사子思는 그의 자字, 공자의 손자요, 맹자의 스승이었음.

316

5 千載一時(천재일시): 천년의 세월을 이 한때에 응축凝縮함. 곧 천년의 세월을
  한때와 같이 여김.

6 萬里一身(만리일신): 만 리의 거리를 이 한 몸에 체현體現함.

7 旦暮一生(단모일생): 단 하루 헤어져 있으나 평생을 헤어져 있었음과 같음.

8. 국가 공복의 좌우명座右銘

아무런 보람도 없이 먹어만 대는 것은 참새나 쥐의 종류일 따름이다.
마구 피해를 주면서 먹어 대는 것은 호랑이나 승냥이의 종류일 뿐이다.
관리가 된 자는 좌우座右에 써서 붙여 둘 것이다.

無功而食 雀鼠是已 肆害而食 虎狼是已 士大夫可圖諸座右[1]

※

1 座右(좌우): 앉아 있는 자리의 곁. 자리 옆에다 써서 붙이거나 걸어 놓고
  아침저녁으로 보면서 반성의 자료로 삼는 격언格言을 좌우명座右銘이라 한다.

9. 하늘을 가슴에 품을 수 있어야…

우물 안에 앉아 있는 사람은 360도의 넓은 하늘을 함께 더불어 말할
수가 없다.
  그가 우물을 벗어나 나와 사방을 둘러보고서야 비로소 하늘이 크다는
것을 알게 될 것이기 때문이다.
  비록 구름이나 울창한 수목일지라도 눈앞을 가리게 되면 보이는
범위가 구애를 받는 것과 같다.

태산泰山의 정상頂上에 올라서 하늘을 살피면 그의 끝이 어디인지를 알지 못하게 된다.

비록 스스로 팔방八方의 끝까지 자신이 유람하면서 한 마음으로 하늘 끝까지 꿰뚫는 것보다 좋은 것 같은 것은 없다.

그러면 하늘은 우리들의 가슴속에 있어서 창고 속에 들어 있는 한 알의 쌀 정도의 크기밖에 안 된다는 것을 알게 될 것이다. 그렇게 된 후에 비로소 천지간의 진리眞理를 통달通達한 견문과 지식을 가졌다고 말할 수 있는 것이다.

坐井者 不可與言一度之天 出而四顧 則始覺其大矣 雖然 雲木礙眼 所見猶拘也 登泰山之巔 則視天莫知其際[1]矣 雖然 不知身遊八極[2]之表 心通九垓[3]之外 天在胸中 如太倉一粒 然後可以語通達之識

※

1 際(제) : 끝. 끝 간 데.
2 八極(팔극) : 팔방八方의 끝.
3 九垓(구해) : 하늘 끝.

10. 원인이 쌓여서 이루어지는 일들…

천하의 형세는 원인原因이 거듭 쌓이고 쌓여 점차로 이루어지는 것이다. 그러므로 터럭 한 줄기 정도라도 가벼이 여겨서는 안 된다.

수레에 실은 깃털이 수레의 굴대를 부러지게 하는 것은 수레의 굴대가 그 가벼운 깃털이 많이 쌓인 무게에 견디지 못하기 때문이다.

318

추위가 닥쳐올 것을 미리 알리는 밤이슬을 가벼이 여겨서는 안 된다. 그 까닭은 서서히 시간이 경과하여 마침내 굳게 얼음이 어는 데에 이르기 때문이다.

예로부터 천하나 국가나 한 몸이 멸망하는 것은 그 원인이 거듭 쌓이고 쌓여 점차로 그렇게 되는 적점積漸의 두 글자에서 벗어나지 않았다.

약간의 거듭 쌓이는 일이나 점차로 시작하는 데에서 마음의 섬뜩함을 느끼게 되는 것인져!

天下之勢 積漸[1]成之也 無忽一毫 輿羽[2]折軸者積也 無忽寒露 尋至堅氷[3]者漸也 自古 天下國家身之敗亡 不出積漸二字 積之微 漸之始 可爲寒心[4]哉

※

1 積漸(적점): 사물이 거듭 쌓이고 쌓여 점차로 진행되어 나가는 일.
2 輿羽(여우): 수레에 실은 깃털. 깃털은 가볍고, 그 가벼운 깃털도 수레에 많이 실려 있으면, 그 무게로 수레의 굴대를 벌어지게 한다고 함.
3 至堅氷(지견빙): 굳게 얼음이 어는 데 이름. 『역경』 곤괘 초육(坤卦初六)에 나오는 말.
4 寒心(한심): 추위가 몸에 스며드는 모양. 유의留意함.

11. 수도首都는 천하의 기본이다

바람이 처음 골짜기에서 불기 시작할 때에는 나무를 뿌리째 뽑고 바위를 굴릴 정도의 기세를 가지고 있다. 그러나 그것이 멀리 감에 따라 그

세력은 감소한다. 또 멀리 가면 약해지고 더 멀어지면 미미微微해지고, 또 멀리 가면 생명이 다하여 소멸消滅한다.

세력이라는 것도 그러한 것이다. 만약에 바람이 골짜기에서 처음 불기 시작할 때 겨우 나뭇잎이나 흔들리게 하고 터럭이나 움직이게 할 정도라면 지극히 가까운 거리라도 나아가지 못할 것이다. 무슨 일이나 근원根源이 중요한 것이다.

한 나라의 도읍都邑은 천하에 호령號令을 내리는 근거지이다. 여기에서 기강과 법도를 진동시키지 아니치 못할 것이다.

風之初發於谷也 拔木走石 漸遠而減 又遠而弱 又遠而微 又遠而盡 其勢然也 使風出谷也 僅能振葉拂毛 卽咫尺[1]不能推行矣 京師號令之 首也 紀法[2]不可以不振也

※

1 咫尺(지척): 지극히 가까운 거리.
2 紀法(기법): 기강紀綱과 법도法度.

12. 본연의 그대로가 제일 좋은 것이다

치아가 촘촘하게 나란히 있어도 서로 가까운 것에 싫어하지(嫌疑) 않는다. 진실로 본래 그러하기 때문이다. 치아가 빠지고 그곳에 의치를 해주면 무엇이 끼어 있다는 느낌을 받게 된다.

대저 본래 있던 것은 덧붙일 것도 아니고 조금이라도 버릴 것도 아니다.

◉ 사람의 이가 빈틈없이 나란히 박혀 있는 것은 아무리 빽빽하더라도 부자연스럽게 느껴지지 않는 것이다. 그것은 타고난 그대로 지니고 있는 것이기 때문이다. 그러나 이가 빠지고 난 자리에다 의치義齒를 해 넣는다면 무엇인가 끼어 있는 것 같은 이물감異物感을 느끼는 것이다. 이것은 본래의 타고난 그대로 있는 것이 좋은 것으로 인공적인 것보다는 자연의 그대로가 좋은 것을 논한 것이다.

齒之密比¹ 不嫌于相逼 固有故也 落而補之 則覺有物矣 夫惟固有者 多不得 少不得

※

1 密比(밀비): 빈틈없이 나란히 있는 것.

13. 하나를 다스리면 모두가 다스려진다

물이 천 갈래 만 갈래로 갈라져 흐르는 것은 처음에는 하나의 수원水源에서 시작되는 것이다. 나무의 여러 가지나 수많은 잎들은 본래 하나의 줄기에서 뻗어 나간 것들이다.

사람이 각양각색各樣各色으로 응대하는 것도 하나의 마음에서 나오는 것이다.

신체身體의 이런저런 온갖 병의 증상症狀들은 하나의 장기臟器에서 뿌리를 내리는 것이다.

천만 가지의 현상에 현혹되게 되면 온 세상이 크게 혼미해지는 것이다.

바른 마음씨로 처음에 근본하는 것은 지혜로운 자만이 홀로 볼 수 있는 것이다. 그러므로 하나의 질병을 다스리게 되면 천만 가지의 질병이 모두 없어지게 된다.

정치에서도 하나를 다스리게 되면 천만 가지의 일들을 모두 수습할 수 있는 것이다.

◉ 하나를 다스리면 모든 것이 다스려진다는 것은 도道의 극점이 하나에 있는 것과 같다. 그래서 공자는 "우리의 도道를 하나로 꿰뚫는다."라고 했다. 모든 것은 하나에서 출발하기 때문이다.

水千流萬派 始於一源 木千枝萬葉 出於一本 人千酬萬應 發於一心 身千病萬症 根於一臟 眩於千萬 擧世之大迷也 直指原頭 智者之獨見 也 故病治一而千萬皆除 政理一而千萬皆擧矣

14. 사물에는 각각의 쓰임새가 있다

어떤 사람이 한 그루의 재목材木을 보내 왔다. 집안의 사동(使童: 심부름하는 아이)이 말했다.

"보관해 두었다가 나중에 집 대들보로 쓰도록 하시죠."

그래서 내가 말했다.

"나무가 작아서 대들보로 쓰기에는 적당하지 않다."

사동은 말했다.

"그렇다면 마룻대로 쓰면 어떻겠습니까?"

"나무가 커서 마룻대감으로는 어울리지 않는다."

이 말을 듣고 사동은 웃으면서 말했다.

"같은 나무인데도 어떤 곳에는 너무 커서 걱정을 하시고, 또 어떤 곳에는 너무 작아서 걱정을 하시게 되는군요."

나는 다음과 같이 들려주었다.

"애야! 잘 들어 두어라. 물건에는 그것대로 거기에 걸맞게 쓰일 자리가 있고, 말에는 그것대로 거기에 꼭 알맞게 쓸 자리가 있는 것이다. 어찌 오로지 나무뿐이랴!"

뒷날 사동이 나를 위해 화로에 가득 숯불을 피워 들고 들어왔다.

그래서 내가 말했다.

"불이 너무 과하구나."

이에 사동은 다시 화로를 들고 나가 숯을 다 꺼버리고 겨우 두세 덩어리의 숯불만 남겨 가지고 들어왔는데, 그것은 거의 불이 꺼진 화로였다.

그래서 나는 말했다.

"이건 불이 너무 적구나."

그랬더니 사동은 불만스러운 표정을 지으면서 말했다.

"같은 불인데, 이건 너무 많아도 걱정이고 너무 적어도 걱정이시군요."

그래서 나는 다음과 같이 들려주었다.

"애야! 잘 들어 두어라. 감정에는 각각 그 정도에 알맞은 것이 있고, 사물에는 각각 거기에 맞는 적당한 분량이 있는 것이다. 어찌 오로지 이 불뿐이랴!"

人有饋一木者 家僮曰 留以爲梁 余曰 木小 不堪也 僮曰 留以爲棟 余曰
木大 不宜也 僮笑曰 木一也 忽病其大 又病其小 余曰 小子聽之 物各有
宜用也 言各有攸當也 豈惟木哉 他日爲余生炭¹ 滿爐烘入 余曰 太多矣
乃盡濕之 留星星²三二點 欲明欲滅 余曰 太少矣 僮怨曰 火一也 旣嫌其
多 又嫌其少 余曰 小子聽之 情各有所適也 事各有所量也 豈惟火哉

※

1 生炭(생탄): 숯불을 피움.
2 星星(성성): 자질구레한 모양.

15. 거울은 그대로의 상태로 비춘다

거울의 표면은 공空이다. 비어 있어 자신의 상相인 모습이라는 것을
갖지 않는다. 그래서 털끝만큼의 틀림도 없이 정확하게 물건을 비추는
것이다.

만약 거울 표면에 한 가닥의 실 부스러기라도 붙어 있다면 사람을
비출 때 얼굴에 한 가닥의 실 부스러기도 비친다. 만약 한 점의 흠집이라
도 있으면 사람을 비출 때 얼굴에 한 점의 흠집이 비친다. 이러한
잘못된 것은 사람의 안면顔面에 있는 것이 아니라, 거울의 더러움이
그대로 비쳐지는 것이다.

마찬가지로 사람의 마음의 본체本體도 허령虛靈하지 않은 상태로
사물에 응대할 경우에는 이와 같이 마음의 본체가 더러워진 그대로
사물에 투영投影되는 것이다.

그러므로 선종禪宗에서는 언제나 수행자에게 가지고 있는 모든 생각

324

을 비우도록 하라고 가르치는 것이다.

그리고 우리 유학儒學에서도 『중용』에 "희로애락喜怒哀樂이 아직
발동發動하지 않은 경지를 중中이라 하고, 그것이 발동하여 절도에
맞는 것을 화和라고 한다."고 했다.

◉ 겉으로 나타나는 마음의 모든 모습은 모두 그 본체本體의 충실한
반영反映이다. 마음의 청탁淸濁이나 명암明暗은 그대로 대상으로서의
사물에 표현된다.

마음에 그 어떠한 편향偏向이 있으면 거기에 나타나는 사물에도 편향이
있고, 마음에 그 어떠한 오점汚點이 있으면 거기에 나타나는 사물에도
오점이 따른다. 그러므로 마음만 허虛하고 신령하며 맑고 밝으면, 모든
사물도 맑고 밝게 비추어지고 판단을 그르치는 일이 없게 된다.

鏡空而無我相¹ 故照物不爽分毫 若有一絲痕 照人面上便有一絲 若有
一點瘢 照人面上便有一點 差不在人面也 心體不虛而應物亦然 故禪家²
嘗³敎人空諸有⁴ 而吾儒惟有喜怒哀樂⁵未發之中 故有發而中節之和

　　　　　　　　　　　　　※

1 我相(아상): 자아의 의식意識을 송두리째 드러내는 모습.
2 禪家(선가): 선종禪宗. 불교의 한 종파宗派로서, 불경佛經에 의하지 않고
　이심전심以心傳心의 묘법妙法으로 참선參禪을 중요시한다. 불립문자不立文字
　·교외별전敎外別傳을 종지宗旨로 하고, 직지인심直旨人心·견성성불見性成佛
　을 그 목표로 삼는다.
3 嘗(상): 언제나. 상常과 같은 뜻.
4 空諸有(공제유): 모든 가진 것을 비워라. 선종계禪宗系의 거사居士 방온龐蘊
　의 『방거사어록龐居士語錄』에 "다만 원하는 것은 모든 있는 것을 공空하게

하라. 그리고 모든 없는 것을 실實로 생각하지 말라."라고 하는 말이 있음.

5 喜怒哀樂(희로애락): 기쁘고 성내고 슬프고 즐거움. 곧 인간의 모든 감정.
『중용』 제1장에 나오는 말.

16. 몸을 부수는 것을 달게 여기면서 반성하지 않는다

세상에서 얼굴을 씻으면서 눈을 감지 않거나, 화장품을 만질 때에 손이 더러운지 아닌지에 마음을 쓰지 않는 사람은 있지 않았다. 이것은 오히려 몸뚱이의 한 부분을 소중히 여기는 것이다.

　사람들이 낙숫물이 떨어지는 추녀 밑을 지날 때에 빠른 걸음으로 걷지 않거나 진창길을 걸을 때에 발을 높이 들지 않고 걷는 사람은 있지 않았다. 이것은 옷이나 신발을 소중히 여기는 것이다. 7척七尺의 내 몸뚱이 그 자체에 이르러서는 도리어 신발 정도로도 소중히 여기지도 않는다.

　하늘에 이를 만큼의 깊은 정욕情欲의 바다에 몸을 가라앉히고, 숲을 태워버릴 정도의 격노激怒의 장場으로 몸을 던져 신체를 마구 부수는 것을 달게 여긴다. 그러면서 반성하려고 하지 않는다. 슬픈 일이다.

人未有洗面而不閉目 撮紅[1]而不慮手者 此猶愛小體[2]也 人未有過簷滴[3]而不疾走 踐泥塗[4]而不揭足者 此直愛衣履耳 七尺之軀 顧不如一履哉 乃沈之滔天[5]情欲之海 拚於焚林暴怒之場[6] 粉身碎體 甘心焉而不顧 悲夫

※

1 紅(홍): 잇꽃의 붉은 색소色素를 재료로 해서 만든 안료顔料. 화장품 등의

원료로 씀.

2 小體(소체) : 마음을 대체大體라고 하는 데 대하여 신체의 각 부분을 이르
는 말.

3 簷滴(첨적) : 추녀 끝에서 떨어지는 낙숫물.

4 泥塗(니도) : 진창길.

5 滔天(도천) : 큰물이 하늘까지 퍼짐.

6 暴怒之場(폭노지장) : 감정의 변화가 격렬해서 자제自制하는 마음이 없는
것을 이름.

17. 하나의 법에는 하나의 폐가 있다

한 가지의 법규가 만들어지면 거기서 또 새롭게 한 가지의 폐해弊害가
생긴다고 하는 것은 틀림없는 사실이다. 그렇지만 폐해가 생긴다고
해서 법규의 제정을 하지 않는다는 것은 바른 견해라고는 생각되지
않는다.

대개 법규를 제정하여 그것으로 폐해를 금지하는 것은 마치 제방堤防
을 쌓아 물을 막는 것과 같다. 제방의 폭이 좁고 토사의 분량이 적어
틈이 생기고 물이 그곳으로 스며들어 제방이 무너지는 것은 있을 수
있는 일이다. 그렇지만 제방이 무너진다고 해서 제방을 없애 버리는
사람은 있지 않다.

그와 같이 전혀 폐해가 따르지 않는 법규라고 하는 것은 비록 요임금
이나 순임금과 같은 성왕聖王이라도 만들 수가 없다.

처음부터 폐해가 생길 소지素地가 있는 법규는 또한 법규를 만드는
사람의 만드는 방법이 서투른 것이다.

그러므로 성인聖人은 경솔하게 법규를 만들지 않으며, 특정特定한
한 가지 일을 위해 법규를 만들지 않는다. 모든 것에 작용이 미칠
수 있는 포괄적인 법규를 만들지 않으며, 작은 폐해를 징계하기 위하여
우수한 법규를 폐하는 따위의 일은 하지 않는다. 한때의 폐해가 있다고
해서 영구히 존속시킬 만한 법규를 폐하는 따위의 일은 하지 않는
것이다.

一法立而一弊生 誠是 然因弊生而不立法 未見其爲是也 夫立法以禁弊
猶爲防¹以止水也 堤薄土疎 而乘隙決潰 誠有之矣 未有因決 而廢防者
無弊之法 雖堯舜不能 生弊之法 亦立法者之拙也 故聖人不苟立法 不
立一事之法 不爲一切之法 不懲小弊而廢良法 不爲一時之弊而廢可久
之法

✳

1 防(방): 방죽. 제방堤防.

18. 국가는 무탈한 것으로 복을 삼는다

조정의 위에 있는 사람은 어느 쪽이든 가장 치우치지 않는 것을 요한다.
차라리 다하지 못한 뜻을 남겨 둠이 있을지언정 한 번에 결정하는
통쾌한 일을 하지는 않아야 한다.
　어떤 사람은 나의 이런 의견에 찬성하지 않았다. 그래서 나는 이렇게
말했다.
　"그대는 매달려 있는 물건을 보았는가. 매달려 있는 물건이라는

것은 한 가닥의 끈으로 무거운 물건을 이어서 아래로 매달아 놓았기 때문에 흔들흔들 안정이 되어 있지 않은 것이다.

동쪽 서쪽 양쪽 벽의 사이에서 한 손으로 그것을 움직여 동쪽을 세차게 치면 그 반동反動으로 서쪽 벽에도 세차게 부딪친다.

치지 않으면 돌아오는 반동의 이치도 없다. 무겁게 당기지 않으면 도리어 가볍게 돌아오는 이치이며 그것이 안정되는 것을 기다리게 되면 중앙에 매달려 중지한다.

그대는 동쪽 벽으로 한번 세차게 치고는 기뻐하지만 그 반동이 서쪽 벽에 미친다는 사실은 잊고 있는 것이 아닌가.〔과격한 언론言論은 반드시 또 그만큼의 반발反撥을 유발誘發하게 되는 것이다.〕

국가에는 무탈한 것으로써 복을 삼고 사욕이 없는 것으로 일을 처리하며 마땅히 옳은 것에 머무르게 되면 아무 탈이 없는 것이다.

廟堂之上 最要蕩蕩平平[1] 寧留有餘不盡[2]之意 無爲一著快心之事[3] 或者 不然予言 予曰 君見懸墜[4]乎 懸墜者 以一線[5]繫重物下垂 往來不定者也 當兩壁之間 人以一手撼之 撞於東壁重 則反於西壁亦重 無撞而不反之 理 無撞重而反輕之理 待其定也 中懸而止 君快於東壁之一撞 而不慮 西壁之一反乎 國家以無事爲福 無心處事 當可而止 則無事矣

※

1 蕩蕩平平(탕탕평평): 탕탕蕩蕩은 넓고 먼 모양. 평평平平은 평이平易한 모양. 어느 쪽이든 치우치지 않는 일. 『서경書經』 홍범洪範에 왕도탕탕王道蕩蕩이라 는 말도 보임.

2 有餘不盡(유여부진): 하고 싶은 말을 다하지 않고 남겨 둔다는 뜻. 여유를

두는 태도를 말함.

3 快心之事(쾌심지사): 통쾌한 일.

4 懸墜(현추): 한 가닥의 끈으로 늘어뜨려 매달아 놓은 물건.

5 一線(일선): 한 가닥의 끈.

19. 백성들의 형편과 사정을 살펴야 한다

입이 막히면 코의 호흡이 왕성해진다. 코가 막히면 입의 호흡이 왕성해진다. 코와 입이 동시에 막히면 가슴과 배가 부풀어 올라 죽어버린다.

치수공사治水工事에 종사하는 사람은 이런 이치를 잘 알아야 한다. 물의 힘을 세게 해서 기세 있게 급히 흐르게 하려면 그 지류支流를 막고 본류本流만을 남게 한다.

물의 힘을 약하게 하여 기세를 느리게 하면 지류가 많아진다. 물을 모아 두었다가 필요할 때에 이용하고자 생각하면 급류急流를 막아 둘 일이다.

천하를 다스리는 데에 있어서도 백성들의 형편과 사정의 급한 것과 서서히 할 것들을 이와 같이 처리해야 한다.

口塞而鼻氣盛 鼻塞而口氣盛 鼻口俱塞 脹悶[1]而死 治河者不可不知也 故欲其力大而勢急 則塞其旁流 欲其力微而勢殺[2]也 則多其支派 欲其 蓄積而有用也 則節其急流 治天下之於民情也亦然

※

1 脹悶(창민): 가슴과 배가 부풀어 올라 고민함.

2 殺(쇄) : 깎음. 감減함.

20. 길은 가까운 곳에 있다

제齊 지방에 남북南北으로 통하는 공도公道가 있었다. 그런데 그 1리一里
쯤 되는 곳이 지면地面이 낮아 질척질척하고 비라도 내리게 되면 여기저
기에 물웅덩이가 생겼다.

　보행자들은 그것을 피해 그 서쪽을 따라 남의 논밭을 밟고 다녔다.
며칠 동안을 그렇게 다니다 보니 논밭에는 새로운 길이 생기고 말았다.
이에 난처해진 논밭의 주인이 넓은 울타리를 만들어 길을 가로질러
막아 버렸다. 열 걸음씩의 사이를 두고 수십 개의 울타리를 만들어
놓은 것이다.

　그랬더니 보행자들은 그 울타리를 비켜 다시 서쪽으로 다니게 되었으
므로 먼저보다도 더 넓게 논밭을 짓밟아 망가뜨렸다. 며칠이 지나는
동안에 또 거기에 길이 나고 말았다. 논밭의 주인은 어찌 할 바가
없었다. 그래서 길옆에 웅크리고 앉아 울면서 외쳐 보행자들의 통행을
막아보려고 호소해 보았지만, 아무래도 보행자가 많아 어쩔 도리가
없어지고 말았다.

　어떤 사람이 논밭 주인에게 고해 말했다.

　"울타리로 왕래往來하는 것을 막은 자리는 이미 쓸모없는 땅이 되고
말았다. 이왕 그렇게 되었으니 차라리 울타리를 치워버리고 다니도록
하는 것이 좋지 않을까. 그렇게 하면 서쪽에 다시 울타리를 만들 수고를
덜 수 있지 않겠는가?"

나는 그 이야기를 듣고 웃으면서 말했다.

"그보다 더 좋은 방법이 있다. 울타리를 치기 위해 파낸 흙으로 공도의 낮은 자리를 메운다면 길이 평탄平坦해질 것이다. 길이 평탄해지면 물웅덩이도 생기지 않을 것이니, 보행자들은 모두 그 길로 걸을 것이다. 그렇게 되면 다시 서쪽에 있는 논밭을 밟아 못쓰게 만드는 것을 막을 수 있지 않겠는가. 어찌 울타리를 만들어 쓸 것인가?"

이와 같이 해서 며칠 뒤에는 공도가 훌륭하게 만들어졌고, 논밭에 만들어진 길에는 사람의 발자취가 완전히 없어졌다.

齊有南北官道 洿下¹者里餘 雨多行潦² 行者不便 則傍西踏人田行 行數日而成路 田家苦之 斷以橫墻³ 十步一堵⁴ 堵數十焉 行者避墻 更西踏田 愈廣 數日又成路 田家無計 乃蹲田邊 且罵且泣 欲止欲訟 而無如多人何也 或告之曰 墻之所斷 已成棄地⁵矣 胡不仆墻 而使之通 猶得省于墻之更西者乎 予笑曰 更有奇法 以築墻之土塾 道則道平矣 道平人皆由道 又不省于道之西者乎 安用墻爲 越數日道成 而道傍無一人跡矣

※

1 洿下(오하): 지면이 낮아 질척질척함.
2 行潦(행료): 물웅덩이.
3 橫墻(횡장): 옆으로 긴 울타리.
4 一堵(일도): 도堵는 울타리. 2자 폭의 널을 다섯 장 포개어 만드는 것이므로 높이가 한 길이 됨.
5 棄地(기지): 쓸모없는 땅.

21. 자신하는 것이 위험한 것이다

친구인 장경백張敬伯은 언제나 험난한 산길을 걷는데, 어느 때 나에게 이렇게 말했다.

"세상의 모든 일은 처음에는 망설여지고 두려워지기도 하지만 차차 익숙해지면 아무렇지도 않게 되는 것이다. 나는 자주 적교(吊橋)를 건너는데, 처음에는 무서워 발을 떼어 놓을 수가 없었으나 지금은 마치 평지를 걷는 것이나 다름이 없다."

그래서 나는 이렇게 말했다.

"자네가 처음에 위험하다고 생각했던 것은 정말 위험한 것이 아니었네. 요즘 익숙해져 마음 놓고 행동하는 것이 위험하지 않다고 생각하는 것이야말로 이것이 도리어 위험한 것이네."

張敬伯常經山險[1] 謂余曰 天下事 常震於始 而安於習 某數過棧道[2] 初不
敢移足 今如履平地矣 余曰 君始以爲險 是不險 近以爲不險 却是險

※

1 山險(산험): 험난險難한 산길.
2 棧道(잔도): 양쪽 언덕에 줄이나 쇠사슬을 건너질러 놓고 그것을 유지해
  건너도록 매달아 놓은 다리. 적교(吊橋).

22. 군자의 소질을 개발시켜 주는 것이다

군자는 사람을 지도하여 이끌어 가는 데에서, 각자 그 사람의 재주에 따른 소질素質을 살려 활용할 수 있게 하는 뛰어난 기술을 가지고 있다. 각자 그 사람이 지니고 있는 재주의 본질을 바꾸도록 하는 것은 아니다.

이것을 대지大地에 견주어 말한다면, 대지가 만물을 발육發育시키는 것은 그 본성本性이다. 풀이 그 본성에 따라 부드러운 것이 되고, 나무가 그 본성에 따라 굳은 것이 되는 것이지만 풀을 나무로 만들고 나무를 풀로 만들 수는 없는 것이다.

이런 까닭으로 군자는 사람으로써 사람을 다스리고 자신으로써 남을 다스리지는 않는 것이다. 〔각자의 능력에 따라 완성시킬 뿐 자기의 의사意思를 강요하여 사람을 다스리는 일은 하지 않는다는 뜻이다.〕

◉ 곧 군자는 소질에 따라서 성취시켜 주고 그 적재적소에 그 사람을 등용하여 쓰고 사람의 본성을 변화시켜 주지는 않는다는 뜻이다.

君子之敎人也 能妙夫因材[1]之術 不能變其各具之質 譬之地然 發育萬物者其性也 草得之而爲柔 木得之而爲剛 不能使草之爲木 而木之爲草也 是故君子以人治人 不以我治人

※

1 因材(인재): 소질素質에 따름. 본성本性에 따름.

23. 보고 느끼는 것에서의 공부란

지난날 거리에서 한 사람의 젊은 부인을 보았는데 걸어가면서 무척 슬프게 통곡을 하고 있었다. 그의 성스런 모습은 죽은 남편을 그리워하는 것 같았다. 나는 마음속으로 그 여인을 매우 가엾게 여겼다. 그런데 함께 가던 친구는 그것을 못마땅하게 여기는 듯이 말했다.

"자네는 그 여성을 눈여겨 살펴본 것이 아니었는가?"

이에 대하여 나는 다음과 같이 대답했다.

"특별히 눈여겨 본 것은 아니었고 다만 보았을 뿐이다. 대저 넓고 넓은 거리에는 미인도 많고 못생긴 사람도 많고 많아 그들의 정이나 태도도 몹시 혼잡을 이루고 있다. 그래서 내 눈에 비치는 것은 가지가지로 잡다雜多해 가히 이루 헤아릴 수 없다.

내가 어찌 일찍이 눈여겨 볼 것이며 내 어찌 일찍이 보지 않았다고 할 것인가. 내가 이러한 부인을 보는 것도 또한 다 헤아릴 수가 없을 따름이다.

대저 능히 귀가 밝고 눈이 밝아도 머무를 바가 되지 않았다면 마음에서 이끌리지 않는 것이다. 마치 바람소리나 햇볕 그림자처럼 되었다면 무엇이 그 보는 것에 해로움이 되겠는가? 그대는 저자거리에 들어가서 눈을 가리라는 것인가? 장차 택해서 보라는 것인가?

비록 그렇지만 나도 오히려 마음에 느끼는 것이 있다네. 나쁜 것을 보면 미워하고 슬픈 것을 보면 슬퍼하고 좋은 것을 보면 좋아하여 비록 정성情性의 바른 것이 느끼는 것과 같다네.

느끼는 것은 사람이고 느낌이 없는 것은 하늘이네. 느낌이 바른

것은 성인이고, 느낌이 섞인 것은 중인衆人이고, 느낌이 사특한 것은
소인이네.

군자도 느낌이 없지 아니하며 그 느끼는 바를 삼가는 것이라네.
이것을 움직임에 처해 고요한 것을 시험하고 어지러운 가운데에서
다스림을 보이는 공부라고 이르는 것이라네. 그의 효험은 모두 이러한
속에 있는 것이라네."

昨見一少婦 行哭甚哀 聖似賢節[1] 意甚憐之 友人曰 子得無視[2]婦女乎
曰非視也 見也 大都廣衢[3]之中 好醜雜沓 情態繽紛[4] 入吾目者 千般萬狀
不可勝數也 吾何嘗視 吾何嘗不見 吾見此婦 亦如不可勝數者而已 夫
能使聰明不爲所留 心志不爲所引 如風聲日影然 何害其爲見哉 子欲入
市而閉目乎 將有所擇而見乎 雖然 吾猶感心也 見可惡而惡之 見可哀
而哀之 見可好而好之 雖情性之正猶感也 感則人 無感則天 感之正者
聖人 感之雜者衆人 感之邪者小人 君子不能無感 愼其所以感之者 此
謂動處試靜 亂中見治工夫 效驗都在這裏

※

1 賢節(현절): 훌륭한 절조節操. 여기서는 남편이 죽은 뒤에 정조貞操를 지키는
  것을 이르는 말임.
2 視(시): 특히 의식적으로 보는 것을 이름.
3 廣衢(광구): 넓은 거리.
4 繽紛(빈분): 복잡하게 뒤섞이는 모양.

24. 문장은 도움이 있어야 한다

옛사람들은 보탬이 없는 문장文章이 없었다. 도道를 밝히는 데 말로써
표현하지 않을 수 없었고, 말을 내는 데는 문장을 만들지 않으면 안
되었다.

그러니까 문장에 의해 도를 나타내는 것이라고 할 수 있다. 이 경우에
문체文體가 낡았느냐 새로우냐, 잘되었느냐 못되었느냐 하는 것은 문제
가 아니었다.

당唐나라와 송宋나라 이래 점차로 문장을 존중하게 되었다. 그렇지만
이 시대에는 아직 도에 의해 문장이 꾸며지고 있었다. 그 내용이 고풍古
風은 아니었지만 그래도 문장은 후세에 전해질만한 가치가 있었다.

그런데 후세에는 문장을 만드는 데에만 전념했다. 그 언어에는 기교技
巧를 다하게 하고, 그 문장은 변화를 번잡하게 하며, 자구를 다듬고,
그 구조의 틀을 괴이하게 만들고, 그 내용의 깊이를 이해하기 어렵게
함으로써 도는 지리멸렬支離滅裂이 되어 어둡게 가려지고 말았다.

이것은 도의 적賊이다. 그럼에도 불구하고 식견識見이 없는 자들은
그것이 오히려 뛰어난 문장이라 하며 변함없이 그것을 높이고 있다.
슬픈 일이다.

古人無無益之文章 其明道也 不得不形而爲言 其發言也 不得不成而爲
文 所謂因文見道者也 其文之古今工拙[1]無論 唐宋[2]以來 漸尙文章 然猶
以道飾文 意雖非古 而文猶可傳 後世則專爲文章矣 工其辭語 渙[3]其波
瀾 鍊其字句 怪其機軸[4] 深其意指 而道則破碎支離[5]晦盲否塞[6]矣 是道之

賊也 而無識者 猶以文章崇尙之 哀哉

※

1 工拙(공졸): 잘됨과 못됨. 교졸巧拙.

2 唐宋(당송): 당唐나라와 송宋나라. 당은 중국 역대 왕조王朝의 하나. 수隋나라
  의 뒤를 이어 이연李淵이 세운 나라로서, 20대 290년간을 일컬음(618~907).
  송은 중국 역대 왕조의 하나. 당나라 멸망 후 남북조南北朝 시대로 흩어진
  나라를 다시 통일하여 조광윤趙匡胤이 세운 나라로서 18대 319년간을 일컬음.

3 渙(환): 흩어짐. 번잡함.

4 機軸(기축): 구조構造. 기구機構. 구상構想.

5 破碎支離(파쇄지리): 부서져 산산이 흩어짐. 지리멸렬이 됨.

6 晦盲否塞(회맹부색): 어둡게 가로막음.

여곤呂坤

중국 명나라 하남河南 영릉寧陵 사람. 자는 숙간叔簡, 호는 신오新吾.
융경(隆慶: 명나라 목종 연호) 5년 예부시禮部試에 합격하였고, 형부
좌시랑刑部左侍郎까지 올랐다. 국가의 앞날을 걱정한 나머지 장문의
상소를 올렸으나 받아들여지지 않자 관직을 내놓고 고향으로 돌아
와 후진 지도 및 저술에 힘썼다. 저술로는『성심기省心紀』,『여공실
정록呂公實政綠』,『신음어呻吟語』등이 있다.

이준영李俊寧

동양문화사상연구소 소장.
어릴 때부터 노사蘆沙 학맥인 일재逸齋 정홍채鄭弘采 선생 문하[月山
書堂]에서 경전經典을 배우고 연구하였다. 자는 도문道文, 호는 지한
止漢이다.
해역서로『대학집주大學集註』,『시경詩經』,『십팔사략十八史略』,『주
역周易』,『묵자墨子』,『중용中庸』,『주례周禮』,『법언法言』등 다수가
있다.

《동양학총서 7》 신음어 呻吟語

개정판 1쇄 발행 2017년 7월 10일 | 개정판 2쇄 발행 2020년 12월 15일
지은이 여곤 | 해역 이준영 | 펴낸이 김시열
펴낸곳 도서출판 자유문고
　　　　서울시 성북구 동소문로 67-1 성심빌딩 3층
　　　　전화 (02) 2637-8988 | 팩스 (02) 2676-9759
ISBN 978-89-7030-114-3　04150　값 15,000원
ISBN 978-89-7030-000-9 (세트)
http://cafe.daum.net/jayumungo